존 웨슬리의 성결론
-완전으로의 길-

THE PATH TO PERFECTION

An Examination and Restatement of
John Wesley's Doctrine of Christian Perfection

By

W. E. SANGSTER

웨슬리의 기독자의 완전 교리에 대한 검토와 재설명

존 웨슬리의 성결론
-완전으로의 길-

생스터 지음 / 조종남 옮김
서울신학대학교 웨슬리신학연구 편저

신교횃불

권두언

　서울신학대학교 웨슬리 신학연구소는 한국 교회가 당면한 문제들을 직시하면서, 18세기 영국교회와 사회를 수난의 위기에서 구원하고 갱신하였던 웨슬리 신학이 오늘의 현실에 하나의 대안을 제시할 수 있다고 확신합니다. 이에 본 연구소는 저명한 웨슬리 신학 서적들을 번역하여 출판함으로써 한국 교회와 신학계에 공헌하고자 하는 바입니다.

　이번에 번역된 책은 본 연구소의 웨슬리신학 저서 출판사업의 다섯 번째 저서로 나오는 책으로서, 생스터(Sangster) 박사의 『웨슬리의 성결론: 완전으로의 길』(*The Path to Perfection: An Examination And Restatement Of John Wesley's Doctrine Of Christian Perfection*)입니다. 이 책은 1942년에 출판된 후 거듭 재판되었고, 그가 제시한 웨슬리의 성결론에 대한 재설명은 영국과 미국의 성결 학자들에게 큰 충격을 안겨준 명저입니다.

　저자는 웨슬리의 성결론의 재발견이 신자들에게 승리하는 생활을 하게 하며, 교회를 능력 있는 교회로 변화시킬 것을 확신하여, 웨슬리의 기독자의 완전의 교리를 다시 소개하기를 원하였던 것입니다.

　그는 웨슬리의 그 교리를 오늘의 학문의 견지에서 성서적으로, 신학적으로 또한 심리학적으로 검토하여, 웨슬리의 그 교리가 신약성서에 근거한 것이고, 개신교의 신앙 강조와 로마 가톨릭의 성결 강조를 종합한 웨슬리의 독창적인 교리이며, 아주 중요한 교리임을 확인하였습니다.

그런데 왜 이 교리가 오늘날에서 등한시되고 있는가? 이에 그는 이 세기에 걸친 웨슬리의 후예들의 해석과 주장을 비판적으로 검토하였습니다. 거기에서 그는 웨슬리의 추종자들 곧 성결운동자들이 주로, 죄를 마치 하나의 물건(as a thing)처럼 이해하여, 웨슬리가 말하는 '완전'이 소극적으로 죄를 근절(eradication of sin)을 의미하며, 한 번 체험한 완전이 영원한 완전(forever)이요, 모든 것이 끝난 것처럼 설명해 오고 있음을 견하였습니다. 이것이 거의 성결파들의 전통적인 해석처럼 되어 왔습니다.

저자는 그의 연구 끝에, 그런 해석이 '성결'을 받아들이는 데 걸림돌이 된 것을 직시하고, 이를 시정하여, 성결은 하나님의 초자연적인 사랑의 선물이고, 이 "완전한 사랑"은 웨슬리가 가장 선호한 명칭이며, 이 사랑은 소극적인 의미에서는 바로 죄적인 것을 모두 추방하며, 적극적인 의미에서는 사람의 마음을 채워 사람의 모든 말과 행동을 지배하는 것이고 또한 정성을 다하여 하나님을 사랑하고 또한 이웃을 사랑하는 것이요, 이 성결은 하나님을 신뢰함으로 순간순간 유지되는 삶인 것으로 재설명하였습니다. 이것은 진정 웨슬리적이며 놀라운 재설명입니다. 오늘의 대부분 성결학파 학자들은 생스터의 이 재설명을 지지합니다. 이런 점에서 이 책은 귀중한 공헌을 한 것입니다. 이에 우리 연구소에서 이 책을 번역하여 출판함에 큰 의의가 있다고 생각합니다.

따라서 이 책을 선정하여 번역하신 조종남 박사님께 깊은 감사를 드립니다. 또한 출판이 가능하도록 재정후원을 해 주신 아현성결교회와 조원근 담임목사님께 감사를 드립니다.

2020년 12월 마지막 날에
서울신학대학교 웨슬리신학연구소 소장, 신학박사 문병구

역자 서문

생스터(Sangster) 박사의 『웨슬리의 성결론: 완전으로의 길』(*The Path to Perfection: An Examination And Restatement Of John Wesley's Doctrine Of Christian Perfection*)은, 저자가 제2차 세계대전 중 독일군의 공습으로 방공호(public are-shelter)에 피신한 사람들과 함께 지내며 자신의 아내와 함께 5년이나 자원봉사 하면서 쓴 책이다. 이 책이 출판되자 런던대학교는 이를 박사학위 논문으로 인정해 그에게 박사학위(Ph. D.)를 수여했다. 이 책은 1942년에 초판이 출판된 후 거듭 재판되었고, 영국과 미국의 성결 학자들의 관심과 논쟁의 대상이 되기도 했다.

저자는 당시 등한시되던 웨슬리의 성결론의 재발견이 신자들에게 승리하는 생활을 하게 하며, 교회를 능력 있는 교회로 변화시킬 것을 확신해 이 책을 저술한 것으로 보인다.

그는 웨슬리의 성결론을 현대적 학문의 견지에서 검토해 그 정당성을 제시하고자 했다. 이에 먼저 성경적 고찰로 시작해, 웨슬리가 성결 교리의 근거로 삼은 성경 구절들을 하나하나 점검하면서, 성결의 교리가 과연 하나님이 제시하시는 이상이고 하나님의 명령임을 확인했다.

다음으로 그는 신학적 고찰로 웨슬리의 신학적 전제조건과 그의 죄관, 완전 개념을 비판적으로 검토했다. 웨슬리는 신자가 성결로 인해 의식적인 죄에서 완전히 해방된다고 주장한다. 이는 하나님의 선물로 믿음에 의해 순간적으로 이루어진다. 또한 이 상태는 겸손히 하나님을 의존함으로 순간순간 유지된다. 저자는 이러한 가르침이 개신교의 은총의 윤리와 로마 가톨릭의 성결의 윤리를 종합한 것으로, 웨슬리의 독창적 교리임을 확인했다. 다음으로 웨슬리의 주장, 특히 성결을 순간순간 이루어가는 것으로 이해하는 것과 죄의 근절, 성결에 대한 내적 증거 등을 철학과 심리학적 견지에서 어떻게 이해하고 설명할 수 있는지 고찰했다.

나아가 저자는 성결을 체험한 웨슬리 추종자들의 증언과 해설을 검토한다. 저자는 그들의 해설과 강조에서 수용할 만한 것이 많지만, 웨슬리가 인정하지 않았을 만한 것도 있음을 지적한다. 특히 그들이 대체로 그리스도인의 완전의 소극적인 면, 즉 죄를 하나의 물건(a thing) 같은 것으로 보면서 성결에서 죄가 근절되는 소극적인 면을 강조한 것과 한 번의 성결 체험이 영원한 것(for ever)처럼 가르친 것이, 현대인이 성결을 받아들이는 데 거침돌이 됨을 지적한다. 이로 인해 그는 성결을 다른 방식으로 설명(restatement)해야 할 필요를 주장하기에 이른다.

그는 우선 교리의 명칭에서부터 '완전'이라는 말은 소극적 인상을 주기 때문에, 그리스도인의 완전이라는 용어는 교리를 설명하는 용어로서 좋지 못하다고 보았다. 그 대신 그는 성결을 성경이 의미하는 사랑의 개념, 온전한 사랑으로 표현하기를 제안한다. 이는 초자연적인 사랑으로, 이 용어는 긍정적이고 사회적인 면이 있어서, 죄를 제어하는 소극적인 면도 있지만, 사랑한다는 적극적인 면, 사회생활과도 연관이 있으며, 겸손히 하나님을 의존함으로 순간순간 유지되는 것으로도 설명할 수 있게 한다. 나아가, 사랑은 언제나 주어지는 성격이 있기 때문에, 성결을 주어지는 것으로도 설명할 수 있게 한다. 따라서 저자는 온전한 사랑이 보다 바람직한 명칭이자 웨슬리가 더 선호한 명칭임을 주장한다.

이러한 논의를 전개하면서 그는 많은 학자의 교리 해석과 주장을 비교하면서 비판적으로 설명했다. 그는 오늘의 많은 신자가 뚜렷한 목표 없이 그리스도인 이하의 삶을 살고 있는데, 웨슬리의 가르침을 따라 사는 사람은 실제로 삶이 건전하고 거룩하며 사람들에게 감명을 주고 있음을 말하면서, 그렇게 모범적으로 살았던 성도로 플레처(Fletcher), 브래쉬

(Brash), 헬리어(Hellier)의 생애를 소개한다.

그는 다음과 같이 말한다. "하나님의 성령의 체험을 간절히 구하는 사람이 그 체험을 할 수 있다는 것은 사실이다. 그 체험은 일반적인 그리스도인이 가지는 것 이상의 영적 능력을 줄 것이다. 그리고 보통 사람의 정서와는 그 성격과 정도가 다른 하나님의 사랑으로 남을 돌보는 사랑을 생겨나게 할 것이다. 또한 갈급한 영혼에게 성결의 감동적인 능력을 전달하게 할 것이다. 책이 이런 경험을 줄 수는 없다. 이는 영혼이 하나님과의 심원한 사귐에 속한 것이다. 이는 개인 신앙의 중심에서 일어나는 일이다. 이 일이 널리 일어날 때 교회는 변화될 것이며 세상은 달라질 것이다."

이처럼 이 책은 학문적이면서도 실제적인 책이다. 래튼베리 박사(Dr. Rettenbury)의 평가처럼, 복음적 열정으로 가지고 웨슬리의 성결론을 비판적으로 검토하고, 성결을 창의적으로 새롭게 설명한 책이다. 동시에 이 책은 실제적으로 독자에게 성결을 향한 갈망과 소망을 주고 있다고 생각한다.

끝으로 이 책을 번역함에 도움을 주신 수잔 트루잇 박사(Dr. Susan Truitt)와 원고 정리를 도와준 배란미 전도사, 김성령 전도사에게 감사를 표하며, 서울신학대학교 웨슬리신학 연구소의 명저 번역 사업이 계속해서 한국 신학계와 교회에 크게 기여하게 되기를 기원한다.

2020년 12월 마지막 날에
역자 조 종 남

약어 (ABBREVIATED TITLES)

Cell	George Croft Cell, *The Rediscovery of John Wesley* (1935).
E. B.	*Encyclopadia Britnnica* (14th edn.).
E. R. E.	Hasting's *Enchclopadia of Religion and Ethics*.
Fletcher's Works	*The Works of the Rev. John Fletcher* (9 vols., 1806-8).
Flew	R. Newton Flew, *The Idea of Perfection in Christian Theology* (1934)
Journal	*John Wesley's Journal*, ed. Curnock (8 vols., 1909-16).
Lee	Umphrey Lee, *John Wesley and Modern Religion* (1936).
Letters	*John Wesley's Letters*, ed. Telford (8 vols., 1931).
Lives of E. M. P.	*The Lives of Early Methodist Preachers* (1871).
Piette	Maximin Piette, *John Wesley in the Evalution of Protestantism* (1937).
Plain Account	John Wesley, *A Plain Account of Christian Perfection* (n.d.).
Rogers	*Life of Mrs. Hester Ann Rogers* (1840).
Sermons	*John Wesley's Standard Sermons*, ed. Sugden (2 vols., 1921).
Warfield	Bengamin B. Warfield, *Perfectionism* (2 vols., 1931-2).
Works	*John Wesley's Works*, ed. Jackson (14 vols., 3rd edn., 1829-31).

차례

권두언 / 4

역자 서문 / 6

약어 / 9

서문 / 12

내용 요약 / 17

   제1장, 존 웨슬리의 특성   29

   제2장, 기독자 완전 교리의 중요성과 자료   34

   제3장, 기독자 완전 교리의 내용   37

A. 성서적 고찰

   제4장, 웨슬리의 성서관   46

   제5장, 이 교리의 근거로 삼은 성경 구절들   52

   제6장, 문법에 해결의 단서가 있는가?   76

   제7장, 찬미로 표현된 가르침   81

B. 신학적 고찰

제8장, 웨슬리의 신학적 전제조건들	94
제9장, 웨슬리의 죄에 대한 견해	102
제10장, 웨슬리의 기독자 완전에 대한 견해	111
제11장, 이 교리는 종합된 것인가?	137

C. 심리학적 고찰

제12장, 웨슬리의 철학과 심리학에 대한 관심	154
제13장, 성결 생활을 순간순간의 삶으로 살 수 있는가?	162
제14장, 죄가 근절될 수 있는가?	168
제15장, 성령이 무의식에도 영향을 주는가?	175
제16장, 웨슬리 추종자들의 증언	184
제17장, 그것은 망상인가, 성결인가, 평화인가?	196

이 교리를 다르게 표현함

제18장, 이 교리의 명칭	212
제19장, 사랑-사랑의 신적인 특성	223
제20장, 사람은 자기 안에 무엇이 있는지 모른다	238
제21장, 불완전한 세상에서 완전한 삶인가?	251
제22장, 목표의 비전	276

서문

이 책은 전쟁 중에 내가 집에서 떠나, 공중 방공호 안에서, 피신 나온 여러 사람과 함께 지내는 동안에 쓴 책이다. 이 말은 이 책의 부족한 것에 대해 변명하려는 의도에서 나온 말이 아니다. 이 책은 그것과는 상관이 없기를 바란다. 이렇게 말함은 장래의 사회 학생이, 어떻게 사람이 지하에서 세월을 보냈다는 말인가 하고 의아할 것이라는 생각에서 말한 것이다. 마지막 불이 꺼지고, 집 없는 사람들의 마지막 그룹이 들어와 안착했을 때, 나는 그 밤의 시간을 기독자 완전을 생각하면서 지냈다. 그것이 이 책의 독자에게는 좀 이상하게 들릴지 몰라도 그것이 내가 살아서 지내는 방법이었다고 대답할 수밖에 없다.

이 제목에 대한 설명이 필요하다고 생각한다. 어떤 학자들에 의하여는 기독자 완전의 교리가 기독교 사상에서는 주요하지 않은 것(by-path)으로 여겨왔고 심지어는 위험한 막다른 길(cul-de-sac)처럼 여겨 왔다. 그러나 그렇지 않다.

또한 (내가 아는 바로는) 특정 교파에 대한 충성 때문에 내가 존 웨슬리가 가르친 이 교리를 검토하게 된 것도 아니다. 근대의 개신교 성결운동의 학도들은, 그들이 이 가르침을 수용하든 반대하든 간에, 이 교리는 메소디즘의 창설자로부터 유래되었다고 인식하고 있다. 만약 당신이 이 가르침을 이해하면, 지난 200년 동안에 취하여진 여러 형태를 알게 될 것이다.

이 가르침을 전통적으로 이어온 방식대로 주장하는 많은 사람이 나의 결론의 일부분에 대해 만족하지 않을 것을 모르는 바도 아니다. 만약에 그들의 생애와 생각의 중심인 이 교리를 다시 한번 주의 깊게 생각하게 되어 기뻤다면, 내가 그 교리의 일부는 그대로 유지하지만, 그들이 귀중하다고 생각하는 부분들을 내버린 것을 보고 기뻐하지 않을 것이다.

그러나 나는 그렇게 하지 않을 수 없었다. 오랫동안 숙고한 끝에, 나는 그것들은 정확하다고 믿지 않게 되었다. 그것들을 그대로 유지하려는 것은 이 교리를 강조하여야 할 교회들에서 이 교리를 등한시하기 때문인 줄 이해한다. 성경에서 영원히 참되다고 확고하게 말한 것을 그리스도인의 건전한 양심에 거슬리는 것들과 또한 하나님의 말씀이라고 볼 수 없는 것들을 연결시킨다면, 우리가 하고자 간절히 원하는 일들을 방해할 것이다.

이는 사실이다. 하나님의 거룩한 영의 체험을 집요하게 구하는 자에게는 그 체험이 있을 수 있다. 그 체험은 보통 그리스도인이 가지고 있는 것 이상의 영적 능력을 줄 것이다. 또한 이는 보통 사람의 정서와는 그 성격과 정도에서 다른 하나님의 사랑과 같은 사랑으로 남을 돌보는 사랑이 생기게 할 것이다. 또한 이는 갈급한 영혼에게 성결의 감동적인 능력을 전달할 것이다. 어떤 책이 이런 경험을 줄 수 없다. 이는 영혼이 하나님과의 심원한 사귐에 속한 것이다. 이는 개인 신앙의 중심에서 일어나는 일이다. 이 일이 널리 일어날 때 교회는 변화될 것이며 세상은 달라질 것이다.

그렇지만 한 권의 책이 무엇인가를 할 수 있다. 이 책에서 이 경험을 하였고 50년 동안 이상을 이 경험을 다른 사람들에게 전하려고 열심히 노력한 사람의 가르침을 검토하려고 했다. 그의 설명의 어떤 부분은 만족스럽지 않은 것처럼 보이고 또한 지나치게 강조하면 오히려 방해가 될 듯싶다. 그러나 내가 진심으로 바라는 것은, 그 설명의 어떤 부분을 버리면서, 나 자신이 그 경험을 나눌 수 있게 되고 다른 사람들이 그 경험을 빨리 추구하게 하는 것이다. 그 은혜를 받은 수단은 믿음과 기도다. 그리고 그 사람이 겸손하게 성장함으로 그의 진척은 나타날 것이다.

　몇 명의 친구들에게 감사를 표한다. 그들에게 나는 이 책을 헌정한다. 그들은 생각하는 것 이상으로 나를 도왔다. 워터하우스 박사(Dr. E. S. Waterhouse)에게 감사한다. 그와 더불어 나는 철학적으로 고찰하기 시작했다. 그는 친구로서 20년 동안 나를 지도하였다. 스미스 목사(Rev. Dr. C. Ryder Smith)에게 감사한다. 그의 신학 강의들이 나에게 도움이 되었다. 그리고 그의 강의를 들은 모든 사람은 어떻게 생각과 마음이 조화를 이룰 수 있는가를 체험했다. 그리고 그는 내 원고를 읽고 많은 조언을 해 주었다. 나는 내가 어디에서 그와 감히 다른지 잘 모르겠다. 또한 플루 박사(Dr. R. Newton Flew)에게 감사한다. 그의 귀중한 책, 『완전의 개념』(The Idea of Perfection)이 이 책의 각주에 기록되듯이, 그 책의 도움을 많이 받았다. 그는 나에게 격려하는 말을 늘 해 주었다.

　이 책의 성서 부분(biblical section)에서는, 추우 목사(Rev. Noel J. Chew)와 편지 왕래를 통하여 도움을 받았다. 신학 부분(theological section)에서는 로버트 박사(Rev. Dr. Harold Roberts)와 대화하면서 도움을 받았다. 심리학 부분(psychological section)에서는 프레인 목사(Rev. Dr. R. Scott Frayn)의 도움을 받았다. 그러나 이 책에서 내가 표현한 모든 견해에 대하여서는 이 친구들에게는 책임이 없다.

　그 외에도 말로 다 표현할 수 없을 정도로 도와준 사람들이 있다. 나의 아내는 무려 2년 이상 동안, 안정된 집을 떠나 방공호(air-raid shelter)에서 나와 함께 있으면서 도와주었다. 그리고 나의 친구, 베어드 목사(Rev. T. C. Baird)는 원고를 치밀하게 읽고 교정을 봐 주었다. 나의 비서, 파운드 씨(Mr. P. E. Found)는 맡은 업무 외에도, 각 부분에서 최선을 다하여 도와주었다. 정말 그는 언제나 훌륭한 보조자였다.

　칼 아담스(Karl Adams)의 『가톨리시즘의 정신(The Spirit of Catholicism)』에 있는 글을 인용할 수 있도록 허락해 주신 쉬드 씨

(Mr. Sheed)와 와드 씨(Mr. Ward)에게 감사를 표한다. 케네디의 『말로 표현할 수 없는 아름다움』(Kennedy's *The Unutterable Beauty*)에 있는 글을 인용할 수 있도록 허락하신 호더와 스토우톤 씨(Messrs. Hodder and Stoughton)에게 감사를 표한다. 그 외에도 엡워스 출판사(Epworth Press)에게 웨슬리의 일기, 편지, 설교 등을 인용할 수 있도록 허락한 일에 대하여 감사를 표한다. 나는 종종 웨슬리의 말을 인용하였다. 웨슬리에 관하여 글을 쓴 사람들 가운데 많은 분이 웨슬리 자신의 글을 인용하지 않았다.

나는 그들의 글을 인용할 때, 그들의 글의 철자법 등이 오늘의 표준과 차이가 있을지라도, 그들의 글을 그대로 인용하였다.

이 책은 런던대학교에서 철학박사 학위 논문으로 인정되었다.

1942년 11월, 웨스트민스터에서

W. E. Sangster

이 책의 5판에 부치는 서문

내가 이 책에 대한 서문을 쓴지 14년 이상이 지났다. 그때 나는 아내와 함께 공중 방공호 안에서 자원봉사 하는 것이 5년이나 걸릴 줄은 몰랐다. 그러나 이 책은 그런 어두운 기간에 내가 생각한 것들의 열매이다.

많은 사람의 요구에 의해 이 책이 다시 이용될 수 있게 되어 기쁘다. 이는 이 교리에 대해 관심이 많아졌다는 것과 또한 사람들이 세상을 정복하기를 원함과 동시에 자신을 정복하기를 원한다는 것을 드러낸 것이라고 생각한다.

사람의 큰 문제는 자신에 관한 것이다. 사실 자신의 자만, 욕심, 미움, 이기심 등을 정복하는 일에 비교하면 에베레스트산, 남극대륙, 암 같은 것을 정복하는 것은 그리 큰일이 아니다. 어떻게 이런 것들이 정복될 수 있다는 것을 알고 체험한 사람이 있다면 그의 말을 들어야 할 것이다. 그런 사람은 원자를 분리시킨 사람보다 더 우리 인류에게 혜택을 주는 사람일 것이다.

존 웨슬리가 그런 사람이다. 그는 그에 대한 성서의 가르침을 발견하였고, 그 가르침에 의하여 우리 안에 있는 악이 선으로 변할 수 있는 것을 발견했다고 믿었다. 어떻게 "세상이 좋아지며, 모든 사람이 즐거워하고 현명해질 것인가!" 나는 이 책에서 웨슬리의 가르침을 분석하고 새롭게 설명하였다. 그리고 많은 사람이 그 교리를 새롭게 생각하게 되기를 바란다.

1957년, 웨스트민스터에서
W. E. Sangster

이 책의 내용 요약
(Contents and Summary)

문제점 (The Problem)

제1장, 존 웨슬리의 특성 (The Genius of John Wesley)

존 웨슬리가 위대하다는 것은 지금 널리 인정되고 있다. 그러나 그가 어느 영역에서 위대한가에 대하여는 아직 의견의 일치를 보지 못하고 있다. 그는 하나의 지도자로, 조직자로, 설교자로, 그리고 성자로 인정되고 있으나, 그가 신학에 끼친 공헌에 대하여는 여러 가지로 판단되고 있다. 그를 머리가 잘 도는 사상가로 보는 견해는 많지 않은 듯하지만, 그를 새롭게 연구해 보면 생각을 달리하게 될 것이다. 우선 그의 기독자 완전에 대한 교리를 고찰해 보고자 한다.

제2장, 기독자 완전 교리의 중요성과 자료 (The Importance and Data of the Doctrine)

이 교리는 웨슬리가 1725년부터 1791년 죽을 때까지 그의 마음에 자리 잡고 있었던 주된 관심사였다. 그는 이 교리가 하나님께서 자기와 자신의 동료들에게 위탁하신 '위대한 위탁(grand depositum)'이라고 여겼다. 그의 어떤 교리보다, 이 교리로 인해 많은 논쟁과 비난에 휩싸였다. 근대 성결 운동의 학자들은 그 모든 것을 웨슬리까지 거슬러 올라가 알고자 한다. 이 교리에 대하여 그가 가르친 것은 그의 『기독자 완전에 대한 해설(A Plain Account of Christian Perfection)』과 그의 『일기(Journals)』, 『편지(Letters)』 그리고 그의 동생 찰스의 찬송시(Hymns)와 또한 그가 초기에 공동으로 제작한 글들에서 명확하게 발견할 수 있다.

제3장, 기독자 완전 교리의 내용 (The Doctrine Stated)

웨슬리는 구원에는 두 단계가 있다고 하였다. 즉 (1) 칭의와 부분적 성화, (2) 온전한 성화이다. 이 온전한 성화는 하나님께서 마음을 죄로부터 온전히 씻는 은혜로 임하는 것이다. 이 성화는 성장한다는 것을 부정하지 않았다. 이 성장은 그 놀라운 체험의 순간 전과 후에 이루어지는 것이다. 그러나 웨슬리 자신은 이 경험을 주장하지 않았다. 그를 따르는 많은 사람은 했다고 주장한다. 그들 가운데 어떤 이들은 그들의 아름다운 삶에 대한 간증을 강하게 하였다.

고찰 (The Examination)

A. 성서적 고찰(Biblical)

제4장, 웨슬리의 성서관 (Wesley's Approach to the Bible)

웨슬리는 평생 성경을 열심히 연구하는 사람이었다. 그리고 그는 성경에 분명히 말하고 있다고 믿어지지 않는 것은 아무것도 가르치지 않았다. 그는 기독자 완전의 교리는 신약성서 전체의 가르침과 일치한다고 확신하였다. 그는 그 책의 대부분을 성서 고등비평 시절 이전에 기록하였다. 그리고 그는 하나님의 말씀은 일률적으로 귀중한 것으로 다루었다. 그의 『기독자 완전에 대한 해설』의 많은 부분은 성경을 인용한 것들이다. 그 책에서 이 교리에 특별히 중요하게 연관된 성결 구절로 인용된 성경 구절은 30절이다. 곧 사도 바울의 서신에서 10절, 요한일서에서 10절, 그리고 다른 성경에서 10절을 인용하고 있다.

제5장, 이 교리의 근거로 삼은 성경 구절들 (The Texts on which he Built).

그는 에스겔, 공관복음, 로마서, 고린도후서, 갈라디아서, 에베소서, 빌립보서, 데살로니가전서, 디도서, 히브리서, 요한복음, 요한일서, 야고보서에서 인용한 30절을 현대의 해석에 비추어 다시 검토하였다. 그가 내린 결론은, 200년을 지났지만, 웨슬리의 입장을 허물지 못하였다. 본문의 문자적 조사만으로 이 문제를 결정지을 수는 없다. 거기에   이 있다. 웨슬리가 그 성경 구절을 통하여 그가 이룬 사상체계가 옳은가 아닌가는 판단해 보아야 한다.

제6장, 문법에 해결의 단서가 있는가? (Is there a Clue in Grammar?)

신약성서에는 기독자 완전이 하나님의 명령 또는 사람이 달성했다기보다는 사람이 열망하는 것으로 되어 있다고 말해 왔다. 그리고 이런 주장은 이 교리를 다루고 있는 성경 구절들이 시제(tense)에 있어, 명령형 그리고 가정법을 사용하고 있고, 또한 미래형을 사용하고 있다는 점에서 분명하다고 한다. 이에 그런 주장을 웨슬리가 사용하고 있는 성결 구절인 30개 절에 비추어서 고찰해 보았다. 여기에서 나오는 문제는, 그러면 기독자의 완전이 (1) 하나님의 이상(ideal)인가? (2) 하나님이 불가능할 것을 명하셨다는 것인가? 하는 것이다. 아니, 신약성경 기자는 분명하게 말하고 있다. "나는 모든 죄에서 자유를 얻었다(I am freed from all sin)."

제7장, 찬미로 표현된 가르침 (The Teaching is turned into Song)

웨슬리는 이 교리를 그들의 찬송가, 주로 그의 동생, 찰스가 지은 찬송가를 통하여 사람들에게 가르쳤다. 그런데 그가 그 찬미의 특별한 것만 골라 선택하였고, 그리고 그 찬미의 가사를 가끔 수정한 것, 곧 정식으로 출판된 찬송가가 그 찬송가의 원저자보다 존 웨슬리의 생각을 드러내고 있음을 알 수 있다. 기독자 완전에 대한 두 형제의 견해는 약간 달랐다. 그러나 정식으로 출판된 문헌들에 있는 견해는 형인 존 웨슬리의 해석이다. 그리하여 1780년에 출판된 찬송가에 있는 이 교리에 대한 가르침을 고찰해 본다.

B. 신학적 고찰 (Theological)

제8장, 웨슬리의 신학적 전제조건들 (Wesley's Theological Presuppositions)

웨슬리는 사람들이 이 땅에서 거룩해지기를 갈망했다. 왜냐하면, 그는 그것이 하늘나라에 갈 수 있는 유일한 길이라고 믿었기 때문이다. 그는 로마 가톨릭의 연옥설을 부정하면서, 그들의 가르침을 반대하였다. 또한 그는 당시에, (죄에서 온전한 씻음은 죽는 순간 하나님의 역사로 온다고 믿는) 많은 개신교와도 달리했고, 죄에서 온전한 씻음이 죽기 전 5년 또는 10년에도 이루어질 수 있다고 강조하였다.

제9장, 웨슬리의 죄에 대한 견해 (His Idea of Sin)

웨슬리는 죄를 "알고 있는 법을 의지적으로 범하는 것"이라고 정의하였다. 많은 사람이 이런 죄에 대한 정의를 너무 협소하고 천박하다고 생각했다. 그러나 이런 정의는, 조금 다르기는 하지만, 테난트(F. R. Tennant)와 같은 현대 신학자의 정의와 비슷하다. 두 사람은 주장하기를, 죄는 의지 결단(volition)에서 생기는 것이고, 의지 결단이 따른 것만이 죄라고 하였다. 두 사람은 '무의식중에 짓는 죄(unconscious sin)'란 용어는 그 용어 자체가 모순이라고 보았다. '무의식중에 짓는 죄'라는 용어를 사용할 때에 뜻하는 바를 구체적으로 설명할 것이다.

제10장, 웨슬리의 기독자의 완전에 대한 견해 (His Idea of Perfection)

이제 완전에 대한 웨슬리의 개념을 분석해 볼 수 있다. 완전의 요지는 사랑이다. 곧 하나님과 사람에 대한 완전한 사랑이다. 그 은혜로 인하여 의식적인 죄에서 완전히 제외된다고 주장한다. 이는 믿음에 따라 하나님의 선물로 순간적으로 이루어진다. 그리고 이는 겸손히 하나님을 신뢰함으로 순간순간 유지되는 것이다. 그에 대한 확신이 따른다. 그러나 이는 금욕주의와 세상을 저버리는 것임을 강조하였다.

제11장, 이 교리는 종합된 것인가? (Is the Doctrine a Synthesis?)

웨슬리의 복음적 회심의 의의에 대하여는 논쟁이 있다. 어떤 이들은 그것은 하나의 감격적인 느낌, 곧 확신을 얻은 사건이었다고 하고, 또 어떤 이들은 그것은 그의 생애와 세계 역사에서 하나의 획기적 사건(신기원, epoch)이었다고 주장한다. 그에 대한 이해가 어떻든지 간에, 그날부터 그는 행위로 구하려 하지 않고, 오직 믿음으로만 가능하다고 믿게 되었다. 그의 복음적 회심은 기독자 완전에 대한 그의 생각에 변화를 주었다. 즉 그는 1738년 5월 24일 전에는 기독자 완전을 얻기 위하여 노력하였다. 그러나 이제 이 은혜는 믿음으로만 얻을 수 있다고 믿게 되었다. 루터는 강권하기를, "믿고 구원을 받으라"고 하였다. 웨슬리는 말한다. "믿으라 그리고 구원받으라, 그리고 또한 믿음으로 온전히 성결함을 받으라." 셀 박사(Dr. G. Croft Cell)는 말하기를 "웨슬리의 교리는 그가 독창적으로 주장한 교리요, 이는 개신교의 은총의 윤리와 로마 가톨릭의 성결의 윤리를 조합한 것이다."라고 하였다. 종합의 결함에 대하여 설명할 것이다.

C. 심리학적 고찰(Psycological)

제12장, 웨슬리의 철학과 심리학에 대한 관심 (Wesley's Concern with Philosophy and Psychology)

웨슬리는 그 당시에 출판된 대부분의 철학 책들을 읽었다. 그는 다음의 철학자들을 언급하고 있다: 라이프니츠(Leibnitz), 로크(Locke), 흄(Hume), 버틀러(Butler), 버클리(Berkeley), 리드(Thomas Reid), 허치슨(Hutcheson), 울라스턴(Wollaston), 맨더빌(Mandeville), 루소(Rousseau). 그 당시의 학구적인 심리학에 대하여는 큰 관심이 없었던 것 같다. 그러나 그의 완전을 말할 때 심리학을 암시적으로 언급한 곳도 있다. 어떤 것이었는지, 우리는 차례로 살펴볼 것이다.

제13장, 성결 생활을 순간순간의 삶으로 살 수 있는가? (Is it possible to Live a Moment-by-Moment Life?)

삶이라는 것은 분리된 조각의 연속으로 살 수는 없는 것이다. 삶이란 존재할 뿐 아니라, 이는 사는 것이다(it is becoming). 어떻게 되든, 삶은 있는 것이다. 웨슬리는 이것을 알고 있었다. 그리하여 그는 이 문제를 다룰 때, '경험하는 지금(empirical now)'을 강조하였다. 신약성경과 성도들도 그렇게 강조하였다. 웨슬리가 순간순간 지속되는 삶을 강조하는 것을 반대하는 사람은 없다.

제14장, 죄가 근절될 수 있는가? (Can Sin be Eradicated?)

죄가 근절될 수 있는가 하는 문제는 웨슬리 시대에도 있었지만, 지금도 논의되고 있다. 그러나 그런 질문은 그릇된 심리학에 근거하여 나온 것이다. 이는 죄를 우리의 동기(motives)에서의 상태(condition)가 아니라, 썩은 이처럼 하나의 물건(a thing)처럼 이해하는 선입 주견에 기초하고 있는 것이다. 그러므로 이 문제는, 그 말 자체가 잘못 생각하는 데서 나온 것이므로, 그런 식으로 다루어서는 안 된다. 이런 표현이 잘못된 것을 성결한 자들이 그렇게 생각하는 가운데서 고민한 것의 예를 들어서 설명할 것이다.

제15장, 성령이 무의식에도 영향을 주는가? (Does the Holy Spirit influence the Unconscious?)

'무의식(unconscious)'을 정확히 정의하기는 쉽지 않다. 그러나 무의식한 것이 죄를 범할 수는 없다. 무의식이 도덕과 관계가 없을지는 몰라도, 그것이 부도덕한 것은 아니다. 많은 교회 지도자는 성령께서 잠재의식에 영향을 끼친다고 간주했다. 이를테면, 어떤 중보기도, 유아 세례, 또는 회심을 속히 하게 하는 일 등. 그러나 어떻게 이 관계를 이해하든지 간에, 이를 인간 지능에 있어 완전히 절대적인 것으로 생각해서는 안 된다. 왜냐하면 거기에는 모든 도덕적 가치가 있을 수 없기 때문이다. 그래서 우리는 하나님께서 우리를 어떻게 대하실 것인가를 살펴봐야 하고, 또한 어떻게 우리의 잠재의식에 영향을 주시는가를 살펴보게 될 것이다.

제16장, 웨슬리 추종자들의 증언 (The Witness of Wesley's Followers)

웨슬리의 초기 추종자들은 그들이 그 귀한 체험을 했을 때 어떤 일이 있었는지를 말로 증언하였다. 여러 가지 장면들을 언급했다. 그러나 중요한 것은 사랑이었다. 그들은 증언하기를, 모든 의식적으로 범한 죄는 사함받았다. 이것은 순간적으로 이루어졌다. 이에 대한 확신이 따랐다. 거기에는 금욕주의적인 면이 있다. 그들의 말은 순진하고 설득력이 있었다. 분명히 어떤 일이 일어난 것이다. 그러면 무엇이 일어났단 말인가?

제17장, 그것은 망상인가, 성결인가, 평화인가? (Is it self-Deception, Sanctification or Peace?)

우리는 이렇게 말하는 사람들이 사기꾼들이었다고 믿을 수 없다. 아니면 그들이 망상으로 속고 있었던가? 그들 가운데 아무도 그 숭고한 순간에 있었던 정신 작용을 분석하지 않았다. 그래서 이 같은 경험에 대한 두 가지 증언이 제기된다. 인간 편에서는 분명하다. 그들의 믿음은 과감했다: 그들은 그때 죄에서 온전히 씻음을 받고, 마귀로부터 오는 의심을 극복한다고 자기 방식대로 믿는다. 여기에는 모험이 따르기도 한다. 그래서 드물게 또는 빈번하게 이 가르침에 도덕적 손상을 끼칠 때도 있다. 양심의 소리와 사탄의 소리가 혼동될 때도 가끔 있기 때문이다. 그러나 하나님께서 갈망하는 영혼들에게, 그들의 믿음에 호응하여, 역사하신다는 것을 믿지 않을 수도 없다. 그들의 경험을 고달픈 정신적 노력 끝에 사람에게 임하는 평화로 설명하고 끝내는 것은 적절한 표현이 아니다. 이는 무엇인가 다르고 그 이상이다.

이 교리를 다르게 표현함 (The Restatement)

제18장, 이 교리의 명칭 (The Name of the Doctrine)

건설적인 작업을 시작한다. 우리는 다음과 같은 질문에 대한 답변을 원한다. "우리는 죄에서 자유로워질 수 있고, 또한 그것을 알 수 있는가? 그리고 우리는 그렇게 말하여야 하는가?" 웨슬리가 이 교리를 설명하는 것에 일관성이 없었다. 그래서 이 교리를 달리 표현함으로 그 일관성 없는 것을 해제하려 한다. '기독자 완전(Christian Perfection)'이라는 용어는 가르침에 있어 좋은 명칭이 되지 못한다. 사랑이라는 말이 영어에서는 너무 광범위하고 그 뜻이 희미하지만, 이를 '완전한 사랑(Perfect Love)'이라고 하는 것이 보다 좋은 용어일 것이다. '완전'이라는 용어를 명사로 쓰지 않고 형용사로 사용할 때, 그 어려움이 제거되지 않지만 긍정적이며, 사회적이다. 그리고 이 표제가 의미하는 바는 매우 크다.

제19장, 사랑사랑의 신적인 특성 (Love-in Love's Divinest Feature)

영어에서 사랑이라는 말에는 부족한 점이 있는 것을 고려하여, 그 말의 뜻을 보충하여 설명해야 한다. 그러나 이 사랑은 신약성경에서 의미하는 뜻으로 이해해야 한다. 그래서 일반적으로 쓰는 말과는 다르다. 이 말은 일반적으로 생각되었듯이, '완전'을 부정적으로 보지 않게 한다. 사랑은 엄격히 말해서, '의무'라는 뜻보다는 더 풍부한 뜻을 지니고 있다. 그래서 이 말은 사랑하는 사람으로 하여금 자기 본위(egoism)에 빠지지 않게 한다. 웨슬리는 죄를 협소하게 정의함으로써 완전을 설명하는 데 어려움을 적게 할 수 있었다. 더 나아가, 사랑은 언제나 "주어진 성격"을 가지고 있으므로, 성결은 주어지는 것이라고 설명할 수 있게 하였다.

제20장, 사람은 자기 안에 무엇이 있는지 모른다 (No Man knows what is in him)

웨슬리의 가르침의 하나의 특징은 구원에 대한 내적 확신을 강조하는 것이다. 그는 성화에 대한 확신도 주장하였다. 사람들은 저들이 모든 죄에서 씻음 받은 것을 알 수 있다는 것이다. 그는 이 확신을 갖지 않았다.[1] 이 확신을 가진 초대 메소디스트 중에서는 플레처(J. W. Fletcher)가 뛰어나게 깊은 감명을 주고 있다. 그러나 일반적으로는, 사람들이 자기의 체험을 말할 때, 죄에서 씻음을 받았다고 말하기보다는, 사랑으로 채워졌다고들 하였다.

앞에 장들에서의 결론과 일관성을 유지하기 위해서도, 사람이 모든 죄에서 씻음을 받았다고 말하는 것은, (1) 그런 증언은 자신의 양심의 느낌에 의존한 것이기 때문에, (2) 이는 순간순간 주를 의지하는 성결의 삶과 일치하지 않기 때문에, (3) 이는 무지에서 나오는 느낌일 수도 있기 때문에, 사실 사람은 자기 속에 무엇이 있는지 모른다. 그렇게 주장하는 것은

---

[1] 이 점에서 저자는 존 웨슬리를 잘못 이해하고 있는 듯하다. 존 웨슬리가 성결을 온전 사랑으로 표현하기를 선호하였지만, 그가 죄에서의 씻음을 부정하거나, 증언하지 않은 것은 아니다. 웨슬리는 그의 일기(*Journals of John Wesley*, IV, 466)에서 말하기를, "나는 의롭다함을 받은 후, 전적인 변화를 받았다. 그때 나에게는 예수의 피가 모든 불의에서 나를 깨끗하게 하였다(cleansed from all unrighteousness)는 분명한 증거가 있었다"고 증언하고 있다. 또한 1738년 5월 29일 일기에서 말하기를, "나는 죄로부터 자유를 얻었다. 거룩하지 않은 생각은 하나도 없다(I have freedom from sin: - not one unholy desire)라고 증언하고 있다(*Works*, I, 105). (역자의 코멘트)

흔히 자만이나 가정에서 나올 수 있으므로 위험스러울 수 있다.

제21장, 불완전한 세상에서 완전한 삶인가? (A Perfect Life in an Imperfect World?)

데일 박사(Dr. R. W. Dale)는 이 교리가 위대하고 독창적인 윤리의 전개를 주도했어야 했는데, 실상은 적절한 사회 관심을 불러일으키지는 못하였고, 단지 동료들과 단체의 대화의 일이 되었다고 주장했다. 메소디스트 단체가 사회 상황에 끼친 영향에 대한 평가는 여러 가지였다. 그러나 그들의 사역이 사회 구조 사업이었다는 것은 분명하다. 이 복음주의 종교의 흐름에서 새로운 공동사회를 위한 계획이나 사회를 위한 건설적인 사상이 생겨난 것은 없다. 사람들은 자신의 성결을 얻기 위해 열심을 낼 수는 있었으나, 그것이 어떻게 그들의 민간 생활에 영향을 미칠 수 있고 또한 미쳐야 한다고는 알지 못하였다. 또한 그들은 어떤 '새로운 질서(a new order)'를 진지하게 계획하지 않았다. 어떤 사람들은 작은 방에서 살았고 또 다른 사람들은 불완전한 세상에서 완전한 삶을 계속 살아야 하는 허황된 현실에 직면하면서 살았다. 전쟁 때에 자기 국가에 대한 그리스도인의 의무의 문제는 어려운 것이었다. 완전의 사상에 있어서 복음의 사회적 성격을 실현하려는 취지를 시도할 것이다.

제22장, 목표의 비전 (The Vision of Goal)

지금까지 이 책에서 논의된 것을 요약하였다. 그리고 그가 웨스트민스터 교리 문답서를 단호하게 주장한다면 여기에서 말한 것들이, 완전이 이 세상에 사는 사람들에게 가능하다고 설득시킬 수 없다. 그러므로 질문하게 된다. "완전한 사랑이 모든 죄를 몰아낼 수 있을까?" 보건대, 모든 의식적인 죄는 민감한 양심을 가진 사람들에게서는 다 없어졌다고 생각하고 그 속에 아직도 남아 있는 작은 죄를 위한 탄원을 하지 않는 것 같다. 완전을 반대하는 사람들은 도덕무용론(antinomianism)을 주장한다. 여기에 있는 찬미, 그리고 성경 구절과 교회 예식서는 인간으로서 완전할 수 있다는 것을 나타내고 있다. 우리가 알고 있는 다음 사실들을 관찰해보면, 이 교리가 얼마나 중요한가를 알 수 있다. (1) 많은 교인이 그리스도인 이하의 상태에 있고, (2) 그들의 생애는 뚜렷한 목표가 없고, (3) 성령의 교리를 무시하고 있지 않은가. 웨슬리의 가르침에 따르는 사람들은 실제로 생활이 건전하고, 거룩하며 사람들에게 놀라움과 감탄을 주는 사람들이었다.

제1장
존 웨슬리의 특성
(The Genius of John Wesley)

오늘날 모든 사람은 웨슬리가 위대하다는 것을 인정한다. 그러나 웨슬리의 위대한 분야나 영역에 대해서는 견해가 다르다. 어떤 사람은 웨슬리가 어거스틴 비렐(Augustine Birrell)과 같이 18세기의 위대한 사람이었다고 말한다.[2] 그러면 웨슬리가 어떤 분야에서 위대했단 말인가? 이 점에서는 견해가 일치하지 않는다. 웨슬리가 저명한 설교자요, 조직자요, 교회지도자였다는 것을 부인하는 사람은 없다. 또한 그를 성자(saint)라고 부르는데 반론을 제기할 사람도 없다. 그의 영적 자녀들의 판단이, 그를 향한 충성심 때문에 치우쳤다고 해서 무시해도, 웨슬리는 메소디즘의 창설자로서 위대하다고 많은 다른 단체의 저명한 이들이 증언하고 있다.[3]

브뤼셀(Brussels)에서 역사학 교수를 하고 있는 로마 가톨릭 교수인 맥시민 피에트(Maximin Piette)는 그가 쓴 웨슬리에 대한 책에서 그에 대하여 결론적으로 다음과 같이 말하고 있다.

웨슬리는 "그의 신앙생활과 경건성에 관하여는 성자 베네딕트(St.

---

2) Miscellanies, 34.
3) 와버튼 감독(Bishop Warburton)은 윌리암 로우(William Law)가 메소디즘을 낳게 했다고 말하지만, 오랫동안 세상은 웨슬리가 창설자라고 한다. cf. Abbey and Overton, *The English Church in the Eighteenth Century*, 61.

Benedict)와 동등하고, 그의 사도적 열심에 있어서는 성자 도미니크(St. Dominic)와 같고, 그리고 그의 그리스도를 향한 사랑과 세상을 초연한 점은 성자 프란시스(St. Francis of Assisi)와 같고, 그의 조직자로서의 자질은 성자 이그나티우스(St. Ignatius of Loyola)와 같다고 여겨져 왔다."4)

캠브리지 대학교의 대표 연설자였고, 침례교 신자인 글로버 박사(Dr. T. R. Glover)는 웨슬리를 바울, 어거스틴, 루터와 동등하게 생각하여, 그를 복음적 전통에 있어 저명한 네 사람 가운데 한 사람으로 여겼다.5) 영국교회의 역사가인 오버톤(Canon J. H. Overton)은 그의 유명한 책, 『18세기의 영국교회(*The English Church in the Eighteenth Century*)』에서 웨슬리의 생애는 분주했으며, 존경받으면서, 그 세계에 있어서 가장 중요한 사람이었다고 주저 없이 주장하고 있다.6)

우리가 전도자, 조직가 그리고 교회 지도자로서의 웨슬리를 떠나서, 철학가, 신학자로서의 그를 고려할 때는, 그가 한 일에 대한 평가는 달라진다. 웨슬리가 교회의 신학과 당시의 사상에 끼친 지적 공헌에 대한 평가에 있어서는 그렇게 매우 바쁘게 지낸 웨슬리를 연구한 학자들 간에 날카로운 차이가 있다. 아무도 웨슬리 당시의 시대와 후대에 끼친 주된 봉사가 지적인 것이었다고 주장하지 않는다. 웨슬리는 사변적인 것보다는 실제적인 것을 선호하였다. 그래서 그는 곧 의식적으로 조직신학보다는 실천신학에 집중하였다. 그렇다면 이렇게 묻게 된다. 그의 주요한 관심과 접근은 실제적인 것이고, 당시에 성행하고 있는 이신론(Deism)을 반대하되, 버틀러(Butler)나 와버톤(Warburton)처럼 철학적으로 반대하지 않

---

4) Piette, 480.
5) *The Preaching of Christ*, 16ff.
6) Overton, *John Wesley* (Preface, v).

고, 오히려 평범하게 종교적으로 호소하면서 이신론을 반대하는 방법을 택하였다면, 그와 같이 명철한 사상가인 웨슬리가, 실제로 당시의 신학에 불후의 공헌을 하였고, 교회의 지성적인 지도자 중 한 사람이었다고 주장할 수 있겠는가? 그렇게 말하면, 다시 한번, 웨슬리에 대한 다른 평가들이 나온다. 그래서 우리는 웨슬리가 주장한 이 교리, 곧 그가 메소디즘의 가장 중요한 보물이라고 여겼던 교리, 하나님이 이 교리를 전하기 위하여 메소디스트를 일으켰다고 생각하는 이 '기독자 완전'의 교리를 고찰하여 보고자 한다.

이는 분명하다. 웨슬리는 그런 질문에 대하여는 관심이 없었을 것이다. "영혼을 구원하는 일" 이외는 아무 관심이 없었던 그는 후대 사람들이 자기를 '지성인(intellectual)'으로 봐주는 일에 대하여는 별로 관심이 없었을 것이다. 그는 학식의 경멸에 대한 로우(Law)의 견해에 찬성하지 않았다. 그는 『진지한 부르심(Serious Call)』의 저자에게 런던에서 1756년 1월 6일에 쓴 편지에서, 종교를 철학과 혼합하는 것의 위험성을 강조하였다. 이 점에 있어 그가 일찍이 가졌던 견해를 로우에게 다음과 같이 상기시키고 있다.

> "종교는 세상에서 아주 간소하고 단순한 것이다. 종교란, 하나님께서 먼저 우리를 사랑하셨기에, 우리가 하나님을 사랑하는 것이다. 당신이 철학을 종교에 첨가하는 만큼, 당신은 종교를 손상시키는 것이다."[7]

웨슬리는 그의 141의 설교의 서문에서, 다음과 같이 말하였다.

"나는 모든 그럴듯한 철학적 사변을 삼간다. 모든 복잡하고 착잡한

---

7) *Works*, ix, 466.

논리들도 삼가고, 될 수 있는 대로 유식하다는 모습도 드러내지 않는다."[8]

마지막으로 웨슬리가 원한 것은 교리에 어떤 새로운 것을 가하려는 것이다. 그는 자신이 가르친 모든 것은 신약성경과 영국교회의 공적 문서에 있는 것이라고 믿었다. 그러나 그런 것들을 과거에는 못 들어 왔기 때문에, 그가 가르친 것이 새로운 것으로 들릴 수 있었다. 그리고 그가 가르친 것은 분명히 성경에서 온 것이다. 한 세기 반 동안에 메소디스트 교리의 표준이었던 그의 『신약성서 강해(Note upon New Testament)』의 대부분도 남의 것을 빌려 온 것이다.

그러므로 조지 에이리스 박사(Dr. George Eayrs)가 웨슬리는 세상이 존경하는 복음 전도자에 못지않게 훌륭한 사상가라고 판단한 것이 널리 알려지지 않았다고 말한 것은 놀라운 일이 아니다.[9] 벌리아미(Vulliamy)는 웨슬리를 교회의 위대한 지적 개혁자의 한 사람으로 볼 수는 없다고 말한다.[10] 피에트(Piette)는 "그는 학구적인 세계에 치우치지 않았고 오히려 그 세계를 피하려 했다"고 말한다.[11] 오버톤(Overton)은 웨슬리가 쓴 것들을 버틀러(Butler)와 같은 당시의 위대한 학자의 저술들과 같은 것으로 강력히 주장하는 것은 맞지 않다고 여겼다.[12] 이렇게 주장하는 사람들은 동정적인 전기 작가들로서, 웨슬리는 고대어나 현대어에 능통한 사람이며, 그의 반론하는 글들에는 언제나 예리한 논조가 있음을 잘 알고 있는 사람들이다. 그러나 그들은 말하기를 웨슬리는 철학자나 신학자로서 위대한 사상가는 아니었다고 주장한다. 그는 그런 사

---

8) *Works*, v. ii.
9) Eayrs, *Wesley: Christian Philosopher and Church Founder*, 16f.
10) Vulliamy, *John Wesley*, 359.
11) Piette, 435.
12) Overton, *John Wesley*, 170; cf. also Harrison, *Arminianism*, 185.

람이었는지도 모른다—그러나 그는 자기에게 위임된 일을 달리 이해하였다. 그래서 그의 정열적인 전생의 목표는 평범한 사람들에게 평이한 말로 그들의 평화에 관한 일을 전하는 것이었다.

그러므로 이 논의는 한동안 계속되었다. 곧 셀 박사(Dr. G. Croft Cell)의 책에서, 적시에 꽤 많이 논의되었다. 셀 박사는 웨슬리가 지적인 사람으로는 별로 중요하지 않다는 일반적 견해를 반박하였다. 그리고 그는 "웨슬리는 실천적 기독교에 중요하게 공헌한 것 못지않게 신학에도 크게 공헌하였다"고 주장하였다.[13] 셀은 웨슬리를 경험의 신학(a theology of experience)의 중요한 창설자요 또한 훌륭한 모범이라고 인정한다.[14] 그는 웨슬리를 흄 (Hume), 칸트(Kant)와 비교하면서, 다음과 같이 말한다.

"기독교의 교리를 다룬 웨슬리의 글에서, 하나의 큰 변혁 즉 복음 해석에 있어서의 하나의 큰 변혁을 발견할 수 있다. 또한 그의 신학하는 방법에 있어서는 당시의 철학자들이 그들의 분야에서 주로 한 일과 아주 유사하고 중요했던 것과 매우 유사한 점이 있는 것을 발견할 수 있다. 즉 웨슬리는 지식인이 사용했던 순수한 논리적 방법을 '경험적 사고'로 바꾼 것이다."[15]

이런 주장들은 대단한 것이다. 그러면 기독자 완전에 관해서 얼마나 확증할 수 있을까? 바로 이것을 알아보려는 것이 이 책의 목적이다.

---

13) Cell, viii.
14) Cell, 347.
15) Ibid., 83f.

제2장
기독자 완전 교리의 중요성과 자료
(The Importance and Data of the Doctrine)

그러므로 웨슬리는 신학자로서는 영향력 없는 사람이었다고 추론할 수는 없다. 호레스 월폴(Horace Walpole)[16]로부터 웨슬리의 설교에 대한 평을 듣고, 그의 설교가 추한 열광적인 것이고, 학문을 무시하는 설교자라고 추측했던 인상은 웨슬리의 설교집을 읽음으로써 즉시 시정되었다. 설사 웨슬리의 출판물에는 실례적인 이야기가 없다 하더라도, 설교자의 메시지는 그냥 큰소리로 외치는 것이 아니라 분명한 신학적 사고를 지니고 있음이 분명하다.

여기에서 가장 중요하게 생각하는 이 교리는, 웨슬리가 1725년부터 크게 관심을 갖고 있던 교리이다. 그는 이 교리에 관하여 1733년 첫날에 곧 그가 30세 되기 전, 옥스퍼드 대학에 가기 전에 설교하였다. 이 교리는 그가 1791년 3월 2일에 죽을 때까지 그가 가장 중요하게 생각했던 신학의 요지였다. 그는 생의 말년이 되면서 이 교리의 중요성을 더욱 강하게 느꼈다. 그는 이 교리를 하나님께서 메소디스트에게 위탁하신 "위대한 유산"[17]이라고 생각했다. 이 교리 때문에 웨슬리는 많은 비난과 논쟁에 직면하게 되었다. 그러나 그는 절대 흔들리지 않았다. 그가 정의한 '기독자 완전'은 가능한 것이었다: 지금 가능한 것이다. 순간적으로 가능한 것이

---

16) Walpole, *Letters*, v. 16. (Cunningham edn.).
17) *Letters*, viii, 238.

다. 그가 죽기 삼개월 전, 이 교리에 대하여 아담 클라크(Adam Clarke)에게 다음과 같은 글을 썼다.

"만약 우리가, 우리 구역의 설교자들이나 지도자 가운데, 직접적으로나 또는 간접적으로 이 교리를 반대하여 말한 것을 확인하면, 그를 더 이상 구역 설교자나 지도자가 아니게 하라. 그런 사람은 우리 신도회에 머물 수 있을는지 의심스럽다. 우리 공동체 안에 있으면서 그렇게 말할 수 있는 사람은 정직한 사람일 수 없기 때문이다."18)

그는 어느 지역에서 그의 추종자들의 숫자가 줄어들면, 이는 그들이 이 가르침에 등한히 했기 때문이라고 생각했다.

"내가 지난 10월에 그곳을 떠날 때보다 50명이나 적어진 것을 보고 놀랐다. 그 이유 중의 하나는, 기독자 완전을 별로 주장하지 않았기 때문이다. 이 교리를 주장하지 않는 곳에서는, 설교자가 아무리 웅변가라 할지라도, 듣는 자들의 은혜와 숫자의 성장은 조금밖에 없다."19)

오늘에 "성결 운동"을 하고 있는 사람들은 그 운동의 기원을 웨슬리의 가르침에서 찾고 있다. 워필드 박사(Dr. Warfield)는, 근대 개신교가 "순간적인 온전한 성화"를 주장하게끔 영향을 준 것은 바로 웨슬리였다고 말한다.20) 기독교 신학에서의 완전의 교리는, 플루 박사(Dr. Flew)가 이

---

18) *Letters*, viii, 249, 1790년 11월 26일자 일기. cf. 188, 같은 내용의 편지가 1789년 11월 26일에도 보내졌다.
19) *Journal*, v, 149.
20) Warfield, ii, 562; cf. 463.

미 말한 대로, 믿음 자체가 그렇듯이 오래된 이야기다. 그러나 아직도 현대 개신교 신학에서의 이해는 메소디즘의 창설자에게 거슬러 올라가 살펴보는 것이 옳을 것이다. 플루 박사와 다른 학자들이 벌써 이에 대한 예리한 설명을 하여 많은 사람에게 도움을 주었다. 만약 이 교리를 존 웨슬리의 가르침에서 이해한다면, 그동안 취하여 온 여러 형태 가운데서 해결의 실마리를 갖게 된다.

이 웨슬리의 교리의 자료들은 쉽게 알 수 있을 것이다. 이 교리에 대한 중요한 자료는 그가 여러 번 수정하면서 출판한 그의 책, 『기독자 완전에 대한 평이한 해설(*A Plain Account of Christian Perfection*)』이다. 그리고 그에 못지않게 중요한 자료는 완전이라는 주제를 다루고 있는 그의 설교들이다. 또한 그의 방대한 일기(*Journal*)와 편지들에서도 기독자 완전에 대하여 많이 언급하고 있다. 또 그의 동생의 찬미들(*Hymns*), 그리고 여러 책에서 언급되고 정리된 것들이 참고될 것이다. 이런 자료들이 또한 그의 친구요 협력자인 플레처(John William Fletcher)의 『초기 메소디스트 설교자들의 생애(*The Lives of Early Methodist Preachers*)』에서 확대되었으며, 또한 "알미니안 잡지(Arminian Magazine)"에 실린 전기들이 참고가 될 것이다. 우리가 세밀하게 연구해 보면 우리가 살고 있는 오늘의 신학적 성향과는 조화되지 않을 것처럼 보일 것이다. 저명한 루터란 신학자인 덴 박사(Dr. Gunther Dehn)는 1935년에 옥스퍼드에서 강연하면서, 사람은 완전할 수가 없다고 인식하면서, 완전을 말하는 것은 아주 잘못이라고 주장하였다.[21] 그리고 웨슬리를 동경하는 많은 다른 사람도 그의 가르침을 일반적으로 좋게 여기지만, 이번의 일, 곧 완전해질 수 없다고 하면서 완전을 말하는 것은 이상하다고 생각했다.

---

21) Dehn, *Man and Revelation*, 212; cf. 194-7.

제3장

기독자 완전 교리의 내용
(The Docrine Stated)

웨슬리의 교리적 논쟁은 이 교리의 이름 때문에 적지 않은 어려움을 겪었다. 이 교리를 때로는 "성화(Sanctification)" 또는 "온전한 성화(Entire Sanctification)"라고 불렀다. 때로는 "기독자 완전(Christian Perfection)", "성결(Holiness)", 또는 "완전한 사랑(Perfect Love)"이라고 불렀다. 웨슬리는 마지막 표현 곧 "완전한 사랑"으로 부르기를 선호하였다. 그러나 그의 책 제목은 『기독자 완전에 대한 평이한 해설』이라고 하였다. 그렇게 이름을 붙이는 데는, 그 나름대로 정당한 이유가 있을 것이다.

그러나 어떤 사람이 이 명칭을 쓰든지 간에 "완전"이라는 단어는 자극하는 말이다. "율법" 또는 자연(nature)과 같은 단어는 여러 가지로 정의되며 어떤 설명 없이 일반적으로 또는 위험스럽게 사용되지만, "완전"이라는 단어는 설명을 요구한다. 이 단어는 쉽게 비판자들이 "완전은 우리를 위한 것이 아니다"라고 되받아치게 한다. 그래서 웨슬리는 이 단어의 뜻을 여러 가지 의미로 적용시켜, 자기 나름대로, "책망받을 것이 없음(blameless)"과 "흠 없음(faultless)"을, 또 "순결함(purity)"과 "성숙함(maturity)"을 구별하였다. 또한 "점진 단계에서의 완전(perfection of stage)"과 "종국에서의 완전(perfection of the end)"을 구별하였다. 이 시점에서, 만약 그가 만든 이런 구별들이 진정한 것이며, 인식할 수 있는 것이라고 말하며, 또한 이 교리의 복잡한 사항에 대한 그의 식견들이 외교적으로 분명히 조절되었다는 판단과 함께 그가 만든 구별을 쉽게 물리칠 수 없다고 말하면, 충분할 것이다.[22]

웨슬리는 이 교리를 믿었고 또한 가르쳤다. 즉 한순간에, 단순한 믿음에 의하여 완전이 영혼에 주어졌다(perfection was wrought in the soul). 이는 진실로 그가 생각하는 그리스도인의 구원 체험의 두 단계, 곧 칭의와 성화 중의 두 번째이다. 첫 번째 칭의는 하나님과의 관계의 변화로서, 죄에서의 용서와 하나님과의 화해이다. 그리고 후자 곧 성화는 하나님의 영에 의하여 이루어지는 우리 자신의 변화이다. 첫 번째 단계에서, 새로운 마음이 우리에게 주어진다. 그러므로 우리는 하나님을 사랑하고, 하나님을 기쁘시게 하기를 원한다. 그리고 우리는 의지적으로는 하나님에 대해 죄를 지으려고 하지 않는다. 그러나 그 안에는 아직도 악한 성향이 남아 있다. 저항하고 또 저항할지라도 그 성향은 여전히 남아 있다.

두 번째 단계, 여기에서 우리는 주로 "온전한 성화"에 대하여 언급하고자 한다. 이 온전한 성화는 하나님이 직접 선물로 주시는 것으로, 마음을 죄로부터 온전히 씻으며 그 죄의 그 무서운 뿌리와 싹을 죽이는 것이다.

> 이 은혜로 인하여, 그리스도인은 "주 하나님을 온 마음 다하여 사랑하고, 모든 힘을 다하여 하나님을 섬긴다. 이웃(모든 사람)을 자신을 사랑하듯 사랑한다. 그리스도께서 우리를 사랑한 것 같이. … 진실로 그의 영혼은 사랑으로 차 있으며, 자비와 친절, 온유, 관대, 오래참음으로 가득 차 있다. 그러므로 그는 행동으로 하든 말로 하든, 그가 하는 모든 것을 사랑에 일치하게 한다. 그는 모든 것을 주 예수의 이름으로, 그의 사랑과 권능으로 행한다. 한마디로 요약해, 그는 하나님의 뜻이 하늘에서 이루어진 것과 같이 땅에서 행

---

[22] J. B. Mozley, *Lectures and Other Theological Papers*, 175.

하는 것이다."

"우리의 모든 생각에 있어, 모든 말에 있어, 손이 하는 모든 일에 있어, 우리를 흑암에서 놀라운 빛으로 인도하여 내신 하나님을 찬양하기 위함이다."[23]

"이 점을 좀 더 밝히자면, 나는 자기 마음을 다하여 하나님을 사랑하는 사람을 많이 알고 있다. 하나님은 그들이 추구하는 유일한 대상이요 유일한 기쁨이며, 그들은 하나님 안에서 항상 행복하다. 그들은 이웃을 자기 자신 같이 사랑한다. 선하거나 악하거나, 친구이거나 원수이거나, 모든 사람의 행복을 자신의 행복과 마찬가지로 끊임없이 열심히 추구한다. 그들은 항상 기뻐하며 쉬지 않고 기도하며 범사에 감사한다. 그들의 영혼은 거룩한 즐거움과 기도와 찬양으로써 하나님께로 올라가고 있다. 이것은 사실이요, 분명하고 건전한 성서적 체험이다."[24]

요컨대 (사실에 있어서) 이것이 솔직하고 건전한 성서적 경험인가 아닌가가 우리가 지금 추진하고 있는 탐구의 중요한 한 부분이다.

몇 가지 적절한 사실들은 여기서 말하여야 하겠다. 웨슬리는 이 기독자 완전을 성경이 분명히 가르치고 있다고 믿었다. 말할 필요도 없이, 그의 성경 본문을 인용한 것들은 고등 비판자들의 연구 결과를 예상하지 않은 것이다. 그래서 그는 기쁨으로 에스겔서에 있는 귀한 말씀과 사도 바울의 깊고 개인 체험적인 말씀으로 가지고 주장을 밀고 나갔다.[25] 그는 가

---

23) *Letters*, ii, 281.
24) *Plain Account*, 90.
25) Ibid., 99.

장 섬세한 설명을 하고 있는 적절한 성경 구절을 많이 발견하였다.

"그러므로 하늘에 계신 너희 아버지의 온전하심과 같이 너희도 온전하라"(마 5:48). 26)

"내가 비옵는 것은 이 사람들만 위함이 아니요 또 그들의 말로 말미암아 나를 믿는 사람들도 위함이니 아버지여, 아버지께서 내 안에, 내가 아버지 안에 있는 것 같이 그들도 다 하나가 되어 우리 안에 있게 하사 세상으로 아버지께서 나를 보내신 것을 믿게 하옵소서. 내게 주신 영광을 내가 그들에게 주었사오니 이는 우리가 하나가 된 것 같이 그들도 하나가 되게 하려 함이니이다. 곧 내가 그들 안에 있고 아버지께서 내 안에 계시어 그들로 온전함을 이루어 하나가 되게 하려 함은 아버지께서 나를 보내신 것과 또 나를 사랑하심 같이 그들도 사랑하신 것을 세상으로 알게 하려 함이로소이다"(요 17:20-23).

"평강의 하나님이 친히 너희를 온전히 거룩하게 하시고 또 너희의 온 영과 혼과 몸이 우리 주 예수 그리스도께서 강림하실 때에 흠 없게 보전되기를 원하노라"(살전 5:23). 27)

"내가 그리스도와 함께 십자가에 못 박혔나니 그런즉 이제는 내가 사는 것이 아니요 오직 내 안에 그리스도께서 사시는 것이라"(갈 2:20).

---

26) Ibid., 132.
27) *Plain Account*, 43.

이 성경 구절은 내적, 외적 죄로부터 극적으로 해방되었음을 말하고 있는 것이라고 (웨슬리는) 믿었다.

"이로써 사랑이 우리에게 온전히 이루어진 것은 우리로 심판 날에 담대함을 가지게 하려 함이니 주께서 그러하심과 같이 우리도 이 세상에서 그러하니라"(요일 4:17).

"그가 빛 가운데 계신 것 같이 우리도 빛 가운데 행하면 우리가 서로 사귐이 있고 그 아들 예수의 피가 우리를 모든 죄에서 깨끗하게 하실 것이요."(요일 1:7)

"만일 우리가 우리 죄를 자백하면 그는 미쁘시고 의로우사 우리 죄를 사하시며 우리를 모든 불의에서 깨끗하게 하실 것이요"(요일 1:9).

여기 "깨끗하게 하다"는 말은 현재형인 것을 강조하면서, 이 약속은 반대자들이 요한일서에서 증언하고 있는 말씀들도 무시하면서 죽음에 임박해서 주어지는 것이라고 주장하지만, 이는 그런 것이 아니라 '지금(now)'에 주어지는 것임을 강력히 주장하였다. 웨슬리는 신약성경을 자세히 연구하는 사람은 누구도 이 교리가 성경에 근거하고 있다는 것을 부정할 수 없다고 주장하였다. 이 문제에 있어, 그의 친구요 동역자인 플레처(John William Fletcher)는 그의 책, 『율법무용론에 대한 마지막 점검(*Last Check to Antinomianism*)』에서 웨슬리가 한 것보다 더 많은 관련되는 성경 구절을 제시하였다.

죄에 대한 웨슬리의 정의가 중요하다. 어떤 학자들은 이 교리에 대한 여러 반발은 주로 웨슬리가 그렇게 죄를 정의하였기 때문이라고 생각한다.28) 웨슬리는 "죄는 알고 있는 법을 의지적으로 범하는 것"이라고 정의했다. 테난트(Dr. F. R. Tennant)와 같은 현대 학자도 그렇게 주장한다.29) 플루 박사(Dr. Flew)는 주장하기를, "이 말(죄)의 배경에 대하여는 긴 역사가 있다. 그래서 그렇게 죄를 협소하게 정의하는 것도 있었다. 그러나 죄를 그렇게 좁게 정의하는 것이 바람직하지 않을 수도 있다. 우리의 죄 가운데 가장 악한 죄들은 종종 우리의 무의식 가운데 있다."고 하였다.30) 그러나 현 단계에 있어서는, 웨슬리가 죄를 그렇게 정의하고 믿었다는 것과 또한 마음의 악한 성향도 죄와 같이 보는 정의는 그가 제쳐 놓았을 것이라고만 말하겠다.

웨슬리의 이 교리에 있어, 성장 곧 순간적인 경험 전과 후에 성장이 있다고 강조하였는데, 이것이 바로 기독자 완전의 '과정(process)'이다. 이 교리의 순간적인 경험의 강조가 성장의 개념을 배제하지는 않는다. 그는 사람의 육체적인 출생과 사망에서 볼 수 있는 유사성을 들어 설명하였다. 즉 사람은 오랫동안 죽어간다고도 말할 것이다. 그러나 죽는 순간은 있는 것이다. 사람이 출생하는 순간이 있지만 그 전에 어머니의 배 속에서 자라고 있었다. 그리고 출생 후에 성장함이 있다. 그리고 그의 출생은 보통 몇 분 동안에 일어난다. 사람의 영혼에 완전한 사랑이 있게 되는 것도 그와 같은 것이다. 그 성장이 오래 걸리느냐 짧게 걸리느냐는 개인에 따라 다르다. 출생 전과 후에 무한한 성장이 있지만, 출생 자체는 그 날짜와 시간으로 말할 수 있다. 어떤 사람이 이 경험을 하였지만, 그 날짜를 말할 수 없다고 하여 그 경험을 부정하는 것은 아니다. 이런 경우는 예외적인 것으로 생각된다. 온전히 거룩해진 사람은 마땅히 윤리적 의무를 지

---

28) Bett, *The Spirit of Methodism*, 158(각주).
29) Tennant, *The Concept of Sin*, 101f, 205, 245.
30) Flew, 332f.

켜야 한다.

　웨슬리가 주장하는 의미에서 완전해진 사람이라도 여전히 인간의 유한성, 무지, 실수에서 자유로울 수는 없다. 그러나 그런 것이 죄는 아니다. 그의 마음은 하나님을 향한 사랑으로 가득 차 있다. 모든 악한 생각은 없어졌고, 모든 생각과 말, 그리고 행동은 하나님과 이웃에 대한 순수한 사랑에서 우러나오며, 그것에 의해서 행동한다."31)

　이는 앞서 신약성경에 있는 사람들이 그 가능성을 입증했다고 믿으면서, 웨슬리는 그를 따르는 많은 사람에게서 그 가능성이 실현되었다고 믿었다. 그는 완전한 사랑을 체험했다고 주장하는 수백 명의 신자를 시험하여 보았고, 그들의 주장을 인증하였다. 그는 자신이 체험하였다고 주장하지는 않았다. 채드윅(Chadwick)이 웨슬리가 체험했다고 장황하게 주장하는 것은 분명히 오해하고 있는 것이다.32) 커티스 박사(Dr. Curtis)는 웨슬리가 공공연히 자기의 체험을 알리지 않은 것을 인식하면서, 웨슬리는 그 체험을 하였고, 그 숭고한 순간을 그의 일기(*Journal*)에서 살펴볼 수 있다고 생각하였다.33)

　이는 점점 호기심을 일으키게 되었다. 이 문제를 그의 설교자들과 사람들에게 재촉하면서, 영적 교리를, 한때 영국교회의 복음적 사제들과 합치기를 희망할 때34) 기초로 삼았던, 그가 사적으로 또는 공적으로 1733년부터 1791년에 죽을 때까지 주장했던, 다른 두 교리와 함께 시험해보려고 하였다. 그는 신중하게 그에 대한 자신의 주장을 밝히기를 주저하고 주장하지 않았다. 도드 박사(Dr. Willaim Dodd)는 이 점에 대한 반격에 답하면서 말하기를, "나는 내가 얻고자 하는 그 지경에 도달하지 않

---

31) Simon, *John Wesley, the Master Builder*, 152.
32) Chadwick, *The Call to Christian Perfection*, 44, 77.
33) Curtis, *Christian Faith*, 375f. (1744년 12월 24일에 체험하였다)
34) Simon, *John Wesley, the Master Builder*, 152.

았다고 당신에게 말한다"고 하였다.35) 베트 박사(Dr. Bett)는 생각하기를, 그의 생에 대한 "눈에 띄는 평판" 때문에 주장하기를 주저했던 것이라고 했다.

> "그의 생애에는 매일 매일 쓸데없고 순진한 수천 개의 왜곡되고 과장된 말과 한 일이 나돌아다녔을 것이다. 이것들이 그의 대적에 의해 그가 완전한 사람을 주장하는 것을 반대하는 데 이용되었을 것이다. 웨슬리는 이를 알고 있었다. 그래서 그는 세상에 불필요한 비난거리를 주지 않으려고 조심하였다."36)

플루(Flew)는 이는 풀 수 없는 문제인 것 같다고 하며, 아마 그런 공언(avowal)이 자기 영혼에 위험을 끼치지 않나 하는 반 무의식적인 의심을 그가 가지고 있지 않았나 생각한다.37)

그러나 완전한 사랑을 체험했다고 주장하는 사람은 너무나 많다. 그리고 그들의 소박한 이야기들은 그들에게 일어난 놀라운 일에 대한 진실한 증언을 나타내고 있다. 그리고 그들의 이야기에는 가짜 증언을 찾아내려고 하는 자들의 비판적 증언에도 적지 않는 확증이 있다.

모즐리 박사(Dr. J. B. Mozley)는 1874년 옥스퍼드에서의 웨슬리의 교리를 생각했을 때, 강력히 주장하기를 완전이 가능하다면, 이는 "절대적으로 보기 드문 진기"한 일이 아니라, 많은 경우에 있을 수 있다고 기대할 수 있었을 것이다. 그리고 이런 일이 드문 일이 아니었을 것이다.38) 웨슬리는 그런 일들이 적지 않게 있었다고 주장하였다.

---

35) *Letters*, v. 43. 여기서 저자는 웨슬리의 말의 진의를 잘못 이해한 듯하다. 그때의 글의 문맥을 보면, 그가 죄 없는 완전(sinless perfection)을 주장하므로 그에 대하여, 웨슬리가 그를 부정한 말이다(역자의 코멘트).
36) Bett, *The Spirit of Methodism*, 161f.
37) Flew, 330.
38) J. B. Mozley, *Lectures and Other Theological Papers*, 164.

웨슬리는, 완전을 경험한 사람들로 구성되어 있는 모든 '신도회'를 만났다. 그에 대한 기록물이 많지 않지만, 18세기 신앙 부흥의 초기에는 아주 많이 있었다. 우리가 들 수 있는 백 개의 실례 중에, 아마도 가장 모범적인 실례는 플레처(John William Fletcher)의 경우일 것이다. 플레처를 몹시 좋아하면서, 웨슬리는 1781년 8월 24일에 파크 로우(Park Row, Leeds)에 있는 집에서 이 은혜를 받았다고 선포하였다. 그는 그의 주장을 길게 그리고 강하게 말하기를, "나는 죄에서 자유를 얻었다"고 하였다.[39] 이 일을 불손하다고 성급하게 털어버릴 비평가도 알아야 한다. 볼테르(Voltaire)는 그리스도와 같이 완전한 사람을 말해보라고 했을 때, 그는 즉시 매들리의 플레처(Fletcher of Madeley)를 언급했고,[40] 웨슬리도 플레처의 장례식 설교에서 그는 "완전한 사람"이라고 말했다는 것이 확실히 전해지고 있음을 알아야 한다.

---

39) Rogers, 225.
40) E.B., ix, 373. Abbey and Overton, *The English Church in the Eighteenth Century*, 113.

제4장
웨슬리의 성서관
(Wesley's Approach to the Bible)

시편은 율법을 즐거워하며 율법을 주야로 묵상하는 사람의 찬양하는 글로 시작한다. 우리가 이 말의 뜻을 확대하면, 여기서 '율법'은 성경 전체를 가리키는 것이다. 웨슬리는 시편 기자의 찬양에 전적으로 찬성한다. 웨슬리는 어려서부터 성경공부를 열심히 하였다. 그는 매일 매시간 성경을 연구했고, 이는 그의 긴 세월 동안 죽을 때까지 그리하였다.

웨슬리에게 성경은 그의 모든 가르침과 설교의 기초였다. 그는 기독교에 관한 진리를 추구함에 있어, 첫째로, 기도하는 가운데서 철저히 연구한 것에 기초했고, 다음으로는, 경건한 신도들의 경험에 대한 고찰에 기초했고, 마지막으로 그 과제에 대해서 옛날과 현재의 여러 사람이 쓴 것들을 비교한 것에 의해 추구하였다. 그는 그의 전집(Works)의 서문에서 다음과 같이 말했다.

> "이 전집에서 나는 진지하고 정직한 사람들에게, 나의 숙고한 생각들: 곧 성경과 이성, 그리고 기독교의 전통에 일치한다고 생각하는 글들을 소개한다."[41]

항상 그에게는 성경이 먼저였다. 그는 그의 가르침이 하나님의 책에 잘

---

41) *Works*(1771), par. 4; cf. vol. xiii, 272.

근거하고 있다는 것을 확신하기 전에는 가르치지 않았다.

이런 그의 자세는 자신을 "한 권의 책(homo unius libri)"이라고 한 유명한 말에 분명하게 나타나 있다. 이 말이 1746년에 발행한 그의 설교집 서문에 나타나 있다.[42]

> "정직하고, 분별력 있는 사람들에게, 나는 내 마음 깊은 곳에 자리 잡은 생각을 드러내기를 주저하지 않는다. 나는 공중으로 날아가는 화살과 같이 살다가 사라지는 한 날의 피조물에 불과하다고 생각해 왔다. 나는 하나님께로부터 왔다가 다시 하나님께 돌아가는 영혼이다. 나는 거대한 바다 위를 배회하다가 마침내 사라져 버리는 존재, 그리하여 결국에는 불변의 영원으로 돌아가게 될 영혼이다.
>
> 여기에서 나는 한 가지, 곧 '하늘로 가는 길'을 알기를 원한다. 어떻게 저 행복한 피안에 안전하게 도달할 수 있는지 알기를 원한다. 하나님은 그 길을 가르쳐주기 위해서 스스로 낮추셨으며, 바로 이 목적을 위해 하늘에서 내려오셨다. 그리고 하나님은 이것을 한 권의 책에 기록하셨다. 오 주여! 그 책을 나에게 주시오! 어떤 대가를 치르더라도 '하나님의 책'을 나는 가져야 하겠다. 그 책을 나에게 주시오. 자, 이제 나는 그 책을 가졌다. 이 속에 나에게 만족을 주는 지식이 담겨 있다. 주여, 나로 하여금 '한 권의 책(homo unius libri)'이 되게 해 주시오.
>
> 이제 나는 사람들의 복잡한 길을 피해 여기 홀로 앉아 있다. 그리고 이곳에는 오직 하나님만이 계시다. 하나님의 현존 앞에서 하늘로 가는 길을 찾으려는 목적으로 나는 그 책을 펴서 읽는다. 내가 읽은 것의 의미에 대해서 어떤 의혹이 생기는가? 혹 어둡고 복잡하

---

42) Par. 5.

게 보이는 어떤 것이 있는가? 나는 빛의 아버지에게로 내 마음을 연다.

'주여 만일 저희 중에 누구든지 지혜가 부족하거든 하나님께 구하라는 말이 당신의 말씀이 아닙니까?' 당신은 후히 주시고 꾸짖지 않는다고 하셨으며, 누구든지 나의 뜻을 행하기 원한다면 나의 뜻을 알리라고 말씀하셨다. 하나님의 뜻을 행하기를 원하오니 당신의 뜻을 알려 주시오.

그러고서 나는 성경의 병행 구절들을 찾아 영적인 일은 영적의 것을 비교하면서 잘 분별해 본다. 그다음에는, 거기에 대해 할 수 있는 대로 내 마음을 집중시켜 진지하게 명상한다. 그래도 의혹이 가시지 않는다면 나는 하나님의 역사를 경험했던 사람들과 교감한다. 그러면 죽은 듯이 고요하던 그 기록된 말씀이 내게 말을 하게 된다. 그리고 이와 같이 배운 그것을 가르친다."

웨슬리가 "천국으로 가는 길" 하나만 원했다는 말은 오늘의 사람들에게는 좀 이상하게 들릴지 모른다. 그러나 이 감동적인 메시지를 듣고, 그가 많은 책을 읽은 사람이었다는 것을 기억하는 사람은 그가 '한 권의 책'이라고 주장하는 의미를 바로 이해할 것이다. 그에게 있어 성경은 그가 처음 읽은 책이 아니다. 성경은 그가 간직한 내용과 권위에서 결정적이다. 만약 그가 가르친 교리가 성경에 있다는 것을 믿는 데 잘못이 있다면, 이는 그가 본문을 정밀히 조사하고 깊이 생각한 후에 그리 잘못한 것이다.

기독자 완전의 교리도 예외로 취급할 수 없다. 웨슬리는 기독자 완전이 성경에 있다고 확신하였다. 그는 다음과 같이 말한다.

"이해력 있고 성경을 믿는 사람으로서 반대할 수 있는 그 무엇이 여기 있는가? 성경을 정면으로 대적하지 않고서야 이것을 부인할 수 있겠는가? 하나님의 말씀을 떼어내지 않고서야 삭제할 무엇이 있겠는가?"[43]

"그러므로 사도 요한의 교리와 신약의 일관된 정신에 비추어 볼 때, 우리는 그리스도인이 죄를 범하지 않을 만큼 완전하다는 결론을 굳힌다."[44]

특별히 비판자들이, 이 교리는 마치 웨슬리가 만들어 낸 것처럼 웨슬리의 교리라고 언급하는 데 대해 그는 분노하였다.

"그들은 나에게서 책잡을 거리를 원하고 찾다가 이 문제에서 그 찾던 것을 발견했던 것입니다. 이것은 '웨슬리의 교리로군! 그는 완전을 설교한단 말이야'라고 합니다. 그렇습니다! 웨슬리는 완전을 전합니다. 그러나 이것은 그대의 교리도, 다른 어떤 그리스도의 종의 교리도 아님과 같이, 웨슬리의 교리가 아닙니다. 그것은 주님의 교리, 주께서 특별히 강조하시는 주님의 교리입니다. 이것은 예수 그리스도의 교리입니다! 다음의 말씀은 그분의 말씀이요 내 말이 아닙니다. '그러므로 하늘에 계신 너희 아버지의 온전하심과 같이 너희도 온전하라.' 그런데 누가 온전하지 말라고 할 것입니까? 또 완전은 영혼이 육체를 떠나기 전에는 있을 수 없다고 말하는 것입니까? 완전은 사도 바울의 교리요, 사도 야고보의 교리이며, 사도 베드로와 사도 요한의 교리입니다. 그것은 순수하고 온전한 복음(the

---

43) *Plain Account*, 10. 『웨슬리의 기독자의 완전에 대한 해설』(조종남 역), 26.
44) Ibid., 22. 『웨슬리의 기독자의 완전에 대한 해설』(조종남 역), 30.

pure and whole gospel)을 전하는 모든 사람의 교리라는 의미에서라면 몰라도 결코 다른 의미로는 웨슬리의 교리가 아닙니다. 내가 이 교리를 언제 어디서 발견했는지 간단명료하게 일러둡니다. 내가 나의 영혼을 구원하려는 목적과 소원 이외에 다른 생각은 일절 없이 신구약성서를 읽다가 바로 그 안에 있는 하나님의 말씀에서 발견한 것입니다."45)

그렇기는 하지만, 웨슬리는 성서 고등비평 시대 이전에 글을 썼다. 만약 1753년에 브뤼셀(Brussels)에서 익명으로 출판된 책이 장 아스트락(Jean Astruc)이 쓴 『모세가 창세기를 편집하는 데 사용한 것으로 보이는 원저작물에 대한 추측(Conjectures on the original documents which Moses appears to have employed for the composition of the Book of Genesis)』을 성서에 대한 근대 비평학의 시작이었다고 본다면, 아스트락은 웨슬리와 동시대 사람이었다. 그러나 웨슬리가 이 책을 알고 있었다는 증거는 없다. 그리고 웨슬리가 죽은 후 100여년이 지난 후에야, 『소논문과 비평(Essay and Review)』(1860), 『콜렌소의 논쟁(The Colenso Controversy)』(1863)과 같은 책이 출판되었고, 로버트 스미스(Robertson Smith)에 대한 논쟁(1876)이 있었으므로, 영국의 종교인들 사이에 널리 알려진 이 새로운 학문의 도전을 받게 되었다.

따라서, 웨슬리는 성경 전체를 자유롭게 살피며, 완전이 지구상에 있는 경건한 사람에게 가능하다는 증거를 찾았다. 그러나 그의 대부분의 증거는 신약성경에서 얻었다. 물론 그는 저자라든가 연대라든가 하는 문제로 방해를 받지 않았다. 그는 주님이 오시기 전의 시대 이해와 그 후의 시대 이해 사이에는 크고 중요한 구분이 있음을 알고 있었다.46) 그가 저주

---

45) Ibid., 132, 『웨슬리의 기독자의 완전에 대한 해설』(조종남 역), 150-151.
46) Plain Account, 20. Letters, iv. 11.

를 담은 시편들을 비난한 사실은 잘 알려져 있다.[47] 그러나 에스겔서[48]와 마태복음 그리고 스가랴서[49]와 바울 서신은 많이 도움이 되었다. 하나님의 말씀은 한결같이 소중하다. 성경의 한 부분이 다른 곳보다 더 분명하게 보인다면, 거기에 있는 말씀의 의미를, 자신의 필요, 걱정, 또는 현재의 관심에 비추어 찾으려고 노력해야 한다.

웨슬리의 기독자의 완전에 대한 해설에는 이 교리에 원천으로 성경을 195번이나 인용하고 있다. 그 중 23번은 구약성경에서, 그리고 172번은 신약에서 인용하고 있다.[50]

어떤 페이지를 보면 성구 인용문으로 가득 차 있다. 그는 성경을 오래 묵상한 사람이어서, 성경을 자연스럽게 풀어쓰고 있는 것 같다. 그는 자유자재로 성경을 인용하고 있다. 그가 어떤 성경 구절은 반복했던 것을 무시하더라도, 그는 신약의 공관복음에서 29번, 사도 바울 서신에서 74번, 그리고 요한 서신에서 34번 인용하고 있다. 그가 가장 많이 인용한 성경은 요한일서이다. 요한일서에서 20절을 인용하고, 그의 대부분은 거듭 반복해서 인용하고 있다. 요한일서 다음으로 많이 인용한 성경은 마태복음과 로마서인데, 18번이나 여러 형태로 인용하고 있다.

그러나 이 인용한 그 모든 구절이 이 교리와 밀접하게 연관되고 세밀하게 설명된 구절들은 아니다. 그가 크게 무게를 두고 인용한 성경 구절은 30구절인데, 10개가 바울 서신에서, 10개가 요한일서에서, 10개가 다른 성경에서 인용된 것이다. 그러면 이 성경 구절에 대한 세밀한 검토를 앞으로 해보고자 한다.

---

47) *Works*, xiv, 317, *Journal*, vii. 18.
48) *Plain Account*, 41.
49) Ibid., 20.
50) 인용한 성경은 반박하여 인용한 것을 포함하면, 구약에서 24, 신약에서 224 구절이 된다.

제5장

이 교리의 근거로 삼은 성경 구절들
(The Texts on which He Built)

(1) 기독자 완전의 교리의 근거로 중요하게 삼고 있는 30곳의 성경 구절 가운데 하나가 구약에서 인용되었는데, 바로 에스겔서 36장 25, 26, 29절이다.

> "맑은 물을 너희에게 뿌려서 너희로 정결하게 하되 곧 너희 모든 더러운 것에서와 모든 우상 숭배에서 너희를 정결하게 할 것이며, 또 새 영을 너희 속에 두고 새 마음을 너희에게 주되 너희 육신에서 굳은 마음을 제거하고 부드러운 마음을 줄 것이며 … 내가 너희를 모든 더러운 데에서 구원하리라"

웨슬리는 그의 『기독자의 완전에 대한 해설』에서 이 말씀을 부분적으로 또는 전적으로 네 번이나 인용하고 있다.[51] 찰스(Charles)는 이 말씀을 가지고 "성화에 대한 약속(The Promise of Sanctification)"이라는 제목을 붙여 긴 찬미가를 작성하였다.

퍼킨스 박사(Dr. Perkins)는 구약에서 완전의 뜻을 나타내는 히브리어, 그것이 모두 다 윤리적 의미를 포함하고 있지는 않지만, 히브리어 여

---

51) *Plain Account*, 34, 39, 41, 99.

섯 개를 식별하였다. 52) 그러나 그 단어들이 여기에서 사용되지는 않았다. 어떤 학자들은 구약성경에 있는 이 단어의 의식적 의미에서 불결과 도덕적 불결(impurity)을 구별하지 못하고 있다. 그러나, 여기에 있는 구절에서, 에스겔은 두 가지를 다 말하고 있다. 여기서 하나님께서 그들을 깨끗하게 하신다는 약속은 그러기에 그들을 도덕적 불결과 그들의 우상에서 깨끗하게 하신다는 것이다. 사실, 어떤 현대 독자들이 생각하는 대로, 이 둘은 연결되어 있지 않은 것이 아니다. 옛날의 우상 숭배와 연결된 도덕적으로 나쁜 행위는 굉장히 무서운 것이었다. 53) 그러나 이 말씀이 기독자 완전의 교리에 중심이라 할 수 있는 윤리적 순결의 뜻을 뒷받침하고 있는지는 분명하지 않다.

그러나 유대교의 랍비들은 사람이 하나님의 모든 계명을 실천할 수 있다고 주장하는데, 유대교에서는 죄가 불가피한 것이라는 견해를 지지하지 않는다는 것을 알아야 한다.

(2) 신약의 공관복음에서 인용된 3곳의 성경 구절은 마태복음에서 인용된 것으로, 마태복음 5장 8절, 48절, 그리고 6장 10절이다.

하나님의 계명을 사람의 능력으로 충족시킬 수 있는가 없는가의 문제, 그리고 웨슬리가 중요하게 사용하고 있는 구절에서 명령형과 가정법을 반복하여 사용하고 있는 것이 아주 중요한가 아닌가 하는 문제를 우리는 앞으로 고찰해 보아야 한다. 우리는 이것을 먼저 다루게 된다. 예수님의 산상수훈에서 말씀하신 "마음이 청결한 자는 복이 있나니 그들이 하나님을 볼 것임이요"라는 구절이 그의 이 교리를 지지하고 있다는 것을 부정하는 비평가들에 대하여 웨슬리가 어떻게 답변했을지는 뻔하다. 웨슬리는 마음의 청결을 권고한 말씀이 바로 이 교리가 있을 수 있다는 것

---

52) Perkins, The Doctrine of Christian or Evangelical Perfection, 32-35.
53) Lofthouse, *Ezekiel*(The Century Bible), 37.

을 분명히 말해 주고 있다고 주장했을 것이다. 오로지 그렇게 마음이 청결한 자만이 하나님을 볼 수 있을 것이다. 우리가 앞으로 알게 되겠지만, 웨슬리는 연옥(purgatory)에 가서 마음의 청결해진다고 주장하는 연옥설을 믿지 않았다.

웨슬리에게는 마태복음 5장 48절, "그러므로 하늘에 계신 너희 아버지의 온전하심과 같이 너희도 온전하라"가 아주 중요한 본문이었다. 우리는 그가 이 성경 구절을, 그의 『기독자의 완전에 대한 해설』에서 헬라어와 영어로 기록하고 있는 것을 본다. 오늘날 이 성경 구절의 권위에 대하여 의심하는 것을 본다면 그는 몹시 놀랄 것이다.

이 성경 구절에 대하여 몇 가지 문제 삼는 일이 있다. 예로, 벨하우젠(Wellhausen)[54]과 다른 학자들은[55], 누가가 oijktivrmwne(oiketirmones)를 사용함으로(눅 6:36), 마태가 쓴 teleioi보다 더 원뜻에 가깝게 표현하였다고 주장하였다. "자비로운(Merciful)"이라는 말이 더 단순하고 자연스러운 말이라고 하였다. 복음서 기자 가운데, 유독 마태만이 teleio 라는 말을 사용하고 있다는 것이다.

아람어(Aramaic)로 거슬러 올라가 규명하여 보려고 했지만 해결되지 않았다. 모페트 박사(Dr. Moffatt)는 아람어의 원뜻도 '완전'을 의미할 수 있다고 보고, '완전(perfect)'이란 말을 그대로 유지하였다.[56] 그러나 토레이 박사(Dr, Torrey)는 '완전(perfect)'으로 번역하는 것을 불가능하다고 하면서 그런 번역을 거절하였다. 그리고 다음과 같이 말하였다.

"그러므로 '완전해지라'와 같은 말은, 이 문맥에서 잘 살펴보아도, 허튼소리다. 하나님 자신과 같이 완전해질 수는 없는 것이다. 이

---

54) Wellhausen, *Das Evangelium Matthaei*, 24, 98.
55) M'Neile, *The Gospel According to St. Matthew*, 73, cf, *Manson in the Mission and Message of Jesus*, 347.
56) Moffatt, *An Introduction to the Literature of the New Testament*, 196.

말은 완전의 관념으로 말하려는 것이 아니다. 여기에 43-47절에서 제자들은, 바로 하늘에 계신 아버지께서 그랬듯이, 모든 사람에게 친절(kindness)을 베풀라고 교훈을 받은 것이다."57)

토레이 박사가 말하듯이, 이는 아람어를 잘못 발음함으로써 생긴 것이다. 즉 제자들은 다른 사람들에 대해, 완전하라(gemir)58)가 아니라, 좋은 뜻으로 "자비로워라(gamar)"고 분부를 받은 것이라는 주장이다. 본문에 대한 학문적인 조사를 해 보았지만 문제가 해결되지 않았다. 빈센트 테일러 박사(Dr. Vincent Taylor)는 누가복음 6장 36절은 마태복음 5장 48절과는 다른 뜻일 가능성이 있다고 생각했다.59)

웨슬리는 주기도문을 인용하여 자기의 교리를 입증했다. "하늘에 계신 우리 아버지여, 나라가 임하시오며 뜻이 하늘에서 이루어진 것 같이 땅에서도 이루어지이다." 이 말씀이 의미하는 바는 너무나 분명하지 않는가. 그래서 웨슬리는 이 말씀을 설명하면서, 수사학적인 질문을 한다. "하늘에서 그 뜻이 완전히 이루어지지 않았는가? 그렇다면, 하나님은 이 땅에서의 완전을 위해 기도하라고 가르치신 것이 아닌가? 그러면 하나님은 그것을 허락하시기로 계획하신 것이 아닌가?"60)

(3) 사도 바울의 서신에서는 10개 구절을 인용하여 이 교리의 근거를 삼았다. 우선 로마서 2장 26절로 시작한다. 거기에 웨슬리가 즐겨 사용한, "마음의 할례"라는 말이 나온다. 이 본문의 구절을 근거로 하여, 웨슬리는 1733년 1월 1일에 옥스퍼드 대학교의 성 마리아 교회에서 설교하였다. 이 설교는 그의 표준 설교집에 기록된 13번째 설교이다. 이 설교에서

---

57) Torrey, *The Four Gospels*, 291.
58) Torrey, *Our Translated Gospels*, 92f, 96.
59) Vincent Taylor, *Forgiveness and Reconciliation*, 186.
60) *Plain Account*, 74. 『웨슬리의 기독자의 완전에 대한 해설』(조종남 역), 89.

그는 마음의 할례는 바로 하나님이 창조하신 하나님의 형상을 따라 새로워진 영혼, 곧 마음과 정신의 상태라고 정의하였다. 그는 이 설교를 그의 복음적 회심이 있기 5년 전에 하였다(이 설교는 1748년에 출판되었다). 이 설교는 (그의 1738년 5월 24일에 있은 회심에 의해 일부 추가된 바가 있지만) 여전히 미숙한 점이 있다. 이 설교에는, 특히 2장 7절에, 윌리엄 로우(William Law)의 영향을 받은 표현들이 나타나 있다. 이 설교에서 웨슬리는, 온전한 성화(성결)는 일정한 자기 부정을 계속함으로 얻을 수 있다고 말하는 것처럼 보인다. 그는 후에 그런 견해는 부인하였다. 그러나 그때는 그렇게 설명하였다. 1733년은 웨슬리가 아직도 구원을 행위에 의하여 추구하고 있을 때였다.[61]

이 성경 구절이 기독자 완전에 대하여 설명하고 있다고 주장하기는 힘든 것 같다. 그래서 도드 박사(Dr. C. H. Dodd)와 같은 날카로운 학자는 여기에서 말하고 있는 "내적 순결"[62]을 억지로 온전한 성화의 논점에서 다루지 않고 그냥 설명하였다.

그 외에 웨슬리가 로마서에서 인용한 성구는, 로마서 12장 1절, "그러므로 형제들아 내가 하나님의 모든 자비하심으로 너희를 권하노니 너희 몸을 하나님이 기뻐하시는 거룩한 산 제물로 드리라 이는 너희가 드릴 영적 예배니라"이다.

신학자들, 곧 사람은 전적으로 부패했다고 믿으며 또한 후커(Hooker)와 같이 사람이 행한 최선의 일에도 그 안에는 용서받아야 할 것이 있다고 믿는 신학자들은 이것에 주의하여야 한다. 즉 하나님의 말씀에는, 이렇게 성결하라고 권면하는 말씀이 있다는 것에 주의하여야 한다. 이런 권고의 말씀은 이따금 있거나, 경우에 따라 있거나 하는 것이 아니요, 또한 하나님께서 우리 안에서 그렇게 할 수 없다고 의심해서 진정시

---

61) Lee, 180을 보라.
62) Dodd, *The Epistle of Paul to the Romans*, 42.

켜질 것이 아니라는 것을 주의하여야 한다. 그런 모든 것을 이해함으로, 우리는 하나님께서는 우리 죄에 대하여 죄를 용서하시는 일 이상의 무엇인가를 할 수 있다는 확신이 있게 된다. 이 점에 있어 웨슬리는 다음과 같이 말했을 것이다. "하나님의 계명은 이루어질 수 있다. 은혜로 말미암아 그리스도께서 우리를 하나님이 기뻐하시는 거룩한 것으로 하나님께 드리게 하실 수 있다."

웨슬리는 "거룩하다"라는 말을 사용할 때는 항상 윤리적인 완전의 의미로 사용하였다. 나는 그의 글에서, 그가 다른 의미로 이 말을 사용한 것을 보지 못하였다. 오또(Otto)가 그의 『거룩의 개념(The Idea of the Holy)』에서 탐색하고 있는 numinous(신령한 것)의 성격이나 기원, 또는 어떤 비이성적인 종교적 경험, 곧 mysterium tremendum(신적인 것으로부터 나오는 신앙의 신비)라고 표현하여야 할 경험[63]의 심리학적 근거 같은 것은, 말할 필요도 없이, 존 웨슬리의 관심을 불러일으키지 않았다. 나는 웨슬리가 그에 대한 해명을 하고 있는 것을 그의 글에서 찾아볼 수 없었다. 그에 대한 그의 해명을 그가 성결('agioi)이라는 말을 유대교도들이 사용하고 있는 의미들과 신약성경에서 사용되고 있는 의미를 설명한 글[64]에서, 찾아볼 수 없었다. 웨슬리에게 있어서는, '거룩'은 윤리적 완전을 의미했다. 구약과 신약에서 말하는 성결도 웨슬리는 그렇게 이해하였다.

그는 고린도후서에서 두 구절, 곧 고후 3장 17-18절과 고후 7장 1절을 인용하고 있다. 고후 3장 17-18절은 우리가 그리스도와 같은 형상으로 변화되어 가는 가운데 기뻐함을 말하였고, 고후 7장 1절은 "하나님을 두려워하는 가운데서 거룩함을 온전히 이루어 육과 영의 온갖 더러운 것에서 자신을 깨끗하게 하자"는 권고이다. 바울이 앞에서(롬 8:29, 빌 3:21

---

63) Otto, *The Idea of the Holy*, 12.
64) Flew, *Jesus and His Church*, 141ff.

에서 말했듯이) 그들과 비슷하게 말한 것은, 아마도 어느 정도 하나님의 환상에 의한 변화를 말하는 신비적 종교의 영향을 받은 것 같기도 하다. 그러나 근본적 차이가 있다. 즉 신비적 종교에서는 본질의 마술적인 변화 같은 것65)을 말하는 것 같은데, 바울은 영광스러운 도덕적, 영적 변화를 말한다. 이는 하나님께서 우리를 거룩하게 하려는 그의 뜻을 성취하심으로 한 영광에서 다른 영광으로 옮겨지는 것이다. 이 성경 구절을 인용함에 있어 웨슬리는 거기에 있는 동사는 계속상의 현재 동사(durative present)임을 지적하고 있다.66)

그 다음 성구가 뜻하는 바는, 바울이 고린도 교회에 보낸 다른 글에서도 결코 약화되지 않았다. 사도 바울의 마음에는 이방인들의 행하는 불결한 행위를 기억하고 있었을 것이다. 그래서 그는 거기에서 완전히 떠나라고 요구하고 있는 것이다. 그래서 모퍼트 박사(Dr. Moffatt)는 여기서, "하나님을 두려워하는 가운데서 거룩함을 온전히 이루라"는 말씀을 "우리가 하나님을 경외함으로 철저히 성별되자"라고 번역하였다.

갈라디아서에서는 2장 20절을 인용하였다. "그런즉 이제는 내가 사는 것이 아니요 오직 내 안에 그리스도께서 사시는 것이라 이제 내가 육체 가운데 사는 것은 나를 사랑하사 나를 위하여 자기 자신을 버리신 하나님의 아들을 믿는 믿음 안에서 사는 것이라." 웨슬리는, 이 말씀은 외적, 내적 죄에서 구원받았음을 명백히 표현하고 있는 것이라고 주장했다.67) 여기에, "내가 사는 것이 아니요"라는 말은 악한 성질이 죽었다는 것을 의미하는 것이며, "내 안에 그리스도께서 사시는 것이라"는 말은 바울이 '모든 거룩한 것, 정의롭고 선한 것'을 소유했다고 단언하는 것이라고 해석하였다.

---

65) Kennedy, *St. Paul and the Mystery-Religions*, 183.
66) *Plain Account*, 26.
67) Ibid., 23.

이런 해석을 오늘날 전반적으로 지지할는지는 모르겠다. 많은 성경주석가는 웨슬리가 비유로 말한 것(은유)을 과도하게 강조하였고, 바라는 것을 성취했다고 말한 것 같다고 생각할 것이다. 바울이 말하는 이 성경 구절을 그 안에 있는 모든 죄는 파멸되었고, 남겨진 것은 거룩하고 의롭고 선한 것밖에 남은 것이 없다고 해석하는 것은 이 본문을 부자연스럽게 다루는 것처럼 보이고, 또한 사도가 다른 곳에서 말하는 것과 일치하지 않는 것처럼 보인다.

바울 서신에 그가 회심한 후에 가진 죄에 대한 깊은 생각의 표현이 많이 있다는 것 때문이 아니다. 우리 안에는 뿌리 깊은 부패가 있다고 주장하는 신학자들은 사도의 편지를 지지하기가 힘들다. 바울이 로마서 7장에서 자기의 갈라진 상태의 마음을 생생하게 기술한 것은 그가 회심하기 전의 경험인 듯하다. "만약 바울이 지금 고백하는 것이, 이 편지를 쓰는 순간에, 자기는 비참하게 비참한 자요, 죄의 법에 노예라고 했다면, 이는 그의 모든 주장을 무효화하는 것이 될 것이다."[68] 한 가지 다른 증거가 제시된 것이 롬 13:12, 고전 11:31f에 있는데, 이것들은 증거로서는 대수롭지 않다.

다른 한편, 바울을 죄가 없다고 주장하는 자들은 큰 지지를 얻지 못하였다. 그리고 그들이 고전 4:3f, 살전 2:10에 근거하여 그렇게 주장한 것도 완전히 그를 입증할 것이 못 된다.

사실을 말하면, 바울은 그의 생각에 완전에 대한 두 가지 견해, 즉 절대적 완전과 상대적 완전이라는 견해를 가지고 있었던 것이다. 절대적 완전이란, 바울이 빌립보서 3장 12절 이하에서 추구하는 어떤 먼 목표로 보이는 지경 곧 하늘에서 이루어지는 완전이다. 그리고 상대적 완전이란, 에베소서 4장 12절 이하, 골로새서 1장 28절, 3장 14절에서 보듯이, 이 땅

---

[68] Dodd, *The Epistle of Paul to the Romans*, 108. Whyte, *Bible Characters*(3rd series), 112. Barth의 견해는 다르다, *Epistle to the Romans*, 270.

위에서 이루어지는 것으로서, 그리스도 안에서 새 생명을 받은 사람에 의하여 얻어질 수 있는 완전이다. 이 저자가 보기에는, 이 구분을 마음에 간직하고 바울 서신에서 말하고 있는 기독자 완전의 교리를 상고하면, 거기에 모순이 없고 조화가 있음을 발견할 수 있다.

바울은 에베소에 보낸 서신에서 두 곳의 성경 구절을 인용하였다. 에베소서 3장 14-19절에 있는 바울의 기도와, "자기 앞에 영광스러운 교회로 세우사 티나 주름 잡힌 것이나 이런 것들이 없이 거룩하고 흠이 없게(책망받을 것이 없게) 하려 하심이라"(엡 5:27)는 바울의 믿음을 인용하였다. 여기에서 엡 3장 19절에 있는 "지식을 초월하는"이라는 말을 로빈슨 박사(Dr. Armitage Robinson)[69]가 해석하듯이, 이는 진실로 도달할 수 없는 것이라고 해석하는 학자에게, 웨슬리는 그런 결론은 이치에 맞지 않는다고 대답했을 것이다. 성화에 많은 관심을 가지고 있는 웨슬리는, 여기 "모든 지식을 초월한"이라는 말은 곧 설명할 수 없는 뜻이며, 이를 경험을 초월한 것으로 인정하면 안 된다고 말했을 것이다.

두 번째 구절(엡 5:27)은 웨슬리가 "하나님께서 우리를 모든 죄에서 구원하시리라는 약속이 성경에 분명히 있느냐?"는 질문에 대한 답변으로 사용하였다. 이 성구는 웨슬리가 신약성경에 취하여 답변하였고 또한 단호하게 주장한 말이다.[70] 이 약속의 성취는 장차 있을 것이라고 웨슬리에게나 그의 비판자들에게도 분명했을 것이다. 그러나 이에 대한 견해가 영국교회의 투쟁적인 사람과 분리되게 할 것이라고 그는 생각하지 않았을 것이다.

빌립보서에서는 3장 15절을 인용하여 강조했다. 그는 『기독자의 완전에 대한 해설』에서 10개 성구를 바울의 서신에서 인용하였는데, 특히 빌 3

---

[69] J. A. Robinson, *St. Paul's Epistle to the Ephesians*, 86. 한글 개역개정 성경에는, "모든 지식을 초월한(passeth knowledge)"이라는 말이 달리 번역되어 있다(역자 주).
[70] *Plain Account*, 42 f.

장 15절을 그의 목적을 위하여 자연스럽게 강조하였다. 여기에 teleios라는 말이 다시 나온다. 웨슬리에게 있어서는 이 말은 완전이 이 땅 위에서도 가능하다는 것과 또한 바울이 완전한 자 가운데 포함된다는 것을 말해 주고 있는 것이다. "그러므로 누구든지 우리 온전히 이룬 자들은 이렇게 생각할지니라." 모퍼트(Moffatt)는 여기에서 이 말을, 그리스의 철학자 에픽크테투스(Epictetus)의 말을 인용하면서 자기가 원하는 대로, '성숙한(mature)'이라고 번역하였다.[71]

그런데, 바울이 3장 12절에서 이미 "내가 이미 얻었다 함도 아니요 온전히 이루었다 함도 아니라"라고 말했기 때문에, 더 어려워지는 것 같다. 이 표현상의 당착은 완전히 해결되지 않는다. 웨슬리는 바울이 두 가지 뜻으로 말한 것이라고 이해한다.[72] 모퍼트는, 우리가 본대로, 그 말을 15절에서는 '성숙한'으로 번역하고, 12절에서는 그냥 '완전'이라고 번역하였다. 라이트푸트(Lightfoot)는 15절에서 사용한 말은 풍자적인 말이었다고 주장하나, 최근 주석가들은 그 말은 풍자적인 말이라고 볼 수 없다고 한다.[73]

웨슬리의 순진한 결론으로 돌아가서, 바울 사도가 두 가지 다른 의미에서 완전을 말하였다고 단순히 주장하는 것으로 결론을 지으면, 이는 문제를 아주 간소하게 보고 또한 축어적 어려움을 무시한 것처럼 보일지 모른다. 그러나 이것이 정말 당착된 것이냐고 현대 학문이 말할 수 있겠는가? 그리고 그렇지 않다면, 어떻게 깊고 명석한 사상가로 알려진 사도 바울의 명성이 지켜질 수 있겠는가? 그리고 우리가 내린 결론에 대한 다른 근거도 말할 수 있을 것이다. 웨슬리는 원전의 두 가지 견해, 즉 하늘에서 이루어질 절대적 완전과 지상에서 이루어질 수 있는 상대적 완전의

---

71) Expositor, November, 1016, 347f.
72) *Plain Account*, 26.
73) Michael, *The Epistle of Paul to Philippians*, 164.

두 가지의 완전을 인식하고 있었다. 웨슬리의 완전에 대한 이런 이해는 우리가 이미 내린 결론을 정당화하지 않는가?

웨슬리는 데살로니가전서에서는 5장 23절 한 곳을 인용하고 있다. 이 성구도 소망을 나타내는 기도이다. "평강의 하나님이 친히 너희를 온전히 거룩하게 하시고 또 너희의 온 영과 혼과 몸이 우리 주 예수 그리스도께서 강림하실 때에 흠 없게 보전되기를 원하노라."

또 바울의 목회서신에서는 디도서 2장 11-14절, 한 곳을 인용하고 있다. 그는 여기 있는 말씀은 죽은 자들에게 주신 말씀이 아니라 살아있는 사람들에게 주신 말씀이요, [74]또한 하나님께서 이 땅에서 "우리를 모든 불법에서 속량하시고 우리를 깨끗하게 하사 선한 일을 열심히 하는 자기 백성이 되게" 하실 수 있고 또한 하실 것이라는 말씀이라고 강조하였다.

오랫동안 목회서신의 권위에 대하여 의심하는 일이 있었지만, 그런 것이 웨슬리에게는 없었다. 그러므로 그런 것이 웨슬리가 이 성구를 인용하여 설명하는 데 별 영향을 주지 않았다. 사실 이 목회서신은 사도 바울의 저작이다. 그러므로 웨슬리가 여기서 인용한 성구는 성경의 값비싼 보화 가운데 있는 말씀이라고 알려져 있다.[75]

이것으로 우리는 웨슬리가 바울서신에서 이 교리를 뒷받침하는 것으로 인용한 10곳의 성경 구절에 대한 간략한 설명을 마친다. 어떤 분은 웨슬리가 이런 방식으로, 즉 그가 사도 바울의 가르침을 개괄적으로 조사해, 기독자 완전을 바울의 중요한 사상의 하나로서 해명하지 않고, 여기저기 있는 성구를 들어서 설명한 것에 대해 거부감을 느낄지 모른다. 그러나 그런 생각은 두 가지 긴요한 점을 무시하고 하는 말이다. 첫째로, 18

---

74) *Plain Account*, 44.
75) Horton, *The Pastoral Epistles* (The Century Bible), 4. cf. P. N. Harrison, *The Problem of the Pastoral Epistles*, Appendix, iv, etc.

세기에 일반적으로 성서신학을 다루는 방법은 "증거가 되는 본문(proof-texts)"을 기초로 하여 언제나 연구를 시작했다는 것을 무시하고, 둘째로, 웨슬리는 이 가르침은 신약성경 전체의 대의와 일치하다는 확신을 가지고 있었다는 점을 무시하는 말이다.[76]

분명히 바울이 이 주제를 지지할 것이라고 생각되는 모든 증거를 제시하지는 않았다. 웨슬리는 사도 바울의 중요한 교리인, "그리스도의 신자의 마음에 계심"도 강조하지 않았다. 신자의 그리스도 안에 있는(en cristw) 상태도 강조하지 않았다. 웨슬리는 사도 바울이 신자의 마음에도 죄가 있는 것은 불가피하다고 말하지 않았다는 사실도 지적해서 언급하지 않았다. 웨슬리는 사도 바울이 그랬듯이 이 교리를 늘 예수의 십자가와 성령과 연결시켜 말하지도 않았다. 웨슬리는 이 교리의 힘과 진의(secret)는 완전한 사랑이라고 보았다. 그러나 그는 이에 대한 성구를 전부 인용하지 않았다. 한 가지 예를 들어, 우연인지는 몰라도, 그가 그의 『기독자의 완전에 대한 해설』에서 로마서 6장을 인용하지 않은 것은 참으로 흥미롭다. 6장에는 신자에게는 죄에서 해방된다는 가능성을 장황하게(2, 6, 9-11, 14-22절에서) 언급하고 있는데 말이다. 그리고 또 "죄의 속박(bondage)"과 "죄의 지배(dominion)"에서 오는 권세로부터 신자가 모든 죄에서 피할 수 있느냐 없느냐에 대하여서도 논의하지 않았다.

(4) 히브리서로 가 보자. 여기서 웨슬리는 이 교리의 근거가 되고 있는 성구로, 6장 1절, 7장 25절, 10장 14절을 인용하고 있다.

웨슬리는 6장 1절에 나오는 "완전으로 나아간다"의 말을 그리스도인의 성장의 두 단계의 증거로 사용하고 있다. 그는 주장하기를 여기에 있는 권고는 분명히 의롭다함을 받은 사람들에게 주신 것이요, 그리고 그들에게 여전히 완전으로 나아가라고 간청하고 있다는 것이다[여기에 여

---

[76] *Plain Account*, 22.

전히 teleios라는 말이 나온다. 이를 모퍼트는 또 '성숙한'으로 번역한다]. 이 성구(6:1)가 그의 설교 76번, "완전에 대하여"의 본문이다. 이 설교에는 생기 있는 그의 가르침이 있지만, 그의 교리에 대한 우리의 이해에 새롭게 도움이 되는 것은 없다. 사실, 이것은 "주석(text)"이라고 하기보다는 하나의 "빙자하는 글(pre-text)" 같다. 화이트헤드(Whitehead)는 이 본문을 그가 웨슬리의 장례식 설교를 위해 사용하였다고 말하였듯이, 이것은 하나의 격언이다.[77] 더 설명할 것이 없다.

웨슬리는 히브리서 7장 25절을 인용하여 이 교리를 설명한다. 여기에 있는 eis to panteles는 swzein라는 말과 합쳐서 그리스도께서 온전하게 구원하실 수 있다는 약속을 하고 있음을 알 수 있다.[78] 이 말은 성결을 주장하는 사람들이 애용하는, "온전한 구원", "위대하신 구세주"와 같은 말과 함께 자주 사용되고 있다.

그러나 오늘의 학계가 히브리서의 저자가 주요하게 생각했던 그런 의미로 해석하는 것을 지지할는지 의심스럽다. 신약성경에서 panteles라는 말이 사용된 다른 곳은 누가복음 13장 11절에 있는데, 거기에서 이 말은, 당시의 문학에서 사용할 때는 시간을 가리키는 의미(temporal sense)로 사용되었다. 그러므로 여기서도 그렇게 주장하는 것이 조화를 이루는 것 같다. 히브리서의 저자는 레위 사람의 제사장 직과 그리스도의 제사장 직을 비교하고 있다. 레위인의 제사장은 사람으로서 단지 일시적으로 봉사한다. 죽음이 오면 그의 봉사는 끝난다. 그러나 그리스도의 제사직은 영원히 지속된다. 그러므로 저자가 보기에는, 모퍼트가 자연스럽게 지적하기를, 히브리서 7장 25절을 "따라서 그는 언제나(for all time) 자기를 통하여 하나님께 나아오는 사람들을 구원하실 수 있습니다"라고 번역을 하였던 것이다. 그러나 웨스트코트(Westcott)는 웨슬리의 해석을 따랐

---

77) *Whitehead's Funeral Sermon on John Wesley*(edit. 1791), 1.
78) *Plain Account*, 18.

다. 그리고 로빈슨 박사(T. H. Robinson)는 거기에는 두 가지 의미가 있고, 또한 두 가지 의도가 있다고 생각했다.[79]

히브리서 10장 14절을 살펴보자. 이 성구는 웨슬리가 "죄 없는 완전"[80]이라는 어려운 말을 설명할 때에 사용한 구절이다. 그러나 그는 이 성구가 그에 대한 논의에 도움을 주지 못한다고 막연히 알고 있었던 같다. 진실로, 이 교리에 대하여 동정적인 유력한 신학자들도 이 땅에서 상대적 완전에 도달할 수 있다는 약속이 여기에 있지 않다고 솔직히 인정한다.[81] 본 저자는 그리스도 희생의 완성과 그 효험이 모든 세대의 믿는 자들을 위해 완전하다는 것을 강조하고 싶다. 이 성구(text)를 세밀히 조사해 봐도 웨슬리가 생각했던 그 의미를 지지할 수 없다. 몰톤 박사(Dr. J. H. Moulton)는 본문에 있는 현재분사를 주해하면서, 이는 또 하나의 애매한 경우라고 했고,[82] 그리고 여기 있는 시간을 초월한 현재분사에 대하여, "주해함에 있어 문법이 특별한 의미를 드러내지 않는다"고 하였다.

그러므로 웨슬리가 히브리서에서 인용한 성구들은 그가 주장하는 입장을 실질적으로 보강하지 못했다. 이것이 히브리서를 살펴본 대부분의 웨슬리안 학자의 기대와 일치하는 것 같다.

한 가지 단서를 단다면, 오늘날 많은 학자는 히브리서의 저자는 플라톤 철학의 이데아의 학설의 영향을 많이 받은 것으로 생각하는 경향이 있다. 플루 박사(Dr. Flew)는 거기에는 그의 두 세상의 교리에서 그의 완전에 대한 가르침을 발견하려 해야 한다고 주장하였다.[83] 저자가 어떤 죄는 두 번 다시 회개할 수 없다고 인정하는 것을 부인할 수는 없다. 그렇다고 그가 애쓰는 사람들에게는 완전이 가능하다는 것을 부인한다고 말

---

[79] T. H. Robinson, *The Epistle to the Hebrews*, 103, cf. Vincent Taylor, *Forgiveness and Reconciliation*, 224.
[80] *Plain Account*, 88 f.
[81] Pope, *A Compendium of Christian Theology*, iii, 57. Flew, 74.
[82] Moulton, *A Grammar of New Testament Greek* (vol. I, "Prolegomena"), 127.
[83] Flew, 75 f.

하는 것은 아니다. 완전은 영원한 세계에서만 가능한 것인가? 우리가, 이 강력하고 독자적인 사상가인 웨슬리가 죄는 이 현세의 생에는 있을 수밖에 없는 것으로 보고 있다고 우리가 쉽게 말할 수 있을까?

이에 대한 답변은 이렇게 나올 것이다. 그가 보는 대로, 온전한 완전은 영원한 세계에 속한다(히 12:28). 그러나 그의 가르침에 숨어 있는 영적으로 변화된 플라톤주의는 이 지상에서의 소망 이상을 지적한다. 그러므로 '여기(here)'와 '이후(hereafter)'의 분열의 절반은 해소되었다. "앞으로 올 세계가 진실로 지금(present)인 것이다."[84] 이는 현상의 나타남은 "일시적이요, 변하기 쉽고, 불완전하다," 그러나 이것들은 영원하고 불변하며, 그리고 완전한 단일체들과 비교해서 고려해야만 한다는 플라톤주의의 해석에 속한 것일 것이다. 우리의 탐구에 있어, 우리가 그리스도 안에서 새로워진 사람들을 위한 상대적 완전이라는데 기초를 두고 생각한다면, 앞으로 히브리서를 잘못 해석하는 일이 없을 것이라고 과감하게 추측할 수 있다.

(5) 웨슬리는 사도 요한의 글을 인용하여 그의 교리를 뒷받침하고 있다. 요한복음에서 두 구절을 인용하였고, 요한서신에서 10개나 되는 구절을 인용하였다.

요한복음 8장 34절 이하에서, 그는 "죄를 범하는 자마다 죄의 종이라"라는 것과 아들이 너희를 참으로 자유롭게 하리라는 약속을 단호히 주장하고 있다. 그는 이 말씀을 확대하여 설명하고 있다. [85] 그는 아들이 하나님으로부터 난 자들을 "그 죄와 괴로움과 자만의 큰 뿌리에서 자유롭게 해주실 것이다"라고 말하였다. 웨슬리는, 이 "자유롭게 해준다"는 말은 완전히 자유롭게 해준다는 의미로 말한다. 이것이 곧 온전한 성화

---

84) Ibid., 90.
85) *Plain Account*, 26.

인 것이다. 웨슬리는 성경 말씀을 인용할 때는 그 말씀이 지니고 있는 의미를 날카롭게 분별하여 설명하곤 했다. 웨슬리는 죄가 없어졌다 할 때는 정말 없어졌다는 것이고, 죄인이 자유롭게 되었다 할 때는 아무 구속이 없게 되었다고 주장했다. 18세기의 성경주석가들은, 웨슬리의 해석에 반대하여 말하기를, 요한의 신학에서 죄에서의 자유를 말할 때는 죄에서 대체로 자유롭게 되었다를 의미하고, 죄의 모든 흔적이 사라졌다는 것을 의미하는 것이 아니라고 하였다. 이에 대하여 웨슬리는 답변하기를, 그것은 성결의 분명한 말씀을 부인하는 것이고, 이 놀라운 일을 하시겠다고 약속하신 아드님을 비방하는 것이라고 주장하였다. 그 이상 변론이 계속되지 않은 것 같다. 그리고 지금은 경험을 말하게 되었다. 웨슬리는 완전한 그리스도인 곧 진실로 죄에서 자유롭게 된 사람들을 보았는가라는 질문을 받았다. 그에 대해 웨슬리는 답하기를, 자기가 늘 말하는 그런 의미에서의 완전한 사람을 수백 명 보았다고 하였다.

우리 주님의 대제사장으로서의 기도는 웨슬리로 하여금 요한복음에 있는 다른 기도를 생각나게 하였다. 이것이 요한복음 17장 20-23절이다. 이는 주님의 기도이기 때문에 웨슬리에게는 아주 귀중하였다. 그는 동생 찰스와 더불어, 예수님은 헛되이 기도할 수는 없다고 믿었다. 그리고 주님이 말씀하신 것에 대해, 그의 뜨거운 '아멘'을 덧붙여 말했다.

비판학자들이 말하는 사복음서의 문제에 대하여 웨슬리는 관심이 없었다. 그는 그리스 로마 세계를 향한 히브리인의 메시지를 소상하게 설명하는 영감받은 전도자의 사상을 그대로 받아들였다. 웨슬리는 요한복음 17장은 신자들이 아버지와 그에게 연합되게 하여 주시옵고, 그리고 우리가 하나가 된 것 같이 신자들이 완전히 하나 되게 하여 주시옵소서라는 주님의 기도를 정확히 그대로 기록하고 있다고 보았다.

생명(Life)이 사복음서의 중요한 말 가운데 하나이지만, 여기에서도 중요한 말이다. 이 생명의 원천이 아버지와 아들의 깊은 샘물에 있어, 신자들에게 생명을 전해 준다. 이는 하나님의 생명이므로 거기에는 악의 성분이 있을 수 없다. 이는 완전한 생명의 선물이다. 웨슬리는 그렇게 믿었다. 스콧 박사(Dr. E. F. Scott)가 이에 대해 다음과 같이 말한 것은 흥미로운 일이다.

> "사복음서는 하나님께서 그리스도를 통하여, 곧 그가 하나님과 연합되어 있는 것처럼 우리를 자신과 연합시키는 그리스도를 통하여, 신자와 영원히 함께 계신다는 이 위대한 개념으로 끝나고 있다고 말할 수 있다."[86]

웨슬리는 자신의 기독자 완전의 교리를 위하여 주로 의지하고 있는 성경 구절의 삼분의 일을 요한일서에서 인용하였다.

자연스럽게 요한일서에 나오는 다음 구절들이 다른 구절들보다 더 중요하게 취급되었다.

> "우리가 그에게서 듣고 너희에게 전하는 소식은 이것이니 곧 하나님은 빛이시라 그에게는 어둠이 조금도 없으시다는 것이니라 … 그가 빛 가운데 계신 것 같이 우리도 빛 가운데 행하면 우리가 서로 사귐이 있고 그 아들 예수의 피가 우리를 모든 죄에서 깨끗하게 하실 것이요"(요일 1:5, 7).

> "만일 우리가 죄가 없다고 말하면 스스로 속이고 또 진리가 우리 속에 있지 아니할 것이요 만일 우리가 우리 죄를 자백하면 그는 미쁘시고 의로우사 우리 죄를 사하시며 우리를 모든 불의에서 깨끗하게 하실 것이요"(요일 1:8, 9).

---

86) Scott, *The Fourth Gospel: Its Purpose and Theology*, 319.

"그의 안에 산다고 하는 자는 그가 행하시는 대로 자기도 행할지니라"(요일 2:6).

"주를 향하여 이 소망을 가진 자마다 그의 깨끗하심과 같이 자기를 깨끗하게 하느니라 … 죄를 짓는 자는 마귀에게 속하나니 마귀는 처음부터 범죄함이라 하나님의 아들이 나타나신 것은 마귀의 일을 멸하려 하심이라 하나님께로부터 난 자마다 죄를 짓지 아니하나니 이는 하나님의 씨가 그의 속에 거함이요 그도 범죄하지 못하는 것은 하나님께로부터 났음이라. 이러므로 하나님의 자녀들과 마귀의 자녀들이 드러나나니 무릇 의를 행하지 아니하는 자나 또는 그 형제를 사랑하지 아니하는 자는 하나님께 속하지 아니하니라"(요일 3:3, 8-10).

웨슬리가 1741년에 런던의 감독인 깁슨 박사(Dr. Gibson)를 만나 대화한 후에 출판한 그의 설교 『기독자 완전에 관하여』에서, 그는 열심히 이 성경 말씀들에서 동사의 현재형이 사용되고 있는 점들을 강조하였다.

"지금 여기서 사도 요한은 이 세상에서 실현되는 구원에 대해서 말하고 있음이 분명합니다. 왜냐하면 그는 그리스도의 피가 '장차'(죽을 때나 심판 날에 가서) 깨끗하게 하실 것이라고 말하지 않고, 우리 살아 있는 그리스도인들을 현재 모든 죄로부터 깨끗하게 '하신다'고 말씀하고 있기 때문입니다. 또 우리에게 조금이라도 죄가 남아 있다면 우리는 '모든' 죄에서 깨끗해진다는 말을 사용할 수 없습니다. 만일 우리 영혼에 조금이라도 불의가 남는다면 '모든' 불의에서 깨끗해진다는 말을 할 수 없습니다."[87]

요한 신학에서 가장 주목할 말은 '영생'이다. 이는 신비롭고 영화롭게 현재 소유하고 있는 하나의 영원한 생명이다. 모든 시대에서, 어떤 현대 학문에 의하여서는 모르지만, 성령에 의하여 가르침을 받은 경건한 영혼은 성경에 있는 거룩한 말씀들을 조사해 보고, 거기에 동사의 현재형으로 기록된 말씀에 주목한다.

"아들을 믿는 자는 영생을 가지고 있고(hath)"(요 3:36).

"내 말을 듣고 또 나 보내신 이를 믿는 자는 영생을 얻었고(hath eternal life) 심판에 이르지 아니하나니 사망에서 생명으로 옮겼느니라"(요 5:24).

"진실로 진실로 너희에게 이르노니 믿는 자는 영생을 가졌나니(hath eternal life)"(요 6:47).

"내가 하나님의 아들의 이름을 믿는 너희에게 이것을 쓰는 것은 너희로 하여금 너희에게 영생이 있음(have eternal life)을 알게 하려 함이라"(요일 5:13).

특별히 저들의 마음이 모든 죄로부터 씻음을 받았다고 말할 때, 이와 같은 동사의 현재형을 사용하고 있다. 웨슬리는 맹인이 주님으로부터 고침을 받는 하나의 장면(요 9:7-11)을 이야기한다. 그때 주님은 그에게 "나중에 씻으라"고 말씀하시지 않았다. 그는 "씻으라. 지금!!"이라고 말

---

87) *Plain Account*, 24 (『웨슬리의 기독자의 완전에 대한 해설』(조종남 역), 32.

쏨하셨다. 웨슬리는, 신자들 가운데 믿음이 적은 자들은 죄에서 자유하게 하는 하나님의 약속을 모르고, 또한 그들의 믿음이 약해서 성령의 성결케 하시는 역사를 받지 못하고 있는 것을 깨닫고, 그들에게 달려가 하나님의 크신 은혜를 설명했다. 성결은 그저 전가되는 것이 아니다. 이는 실제로 거룩해지는 것이다. 하나님은 죄를 용서하시는 것 이상의 일을 하실 수 있다. 하나님은 죄를 없앨 수 있다. 여기에 대한 성경의 근거를 대라는 질문에, 그는 다른 데 있는 성경 구절보다 그가 요한일서에서 말한 것들을 제시하였다.

그러나 그의 반대자들은 요한일서에 그와 당착되는 말들이 있지 않으냐 하면서, 다음 성구들을 보라고 하였다.

"만일 우리가 죄가 없다고 말하면 스스로 속이고 또 진리가 우리 속에 있지 아니할 것이요"(요일 1:8).

"만일 우리가 범죄하지 아니하였다 하면 하나님을 거짓말하는 이로 만드는 것이니 또한 그의 말씀이 우리 속에 있지 아니하니라"(요일 1:10).

웨슬리가 이 성경 구절들을 보지 못하지는 않았을 것이다. 그는 그런 구절도 자세히 상고하는 학자이다. 그는 현대 학자들이 제기할 수 있는 문제나, 이단 집단이 자기들은 죄를 범하지 않았기 때문에 그리스도로부터 죄 씻음을 받을 필요가 없다고 주장하는 일들을 논의하지 않았다. 그는 이 성구들을 하나님의 성결케 하시는 능력의 위엄을 보다 중요시하는 사람들의 시대에 연관되어 있는 것으로 간주했다. 그리고 그때 이는 변경할 수 없는 진리임을 인정했다.

"만약에 우리가 (과거에) 죄를 범한 바가 없다고 말하면, 우리가 그를 거짓말하는 자로 만든다. … 그러나 지금 하나님은 우리를 모든 불의로부터 깨끗하게 하신다. 그래서 우리가 앞으로 나가고 죄를 안 짓게 하신다."[88]

그는 평생 이 입장에서 달라진 바가 없다. 그의 반대자들이 인간의 철저한 부패를 강조하면서, 죄는 모든 사람이 하는 모든 일에 있다고 주장할 때, 웨슬리는 그런 논쟁은 대개는 그의 제자들에게 맡기고, 그는 이를 그들의 생애에서, 하나님의 약속과 사도들의 가르침을 가지고 증명할 수 있는 사람의 영적 공동체를 내세워 변호하게 하였다. 그는 그렇게 하는 것이 그들의 논박을 반박하는 최선의 방법이라고 믿었다.

요한일서에 있는 말씀에 대한 웨슬리의 가르침을 반대하는 사람들에 의하여 제시된 해석을 받아들일 수 없다고 본, 플루 박사(Dr. Flew)는 말하기를, 요한의 글은 그 편지의 수신인인 공동체 곧 이미 습관적인 죄에서 해방을 경험한 사람들이 대부분인 그 공동체에 의하여 이해되어야 할 것이라고 했다.[89] 그는 메소디즘이 하는 일에는 초대교회에 있었던 놀라운 도덕적 변화와 아주 유사한 일이 있다고 믿었다. 그리고 그 가르침이, 어떤 곳에서 반감을 일으키기도 하지만, 사실은 그 그리스도인 공동체가 생활의 수준을 하나님께서 지키라고 하신 것보다 낮게 받아들이고 있다는 것으로 인하여, 그 반감이 증가되었다고 그는 믿었다. 교회에서 말하는 도덕적 성격은 세월이 지나가면서 여러 가지로 변했다. 역사 학자들은 어떤 때는 "믿음의 시대"였고, 또 "열린 비전이 없을 때"는 또 그곳에 다른 것이 있었다고 말한다. 세계 역사에서, 또한 하나님의 능력이 무한정으로

---

88) *Plain Account*, 22. cf. Brooke, *A Critical and Exegetical Commentary on the Johannine Epistles*, 16.
89) Flew, 111f. cf. Moody, *The Mind of Early Converts*, 21, 32f, 234.

임한 것처럼 보이고, 모든 면에 영적인 기적들이 있었던 기간들도 있었다. 그런 때는 등한히 여겼던 교리가 재발견되고, 신약성경에 있는 일들이, 그렇지 않으면 설명될 수 없었던 일들이, 입증되었다. 바로 18세기가 영국에서의 그런 기간이었고, 이 운동을 이끌었던 사람은 "하나님이 보내신 한 사람 곧 존 웨슬리였다"고 생각하는 사람들이 적지 않다.

(6) 마지막으로 야고보서에서 인용한 말씀이 있다.

"인내를 온전히 이루라 이는 너희로 온전하고 구비하여 조금도 부족함이 없게 하려 함이라"(약 1:4).

여기에 teleios라는 말이 다시 나타난다. 이 말은 야고보가 즐기는 용어인 듯하다(1:17, 25, 3:2, 2:22에서도 나온다). 모퍼트 박사는 여기서 이 말의 의미하는 바는 "이루었다"라고 해석하기를 선호했다. 이 용어가 다른 곳에서 사용되었는데, 대체로 거기에서도 그런 의미로 사용되고 있다.

다른 곳에서도 웨슬리는 야고보서를 언급하고 있다. 거기에서는 이 교리를 직접 지지하는 구절로 인용하고 있지는 않은데, 일부 사람들이 야고보의 글을 들어 그의 교리를 반대하는 것을 답변하기 위하여 언급하고 있다.[90]

"우리가 다(all) 실수가 많으니"(약 3:2)라고 야고보가 말했다고 해서, 웨슬리는 이 말이 자기의 중요한 주제(기독자 완전의 교리)를 반대하는 것은 아니라고 주장하였다. 여기에 있는 다(all)라는 말은, 이 본문에서도 어떤 사람은 완전하다고 말한 것을 봐서, 포괄적으로 전부를 의미한다고 볼 수는 없다고 주장하였다. 또 이 본문에서 '우리가'라고 한 것은

---

[90] *Plain Account*, 21.

하나의 연설의 화법으로 그렇게 시작한 것이지, 그것이 당시의 진실한 신자들을, 사도들을 포함하여, 말한 것이라고는 볼 수 없다고 주장하였다.

이것으로 우리는 웨슬리가 그의 교리를 뒷받침하는 성경 구절로 인용한 성경 말씀에 대한 고찰을 마치지만, 동시에 여러 질문이 떠오른다. 과연 그는 문제를 잘 처리하였는가? 이 교리가 성경에 의하여 잘 뒷받침되었는가? 현대 학문이 그 문제에 실질적인 영향을 끼쳤는가? 또는 오늘의 성서 해석 방법이 18세기에 했던 방법과 본질적으로 같았는가? 웨슬리가 이 교리를 성경에서 발견하였는가 아니면 그가 미리 생각하고 있는 생각을 펴나갔는가? 성숙하고 사려 깊은 독자들이 신약성경을 처음으로 연구할 때, 이 기독자 완전의 가르침이 성서 메시지의 하나의 요긴한 교리라고 인식할 것인가? 아니면 후에 이를 알고서 놀랄 것인가?

우리의 연구는, 아직까지는, 이런 질문에 대한 명확한 답변을 드리기는 아직 불완전하다. 그러나 이렇게 말할 수 있다. 두 세기를 지나면서, 이 문제를 취급한 성서 학계가 그들의 연구를 통하여서 웨슬리의 입장을 지지할 수 없는 것으로 만들지는 못하였다. 간단히 말해서, 헬라어의 문법과 이 문제를 다룬 면밀한 본문 조사가 이 문제를 어느 한쪽으로 결정하지 않았다. 이 문제에 있어서는 성서학자들이 인정하려는 것보다, 성경 주석에 희미한 영향을 주는 신학적 선입 주견이 그 결정에 더 영향을 준다. 우리가 웨슬리가 인용한 성경 말씀을 고찰할 때도 보았지만, 학자들이 던진 의심의 그림자가 여기저기 그 해석과 번역에 나타났었다. 그래도 대부분은 번역이 잘 되었다. 웨슬리가 그 기초(성경 구절) 위에 사상체계를 만든 것이 옳았는지 아닌지는 앞으로 결정해야 할 것이다.

그러나 이는 분명하다. 플루 박사와 같은 현대 학자는 이 교리에 대한 성서적 증거를 독자적으로 연구하였다. 그래서 웨슬리가 생각했던 것보다 더 많은 것을 발견하였다. 또한 테일러 박사(Dr. Vincent Taylor)는 최근에 신약성서 주석에 특별히 주의하면서 다음과 같이 말했다. "의심할 바 없이, 신약성서는 윤리적, 영적 완전이 절대 필요함을 가르치고 있다. … 그렇다고, 진실로, 보다 더 광범위하게 근거를 갖고 더 긴급한 어떤 중요한 교리적 주제를 발견하기는 힘들 것이다.[91] 이 학자들의 결론을 고려해 보면, 이들이 말하는 것은 신약성서는 그리스도인이 죄를 안 범할 수 있다고 가르치고 있는 것이다.

웨슬리는 그렇게 믿고 가르쳤다. 그 말에 웨슬리는 평온함을 느꼈을 것이다, 그러나 그는 그가 좋아하는 요한 서신의 말씀을 빌려, "그리스도인은 이렇게 완전하여 죄를 짓지 아니한다"라고 말하였다.[92] 이에 덧붙여, 그가 수백 명의 사람이 이를 체험한 것을 내가 안다고 말했다. 그가 이렇게 말하므로 논쟁의 불길이 즉각 솟구쳐 올랐다.

많은 사람이, 그런 가르침은 이단이요 성경에 일치하지 않는 교리라고 주장하였다. 이런 모든 말에 대해, 웨슬리는 거리낌 없이 답변하였다. "만약에 내가 이단이라면, 그것은 내가 성경을 읽음으로 그렇게 된 것이다."[93]

---

[91] Taylor, *Forgiveness and Reconciliation*, 189.
[92] *Plain Account*, 22.
[93] *Letters*, iv, 216.

제6장

문법에 해결의 단서가 있는가?
(Is there a Clue in the Grammar?)

우리는 앞 장 끝에서 말하기를, 문법이나 자세히 살펴본 원문에 대한 조사가 이 문제를 결정짓지는 않았다고 하였다. 그러나 기억해야 할 것은 그때 우리는 문법과 관련된 중요한 문제는 뒤로 미루었다. 이 문제를 우리는 로프트하우스 박사(Dr. W. F. Lofthouse)의 말을 인용함으로써 잘 다룰 수 있을 것이다.

로프트하우스 박사는 찰스 웨슬리가 기독자 완전에 대해 쓴 찬미(곧 아직도 우리가 접근할 수 있고, 이 주제에 대한 메소디스트의 해설이라고 볼 수 있는 찬미)를 해설하면서 다음과 같이 말하였다.

> "완전의 문제는 성취하는 일에 관하여서 보다는 그것이 하나님의 명령이요, 또는 사람이 갈망하는 것이라는 데 있다. 여기서 찰스는 신약성서의 표현과, 더욱이 바울의 언어와 일치한다. 바울이 완전에 대해 말할 때 사용한 시제(tense)는 거의 다 명령형, 가정법, 또한 미래형을 사용하였고, 현재형이나 완전형은 사용하지 않은 것을 볼 수 있다. 존 웨슬리는 이런 특징을 인식하지 않은 것처럼 보인다."[94]

---

94) *The London Quarterly and Holborn Review*, April, 1934, 184.

그러나 웨슬리가 이런 것을 인지하지 못했다고 말할 수는 없다. 그는 단지 그것을 강조하지 않은 것이다. 완전에 대한 신약성경의 가르침은 기도와 명령으로 가끔 표현되었고, 이런 것들이 완전을 강하게 지지하는 것이라고 지적했고 강조하였다.[95] 다른 곳에서, 웨슬리는 반어적으로 묻고 있다. "성경 어디에 하나님께서 그가 우리에게 약속하신 것보다 그 이상의 많은 것을 명령하신 것이 있는가?"[96]

여기서 드러난 진상은 무엇인가? 과연 웨슬리가 그 교리의 근거로 삼은 30개의 성경 본문들에 명령형과 가정법의 동사가 더 중요하였고, 미래형이 자주 사용되었는가? 그리고 그것이 사실이라면, 이에서 바로 얻을 수 있는 결론은 무엇이겠는가?

사실, 우리가 고찰해 본 30개의 성경 본문에서, 가정법 동사는 11번이 있는데, 이것들은 완전의 가능성을 암시하는 데 사용되었다. 그리고 명령형은 3번 있는데, 이는 명령(또는 요청)을 표현하는 데 사용되었다. 기원법은 1번 있는데 기원함을 드러냈고, 미래형은 3번 사용되었다. 현재형과 완전형은 10번, 그리고 각각 3번 반복하여 사용되었다. 그리고 부정과거형(aorist tense)이 2번 사용되었다. 웨슬리가 선정한 성경 구절들에서, 우리는 바울의 동사의 현재형과 완전형을 사용한 것과 웨슬리가 그것들을 사용한 것 사이의 큰 불균형을 기대했던 만큼 발견하지 못하였다. 진실로 웨슬리는 바울이 현재형을 사용하고 있는 4개의 본문(그중의 3개는 롬 2:29, 고후 3:18, 갈 2:20이다)을 인용하였는데, 어떤 비판자들은 이것들이 이 교리에 대한 견고한 주석상 근거를 주지 못할 것이라고 했다.[97]

여기에서 얻은 결론이 무엇인가? 분명히 이것을 우연한 것으로 물리칠

---

95) *Plain Account*, 43.
96) Ibid., 73.
97) 이를 분석하기 위해, 내가 중요하다고 생각되는 본문을 취하여 살펴보았다.

수는 없다. 또한 반대로 그 중요성을 지나치게 과장해서도 안 된다.

만약에 우리가 이치에 맞는 추리의 양쪽 한계점을 알고 또한 우리가 하는 일에서 '스킬라와 카리브디스'를 구별한다면, 이는 건전한 결론에 도달하는 데 도움이 될 것이다.

(1) 우리는 문장의 문법에 근거하여, 성경이 이 땅에서는 완전이 있을 수 없다고 가르친다고 말할 수 없다. 신약성경에서는 기독자 완전이 단지 하나의 이상(ideal)이라고 주장한다는 것은 문법상에서 온 결론이 아니다. 즉 성경은 우리 앞에 완전에 도달할 기대나 가능성도 없는 높은 표준을 세워놓았다고 그들을 말한다. 또한 당신의 마차를 별에 번쩍 들어 올리는 것이 불가능하다는 속담이 있듯이, 우리가 그것들을 그런 범주에 올려놓은 것이 불가능하다고 생각한다면, 우리는 성경에 있는 엄한 권고를 진지하게 논하였다고 그들은 말한다.

하나님께서 사람들에게 절대로 충족시킬 수 없는 명령을 하신다고 말하는 것은 신약성경의 도덕 개념을 무의미한 것으로 만드는 것이고, 하나님의 거룩한 성격에 반대되는 것을 드러내는 것이다. 하나님이나 사람이, 명령법을 사용하지 않고서야 어떻게 그들에게 책임을 물을 수 있겠는가? 사람이 죽은 후 먼 장래에나 있게 될 일에 대하여는 동사의 미래형을 사용하는 것은 당연한 일이다.

누가 감히 하나님의 은혜가 땅에 사는 사람들에게 할 수 있는 것에 제한을 가할 수 있는 용기가 있는가? 누가 감히 하나님이 이 땅에 사는 그의 자녀를 완전하게 하지 않았다고 말할 수 있는가? 또한 수도원에 성자가 없다고, 또는 이 땅에 열심히 사는 겸손하고 눈에 띄지 않는 종이 없다고 말할 수 있는가? 절대적인 완전 그리고 철학적 완전은 웨슬리나 그의 가르침을 따르는 자들이 주장하지 않았다. 그러나 그는 상대적 완전, 아직 완전한 꽃으로 터지지 않은 꽃봉오리와 같은 완전을 주장하였다.

우리의 고찰은 아직 다 끝나지 않았다. 그러나 이 시점에서 문법에 해결의 단서가 있다고 믿는 사람들에게 동사의 시제나 용법이 결론을 내릴 능력은 없다고 지적하는 것이 적절할 것이다.

(2) 다른 한편, 이 교리를 주장하는 사람들이 신약성경의 저자들이 간편하게 "나는 완전하다" 또는 "나는 모든 죄에서 씻음을 받았다"고 선언한 것이 없다는 것에 주의하는 것이 중요하다.

이것이 여러 곳에서 논쟁될 것이다. 바울이 빌립보서 3장 15절에서 넌지시 주장했다고 논의될 것이다. 요한이, 그가 모든 죄에서 씻음을 받지 못하였다면, 그가 요한일서 1장 7절에서 말한 것처럼 그렇게 쓸 수 없었을 것이라고 논의될 것이다. 그러나 어느 하나의 말이 명석하고 아주 명확하다고 평가될 수 있을까?

웨슬리의 교리를 고찰해 보는 초기 단계이지만, 이 고찰을 우리가 끝내기 전에 이 확고한 사실을 얻게 될 것이라고 우리는 과감히 말할 수 있다. 웨슬리는 하나님의 성결하게 하시는 능력에 대한 그의 확신과 성결하게 되었다는 신자들의 인식을 연결시켰다. 그는 그리스도인이 모든 죄에서 씻음을 받을 수 있을 뿐 아니라, 또한 그를 알 수 있고 그를 증언할 의무가 있다고 가르쳤다. 만약 그가 가르친 것이 기독자 완전의 교리보다는 더 비난을 받게 하지 않았다는 것이 사실이라면, 그가 추종자들에게 완전해졌다고 선언하라고 지시한 것보다는 더 기독자 완전의 교리로 인하여 많은 비난을 받지 않은 것도 사실이다. 이것이 웨슬리로 하여금 엉터리라는 비난을 받게 하였지만, 그는 성경에 있는 불변의 권위를 가지고 이를 유지할 수 있었다.

이 교리를 체험했다는 일들을 내세우지 않은 것이 그렇게 중요한 것이 아니다. 웨슬리도 자신이 완전을 체험했다고 주장하지 않았다. 그리고 웨슬리는 신약성경의 9 또는 10명의 저자가 자기들이 완전의 놀라운 체험을 했다고 주장하지 않은 것을 이상하게 여기지 않았다.

지금 우리는 성경에 대한 고찰을 끝내고 '찬미'에 대하여 상고하고자 한다. 이 고찰은 처음에 생각했던 것처럼 그리 오래지 않다. 찬미는 웨슬리가 저들 백성에게 성경을 가르치는 데 사용한 중요한 도구 가운데 하나이다. 존 웨슬리는 1780년에 출판된 찬미집의 서문에서 주장하기를 이 찬미는 "경험적이요 실천적인 신학의 한 부분이다. 그리고 찰스의 시문은 성경에 대한 시적 주석이라"고 하였다. 래튼베리 박사(Dr. Rattenbury)는 말하기를 찰스 웨슬리의 찬미에는 "해명된 성경(The Bible in solution)"이 들어 있다. 그래서 그의 찬미는 성경을 바늘로 또는 짜서 만든 직물이라고 말할 수 있다고 하였다. 그는 또 말하기를 숙련된 사람은, 성경은 몰라도 웨슬리의 찬미에서 성경의 내용을 얻을 수 있을 것이라고 하였다.[98] 그러므로 말씀이 성경에서 찬미책으로 옮겨 놓여지고, 특히 그의 동생에 의하여 가르침이 찬미로 옮겨졌을 때, 존 웨슬리가 얼마나 성경적 권위를 지켰는가를 알아볼 수 있다.

---

98) Rattenbury, *The Evangelical Doctrines of Charles Wesley's Hymns*, 48f.

제7장

찬미로 표현된 가르침
(The Teaching is Turned into Song)

찬미는 메소디스트 운동에서 항상 중요한 위치를 차지하고 있었다. 18세기 영국에서의 교회 부흥운동은 찬미에 의해 육성되었다. 그래서 그 운동의 지도자 가운데 높은 위치에 있는 시인이 있다는 것은 그 운동에 큰 보탬이 되었다. 오버톤(Canon Overton)은 주저하지 않고 찰스 웨슬리를 모든 시대의 위대한 찬미 작가라고 불렀다.[99]

그 찬미들을 찰스의 것이지만, 그의 찬미들이 마지막에 검증되고 출판될 때는 찰스의 생각보다는 존의 생각이 표현되었다고 말할 수 있다. 형인 존이 찬미들을 검증한 것이다. 찬미에 대한 존의 주석은 항상 선명하고, 많은 경우에 아주 날카롭고, 또 어떤 때는 신랄하다.[100] 그가 최종적으로 인가할 때는, 온 정성을 쏟아서 하고, 그에 대한 그의 의견을 부쳐 열성적으로 추천하였다. 1780년에 출판한 큰 찬미집(larger Hymn book)에 있는 찬미는 존이 다 인가한 것이다.

이 형제들은 교회 정치에서, 그들의 메시지의 내용에 대하여서도 항상 직접 만나서 이야기하지는 못했다. 특별히 1740년대에는 기독자 완전에 관하여서도 직접 만나서 이야기를 하지 못하였다. 그러면서 찰스는 다음

---

99) Overton, *Julian's Dictionary of Hymnology*, 1257.
100) 그의 찬미들이 *The Poetical Works of John and Charles Wesley* (Osborn, vols. ix, x)에 실려 있다.

과 같이 생각하게 되었다.

"성화는 우리의 단련을 통하여 이루어지는 점진적 역사로서, 죽을 때까지, 최종적으로 달성되는 것이 아니라고 생각하게 되었다. 그러나 그는 사역의 초기에 가졌던 확신 곧 온전한 성화는 단순한 믿음으로 얻는 것이며, 그리고 이는 죽기 꽤 오래전에도 이루어질 수 있다고 생각하는 그 확신을 단념하지는 않았다. -이것이 존이 계속하여 주장하는 견해이다. 그러나 시간이 지나면서 그는 보다 생생하게 심한 죄성과 그것이 인간의 성품 안에 깊이 자리 잡고 있다는 것을 깨닫게 되었다. 삶을 싸우며 나가는 가운데, 그는 자신을 보다 잘 알게 되고, 좋아 보이는 일에서의 옛사람의 교활한 작용을 알게 되었다. 그래서 그는 이런 조심 때문에 완전한 상태에 도달했다고 선언하는 것을 주저하게 되었다."[101]

그의 생각에 생긴 이런 변화가 1762년에 브리스톨에서 출판한 찬미집에 잘 나타나 있다. 이 찬미집은 "성경에서 발췌된 말씀에 대한 찬미(Short Hymns on Selected Passage of Scripture)"라는 제목을 붙여 두 권으로 발행되었다. 이 찬미집은 존 웨슬리의 인가를 받지 않았다. 이 책의 서문에서 찰스는 특별히 기독자 완전의 교리를 언급하고 있다. 그에 대하여 그는 말하기를, "여기에 있는 몇 개의 찬미는 그 교리를 인증하고, 또 다른 몇 개의 찬미는 그 교리를 보호하기 위해 의도하였다. … 나는 인증되고 보호되지 않은 찬미는 발행하지 않았다."[102]고 하였다.

당연히 이 작은 찬미집의 출판은 존을 걱정하게 만들었다. 메소디즘의 지도자들이 두 소리를 하는 것으로 보이기 때문이다. 이는 순진한 사

---

101) Wiseman, *Charles Wesley: Evangelist and Poet*, 167f.
102) Par, 2.

람들에게 혼동을 줄 것이다. 이를테면, 존은 이런 기독자 완전을 가르쳤다면, 찰스는 다른 기독자 완전을 가르쳤다는 것이 된다. 그러므로 그는 다소 화가 나서 그의 동생에게 편지를 써서, 그가 솔직하게 말하지 않은 것과 특별히 그가 기독자 완전에 대한 견해를 달리하고 있는 일을 비난하며, 다음과 같이 말했다.

"네가 기독자 완전의 기준을 너무 높이 하는 일에 대하여, 한마디 하겠다. 내가 믿는 완전을 용감하게 전할 수 있는 것은, 내가 이에 대한 증인 오백 명을 보았다고 믿기 때문이다. 네가 전하는 그 완전에 대하여는 증언하는 어떤 사람도 보았다고 너는 생각하지 못하지. 그렇다면 너는 나보다도 더 용감했었다는 것이다, 그렇지 않으면, 너는 계속해서 그것을 설교할 수 없었을 것이다. … 나는 진심으로 … 이 세상에는 네가 설명하는 그런 기독자 완전은 없다는 것을 인정한다.-사실, 나는 그런 완전을 보지 못하였다. 생각건대, 앞으로도 없을 것이다. 그러므로 나는 지금도 완전을 그렇게 높게 설정하는 것을 완전히 포기해야 한다고 생각한다."[103]

이 회신이 얼마나 우둔했다는 것은 모두 알 수 있을 것이다. 존 웨슬리는 완전을 분류하여 설명하면서, 완전을 너무 높게 설정하지 말라고 호소하였다. 이렇게 말함으로 후에 웨슬리는 "사람은 완전한 사람이 아니더라도, 완전한 그리스도인일 수 있다"고 말하는 사람이라고 조롱을 받게 되었다.[104]

찰스가 이 찬미집에 수록한 찬미들, 특별히 이 교리를 보호하기 위하여 수록한 찬미들이, 1780년에 찬미집의 결정판으로 출판되자, 존이 좋

---

103) *Letters*, v, 20: cf. 39-41, 93.
104) Warfield, 528.

아하지 않은 것은 놀랄 일이 아니다. 이 찬미들은 아주 짧고, 어떤 면에서는 답답하다. 그리고 많은 시는 시인의 최선의 수법으로 쓰인 시도 아니다. 그러나 그것들이 기독자 완전에 관한 찰스 웨슬리의 찬미가 의미하는 것의 배경이라는 것을 기억하는 것은 중요하다. 그의 찬미는 일반적으로 잘 알려진 것으로, 거기에는 때때로 수정되고[105] 신중하게 생략되기도 한 것이 있으며, 존 웨슬리의 의견들이 찬미의 저자들의 의견보다 더 중요하게 나타나 있기도 하다. 우리는 이런 것을 마음에 간직하면서, 이 찬미집에서 우리의 주제를 다루고 있는 것들을 고려해 볼 수 있다. 이 찬미집에 대하여서는 메소디스트 이외에 영어로 쓰여진 찬미집으로는 첫 번째요 또한 위대한 찬미집이라고 찬양하였다.

1780년에 이 찬미집을 출판함으로, 그동안 웨슬리 형제가 사람들에게 배부했던 많은 작품을 대체한 것이라 할 수 있다. 그러나 이 찬미집은 공동 예배에 사용되기 위해 만든 것은 아니었다. 그 찬미집에는 성만찬식이나 장례식과 같은 교회 큰 행사에 사용될 찬미도 없었다. 종교적 열심이 있는 교회의 '신도회(society)'에서 사용되기 위하여 만들어진 것이다. 자만을 심각한 죄로 생각하는 사람이 이 찬송시를 통하여 용서받을 수 있을 것이면, 자랑스러운 책이라고 존 웨슬리는 여겼다. 그는 이 찬미집의 서문에서 다음과 같이 말했다.

> "(물론 대부분의 찬미는 찰스가 지은 것이지만) 이 찬미들 중에 내가 쓴 찬미가 몇 개 있다. 내가 아직까지 이와 같은 찬미집이 영어로 출판된 바가 없었다고 선언해도 무리는 없다고 생각한다. 이런 종류의 다른 출판물에서, 그렇게 성서적 기독교에 대하여 독특하게 잘 쓴 기사를 당신들은 본 적이 있는가? 그렇게 종교의 깊이와 높이를, 사변적으로 또 실체적으로 선언하고 있는 시를 보았는가? 그렇게 그럴

---

105) Rattenbury, *The Evangelical Doctrine of Charles Wesley's Hymns*, 64f. 316f.

듯한 잘못들을, 특히 지금 성행하고 있는 그릇된 것들에 주의를 주고 있는 시를 보았는가? 그리고 당신의 선택됨을 확인하고 사명을 이루기 위하여, 또한 하나님을 두려워하는 가운데 성결로 나가는 일에 관하여 그렇게 분명한 지침을 주고 있는 것을 보았는가?"[106]

여기에서는 "두려움으로 성결을 이룩하는 일"을 한층 강조하고 있다. 우리의 주제를 다루고 있는 단락이, 이 책에서는 매우 크다. 이 단락을 "온전한 구속을 위해 탄식하며 구하는 신자를 위해"라고 부르기도 하는데, 여기에 75개의 찬미가 있다. 그리고 그중의 35개의 찬미는 현재 사용하고 있는 메소디스트 찬미집에 포함되어 있다.[107] (이 제목은 로마서 8장 26절에서 따왔지만, 찬미의 제목으로는 좋지 않은 듯하다.) 1780년에 처음으로 출판된 찬미집의 이 단락의 약 삼분의 일은 분리해서 "생명을 얻은 신자들"이라는 제목이 붙여 있다. "신생(new birth)"이라는 말을 웨슬리 형제는 칭의 때로는 기독자 완전에 대하여 사용하기도 하였다.[108]

찬미들은 신학을 설명하는 수단으로서는 아주 정확한 것이 못 된다. 찬미들은 예배나 기도에 사용되는 언어이다. 그래서 작성자들은 시인들에게 허용된 그 자유를 조금밖에 누리지를 못한다. 그러나 많은 면에서, 메소디스트라고 불리는 사람들은 저들의 찬미를 통하여 그들의 신학을 배웠다고 한다.[109] 그러나 기독자 완전에 대한 웨슬리의 생각이 정말 이해될 수 있었는지는 의심스럽다.

성결에 관한 찬미들을 분석함에 있어, 1780년의 찬미집에서부터 번호가 매겨졌다. 그리고 앞줄에 별표(*)를 부친 찬미는 1933년에 출판된 찬미집에도 있던 것이다.

---

106) Par. 5.
107) 1933년에 출판된 메소디스트 찬미 책.
108) Rattenbury, *The Evangelical Doctrines of Charles Wesley's Hymns*, 308f.
109) *Sermons* II, 342.

여기에서 가르치고 있는 완전은 죄에서의 완전한 해방을 말하고 있다. 수그덴 박사(Dr. Sugden)가 웨슬리는 죄를, 사람에게서 뽑아낼 수 있는 하나의 암(cancer)이나 썩은 이빨처럼, 하나의 물건(thing)으로 생각하고 있다는 논평은,110) 그 강조점을 썩은 이빨보다는 암에다 두면, 올바르고 적절한 논평이 될 것이다. 찬미들은 죄는 사람에게 붙어있는 것이 아니라 사람의 성격 속에 밀착되어 있는 것이라고 암시하고 있다. 타고난 죄(inbred)라는 말도 종종 사용되고 있다.111)

*내 영혼이 감당할 수 있을 만큼만
나에게 타고난 죄의 깊이를 보여 주소서.   (348)

용서하시고, 나의 성격을 온전케 하여 주시고
나의 타고난 죄의 나쁜 버릇을 제거하여 주소서.   (353)

나의 타고난 죄(inbred sin)를 떠나라고 명령하소서
그리하면 내가 당신의 최후의 말씀을 입증하리이다. (357)

이제 곧 하나님의 어린 양이
나의 타고난 죄를 없앨 것이다.   (372)

타고난 죄의 멍에를 꺾으시고
나의 영을 완전히 자유케 하소서.   (377)

"깨끗해지라"고 두 번째 말씀하시어

---

110) *Sermons* II, 459(각주).
111) 이탤릭체로 표한 것은 이 책의 저자가 한 것이다.

나의 타고난 죄를 없애 주소서. (386).

여기서 가르치고 있는 것은, 타고난 죄든 아니든, 죄에서의 완전한 해방을 말하고 있는 것이다. 여기서 사용되고 있는 말, '전부(all)', '모두(every)', '더 이상(no more)', '완전(perfect)', '흠 없는(spotless)', '거룩하게 한다(sanctify)' 등은 그냥 사용된 것이 아니라 강조하여 사용된 말이다.

당신은 죄로부터, 아니 모든 죄로부터
구원하실 수 있습니다. (346)

*그리고 내 모든 죄는 소멸되었다. (351)

*모든 악, 그 모든 것으로부터
그가 내 영혼을 구속할 것이다. (394)

구주여, 오소서, 오소서, 나를 온전케 하소서.
나의 모든 죄를 영원히 제거하소서. (396)

*나의 모든 고통의 끝이
나의 모든 죄의 끝이니이다. (398)

우리의 죄를, 모두 불태우소서.
그 뒤에 아무것도 남겨두지 마소서. (400)

지금 모든(every) 죄에서 나를 씻으소서. (340)

제7장 찬미로 표현된 가르침 87

*당신이 나의 모든 죄를 속량하지 않는다면,
당신의 고통당하심과 나의 믿음은 헛된 것이다.   (364)

*언제나 죄를 중지한다.   (331)

나는 지금 능력을 받았고
하나님께로 새로 나서, 이제는 죄를 짓지 않는다.   (388)

그리스도가 내 안에, 그리고 내가 그 안에 있어
우리는 완전히 하나가 되었네.   (341)

*그리고 사랑 안에서 나를 완전케 하시네.   (344)

*당신의 위대하시며 영광스러운 이름과
그리고 내 안에 있는 완전한 성결을 찬양하라.   (380)

*그리고 당신의 새 창조를 완성하시사
우리를 순전하고 흠 없게 하소서.   (374)

*그리고 모두를 성결케 하소서.   (351).

게다가, "현재 여기에서(here and now)"의 해방을 말하고 있다.

나, 나까지도, 그의 얼굴을 볼 것이다.
나는 여기에서(here) 거룩해질 것이다.   (393)

*당신의 말씀에 따라 그리 될지어다.
이 순간에 그리 되게 하소서.   (352)

*지금 나로 하여금 완전을 얻게 하소서.
지금 나로 하여금 타락하지 않게 하소서.   (381)

*구주여, 지금 나에게 힘을 주사
내가 죄를 끊게 하소서.   (391)

*소망의 확신을 가지고
축복을 지금 구하나이다.   (405)

이런 놀라운 변화를 가져오게 하는 수단이 무엇인가 살펴볼 때, 이는 하나님의 능력에 달린 것인데, 이는 믿음으로 받는 것임을 보여 준다.

나의 믿음이 능력을 가져오리라.   (333)

당신을 믿는 우리의 믿음에 따라
이것이 우리에게 이루어지게 하소서.   (378)

*나는 내 마음을 깨끗하게 할 수 없으나,
그러나 당신을 믿음으로 인하여   (398)

하나님의 능력은 믿음과 함께 역사하여 죄를 멸망시킨다. 그런데 죄를 다룸에 있어서 다음과 같은 용어(말)로 표현하였다. '죽이다(slay)', '흐트러뜨리다(scatter)', '억누르다(mortify)', '근절시키다(extirpate)', '소멸시키다(consume)', '삭제하다(erase)', '씻다(wash)', '근절하다(root-out)', '말리다(dry-up)'.

죄의 무서운 뿌리와 씨를 죽이라.　　　　　　　　　(332)

나를 죽이소서,
그러면 나는 당신을 신뢰하겠나이다.　　　　　　　(352)

*죄의 마지막 남아 있는 것을 흐트려버리소서.　　　(338)

나의 옛 감정을 억누르소서
나의 의지를 십자가에 못 박으소서.
매일 그리고 매 시간 나를 죽이라고 말씀하소서.
아니면 완전히 죽이소서.　　　　　　　　　　　　(352)

내 영혼에 들어오셔서, 죄를 소멸시키소서.
저주받은 씨를 쫓아 버려주소서.　　　　　　　　　(352)

*나의 죄를 소멸할
그 기쁜 날을 서둘러 주소서.　　　　　　　　　　　(356)

그 애초의 범죄를
나의 영혼에서 소멸시켜 주소서.　　　　　　　　　(356)

그리고 나의 성품을 눈과 같이 희게 씻어주소서　　(385)

죄의 씨들을 근절시켜 주소서.　　　　　　　　(387)

　　　부패한 샘물을 바싹 마르게 하시고
　　　죄의 줄기를 잘라 주소서.　　　　　　　　　(344)

　우리가 이 찬미를 묵상할 때에, 이루어진 모든 것이 사람들 사이의 관계에서가 아니라, 전능하신 하나님의 역사에 의하여 이루어졌다는 생각을 부인할 수 없다.[112] 찰스 웨슬리는 요구한다.

　　　불신할 수 없는 마음을　　(332)

그는 말하기를,

　　　내가 그리스도가 내 안에 계시다고 느낄 때
　　　내게는 범죄할 힘이 없게 될 것이다.　　　　(345)

　　　*당신의 은혜로 나를 당황케 하고, 감동시키신다.　　(381)

　이 점에 있어 플레처(Fletcher)는 웨슬리에게 이의를 제기하는데, 1780년 출판한 찬미집에 있는 다른 구절을 들어 의견을 달리하면서, 이를 다음과 같이 더 직설적으로 표현하였다.

---

[112] cf. Scougal, *The Life of God in the soul of man* (edit. 1702), 56. 우리 영혼에 큰 변화를 일으키는 일에는 전능하신 하나님의 역사가 있지만, 그러나 우리도 거기에 알맞은 일을 하여 준비하여야 한다.

죄짓는 힘을 제거하소서.　　　　(374)

플레처는 각주에서 적절하게 문의하고 있다. "하나님께서는 우리의 자유로운 순종의 힘을 제거함 없이, 죄짓는 힘을 제거하실 수 있을까?"[113]
그러나 죄가 완전히 소멸될 때, 성결 곧 완전한 사랑이 마음에 널리 퍼져있거나 마음에 있게 된다.

*예수여, 당신의 매우 전승의 사랑을
내 마음에 부어 주소서.　　　　(351)

진정한 성결을 나타내 보이시고
완전한 사랑으로 채우소서.　　　　(357)

당신의 형상을 내 마음에 새겨 넣어 주소서.　　(383)

그리고 경건한 영혼을 천사의 생을 지금 즐기고 있는 것으로 묘사하든지, 또는 에덴동산의 순진한 상태로 회복된 것으로 묘사하고 있다.

나는 모든 죄를 짓지 않게 된다.
나의 에덴에 돌아갈 때까지.　　　　(334)

진정한 성결로 회복시켜 주소서.　　　　(358)

우리가 죄를 짓지 않는 상태로 회복시켜 주시고
사랑의 파라다이스로 회복시켜 주소서.　　(378)

---

113) Fletcher's *Works*, vi, 393.

당신의 완전한 사랑으로 되돌아가
오! 나로 하여금 다시는 죄를 짓지 않게 하소서. (390)

천사들의 삶을 산다. (333)

당신께서 믿음의 역사를 유효하게 하실 때
나는 깨끗해질 것이다. 그래서
행동에도, 말에도, 또는 생각에도 죄가 없을 것이다.
천사들은 죄를 짓지 않는다. (347)

그리고 우리가 이 찬미집에서 마지막으로 인용할 찬미가 있는데, 이 찬미에는 천사들의 모습이 두드러지게 나타나 있지는 않지만, 이로 인하여 이 교리에 대한 변론이 반대편에서 일어나게 한 찬미이다. 1780년에 출판한 제3쇄에 이 찬미가 있다.

다른 이들로 하여금 그들의 속박을 달게 받게 하라.
그것이 죄와 사탄이 원하는 것이 아닌가.
그리고 말하라, 그들은 결코 남아 있는 죄로부터
자유로울 수가 없다고;
소망으로 즐거워하고, 나와 더불어 즐기자.
우리는 우리의 모든 죄로부터 해방될 것이다. (336)

제8장

웨슬리의 신학적 전제조건들
(Wesley's Theological Presuppositions)

웨슬리가 확신하듯이 기독자 완전의 교리는 성경에 있는 교리이다. 그러나 그가 그 성경 말씀들을 전혀 선입 주견 없이 읽었다고 생각하는 것은 옳지 않을 것이다. 그러나 아무리 대범한 사람이라 할지라도 자기에게 이미 작용한 영향들을 피할 수는 없다. 그리고 그의 사상이 원숙해졌다면, 그가 기억할 수 없는 많은 것들이 그에게 영향을 끼쳤을 것이다.

그러므로 이 교리를 구상하는 데 있어 웨슬리의 생각을 사로잡은 영향은 신약성경 연구 하나만은 아니었다. 몇 가지 신학적 선입 주견이 중요한 역할을 하였다.

우리가 "왜 그는 사람들이 성결해지기를 그렇게 간절히 원하였는가?"라고 기본적인 질문을 하는 순간, 이는 분명해진다. 그의 대답은 간단하다. 그는 사람들이 천국에 가기를 원했기 때문이다. 우리가 이미 말한 대로, 이것, 곧 천국 가는 길을 발견하게 하는 것이 그의 중요한 목적이었다. 바로 이것을 위하여 곧 천국 가는 길을 발견하기 위해, 그는 성서의 "한 권의 책(homo unius libri)"이 된 것이다. 이에 있어서 그의 생각을 지배하고 있던 중요한 확신은 두 가지였다. 곧 첫째는, 성결함 없이는 아무도 하나님을 볼 수 없다는 것이요, 두 번째는 죄인이 죄에서 사함받는 기회는 죽음 후에는 없다는 것이었다. 그렇다면 죄인들이 천국에 가기 위해서는 죽기 전에 죄가 없어지고 거룩함을 받아야 하는 것이 긴요하고 필

수적이다.

아무도 거룩함 없이는 하나님을 볼 수 없다는 것이 웨슬리의 주장이다. 이 말씀이 히브리서 12장 14절에 분명히 기록되어 있지 않은가? 이에 무슨 반대 변론이 있을 수 있는가? 분명히 이에 대해 반대할 수는 없다. 그는 1747년 총회에서, 몇 사람이 기독자 완전의 교리를 믿지 않음으로 인하여, 문제를 제기하면서 질문하였다. "온전한 성회에 관하여 어떻게 형제들이 우리와 생각을 달리 하는 것을 허용할 수 있단 말인가?"

이 점에 있어서 불일치는 없었다. 그들 모두가 동의했다. "모든 사람은 그들이 죽기 직전에 온전히 거룩해져야 한다."[114]

토마스 처치 목사(Rev. Thomas Church)와 논쟁할 때도 웨슬리는 같은 것을 주장했다. 곧 "내가 지금까지 보아온 모든 학자는(로마 가톨릭 사람까지도) 우리가 영광에 들어갈 수 있기 전에 모든 죄에서 온전히 씻음을 받아야만 한다는 데 동의한다."고 주장했다.[115]

그러나 웨슬리는 연옥(purgatory)은 인정하지 않았다. 그는 로마 가톨릭이 주장하는 대로, 죽은 뒤에 삶이 나뉘어서 지옥, 연옥 또는 천국으로 들어간다고 믿지 않았다. 그는 지옥과 천국이 있고, 또한 중간 상태가 있음을 믿었다. 이 중간 상태를 때로는 낙원(paradise)이라고 불렀다. 이 상태는 천국의 문간방처럼 여겨져, 이곳에서 영혼이 하나님과 충분한 교분을 가지며, 죽음과 부활의 중간에 머무는 곳으로 상상해 왔다.[116] 그러나 이 중간상태를 연옥과 혼동하면 안 된다. 오늘의 로마 가톨릭 신학자는 다음과 같이 말한다.

"경험을 통하여 아는데, 이 세상을 떠난 많은 경건한 성도들이 우

---

114) *Plain Account*, 40.
115) *Letters*, ii. 226.
116) Ibid., vi, 214.

리 주님이 우리에게 분부하신 바, 너희 천부께서 완전하신 것 같이 완전하라는 그 지경에 이르지 못하였다. … 지금, 그와 같이 완전한 사랑의 행실 없이 죽은 사람들이, 자기들의 힘으로가 아니라 하나님의 신비로운 자비에 의하여서, 그들의 허물들이 정회되어서 하나님 나라에 가게 되었다고 우리가 생각하지 않는다면, 그 경우에는 죽은 뒤에, 영혼을 깨끗케 하는 어떤 가능성이 있어야만 할 것이라고 말해야 할 것이다."117)

웨슬리는 그런 입장이 아니다. 그는 낙원은 있지만, 연옥은 없다고 말한다. 그는 다음과 같이 말한다.

"낙원에서 선한 사람들의 영혼이 그들의 수고를 끝내고 쉬면서 부활에 이르기까지 그리스도와 함께 있는 것이다. 낙원은 가톨릭이 말하는 연옥과는 다르다. 그들은 연옥에서 죄인들이 천국에 갈 수 있도록 충분히 순화되기까지 정화하는 불 가운데서 고통을 당하고 있는 것이라고 말한다. 그러나 우리는 (초대 교회가 믿었듯이) 영원히 고통당하게 된 사람 이외는, 아무도 사후에 고통을 당하지 않는다고 믿는다. 우리는 이 세상에서 죄에서 구원받아 마음을 다하여 하나님을 사랑할 수 있게 되어있다고 믿는다."118)

우리는 이 세상(here)에서 죄를 떠나게 되어있다. 이것이 우리가 강조하는 바이다. 이 세상에서 죄가 없어지지 않으면, 죄는 영원히 남아 있을 것이다. 웨슬리는 제임스 하비(James Harvey)가 쓴 책(*Theron and Aspasio*)에 대해 논평하기를 "만약에 죄가 심판의 날까지 우리 안에 남

---

117) Adam, *The Spirit of Catholicism*, 101ff.
118) *Letters*, vii, 168.

아 있다면, 이 죄는 영원히 남아 있을 것이다"라고 하였다.[119] 엘리자베스 하디(Elizabeth Hardy)가 "일의 사리로 봐서, 영혼은 그가 영광에 들어가기 전에 모든 죄로부터 구원을 받아야 하도록 되어 있는 것인가?"라고 질문했는데, 이에 다음과 같이 답변하였다.

> "그렇다. 그리고 그와 같이 기록되어 있다. '깨끗하지 않은 것은 영광에 들어가지 못할 것이다.' 그러므로 이 세상에서 어느 정도의 성결을 얻었든 못 얻었든 간에, 그들이 영원에 들어가기 전에, 모든 죄로부터 씻음을 받지 않고서는 유대인이나 이방인과 마찬가지로 그리스도인도 새 예루살렘에 결코 들어가지 못할 것이다."[120]

플레처(Fletcher)도 "회개, 믿음, 소망, 그리고 그리스도인의 자선도 이 세상(here)에서 온전히 이루어져야 한다. 그렇지 않으면, 달리 이루어질 수 없다."[121]고 하면서 같은 취지의 말을 하고 있다.

분명한 것은, 이런 강조에 있어, 웨슬리는 종교개혁자들의 신학과 일치한다는 점이다. 종교개혁자들은 연옥을 인정하지 않았다.[122] 루터는 그의 1517년 10월에 발표한 그의 논제에서 테첼(Tetzel)과 그의 면죄부 판매를 공적으로 정죄하였다. 면죄부를 세상에서 지은 죄의 형벌을 면제하여 주는 대가라고 하면서 팔러 다니는 행위를, 면죄부가 범죄에 대한 면허장으로 종종 해석된 것으로 믿는 것보다 더 가증스럽다고 여겼다. 개혁 신학이 공표되었을 때, 면죄부 제도는 그의 교리적 근거와 함께 파기되었다. 따라서 연옥도 그와 함께 부정하였다.

---

119) *Letters*, iii, 380.
120) Ibid., iv, 11; cf. iii, 213.
121) Fletcher's *Works*, vi, 254.
122) Workman, *John Wyclif: A Study of the English Medieval Church*, ii, 18f.을 보라.

웨스트민스터 신앙고백서는 다음과 같이 말한다.

"사람의 몸은 죽은 뒤에 흙으로 돌아가 썩게 된다. 그러나 (자지도 않고 죽지도 않은) 불멸의 실재인 그들의 영혼은 즉시 하나님께로 돌아간다. 의로운 자들의 영혼은 완전히 거룩해져서 높고 높은 하늘나라에 받아들여진다. 그리고 거기에서 그들은 빛과 영광 가운데 하나님의 얼굴을 보며, 그들의 몸의 완전한 구원을 기다린다. 그러나 악한 자들의 영혼은 지옥에 던져져, 거기에서 고통과 암흑 속에 머물러 있으며, 대심판의 날을 기다린다. 몸에서 분리된 그들의 영혼들을 위하여 마련된 장소는 이 두 장소 이외에는 없다고 성경은 밝히고 있다."(xxxii, 1, 1669 edit).

그러므로 웨슬리와 그 당시의 개신교 신학 사이에는, 죽은 후에 죄인들을 위하여 시련의 기간이 앞으로 있다는 것을 부정하는 일에 대해서는 이견이 없다. 여기에 한 가지 다른 점이 있다면, 웨슬리 시대의 칼빈주의 신학자들은 완전한 씻음은 하나님의 능력의 역사에 의하여 죽는 순간에 이루어진다고 주장하는 데 반해, 웨슬리는 그런 완전한 씻음은 죽기 전 5년, 12년, 또는 20년 전에도 이루어질 수 있다고 믿었다. 웨슬리는 "당신들은 죄가 죽는 순간에 그렇게 이루어질 수 있다고 믿으면, 왜 지금은 그렇게 안 된다고 말하는가?"라고 주장하였다.

플레처도 비슷하게 말하였다.

"우리를 반대하는 사람들이, 믿음과 사랑이 죽기 2분 또는 3분 전에야 완전해질 수 있다고 믿는다고 하면, 그것은 말이 안 된다. 죽음이 불신앙과 죄를 없애는 데 절대 필요한 것이 아니다. 왜냐하면 만약 살아계신 하나님에게서 떠난 불신자들의 악한 마음이 없어지고 완전히 정직하고 선한 마음이 죽기 전 2분 또는 3분 전에 주어질 수 있다고 한다면, 우리는 알고 싶다. 왜 이런 변화가 죽기 2시간 또는 3시간 전, 또는 두 주(weeks)나 삼 주 전, 또는 이 년이나 삼 년 전에는 이루어질 수 없단 말인가?"[123]

후에, 그는 같은 논리를 주장하면서 그의 반대자들에게 경고하기를, "천국은 연옥이 아니다."[124] "그리고 죽음은 불완전한 신자를 그리스도인의 완전으로 인도할 수도 없을 뿐 아니라, 완전에 이를 수 있는 그 가능성마저 없애버릴 것이다."라고 하였다.[125]

논쟁에서 양쪽이 공통의 전제들을 사용한다 하여, 어떻게 웨슬리와 플레처를 비난할 수 있다는 것인지 이해하기 힘들다. 양쪽 모두 하나님과 사람의 영혼의 관계를 사람 사이의 관계처럼 분명하게 생각하지 못하였다. 양쪽 모두 죄는 하나님의 능력에 의하여 떼어내 버려질 수 있는 물건(thing)으로 생각했다. 죽음과 연옥 문제에 있어서는 칼빈주의자들이 대체로 웨슬리가 주장하려는 것을 거의 인정하였다. 그들의 논쟁은 하나님께서 죄를 이런 방법으로 어떻게 다룰 수 있고 또는 다루느냐에 대한 것이 아니었다. 열띤 논쟁자들 사이의 논쟁은 단순히 언제(when)인가의 문제였다. 두 편 모두 그것이 이 세상에서 있어야 한다는 데는 동의하였다. 그런데 웨슬리는 그것을 세상 떠날 때까지 기다릴 필요가 없다는 것을 강조하였다.

연옥에 대하여는, 이름도 없이, 좀 수정된 견해를 가지고 현대 개신교 신학에 스며들어 새로운 논의가 되고 있다. 바론 본 휴겔(Baron von Hugel)이 자신의 공동체의 회원들보다 더 연옥에 대하여 말하고 있는 듯

---

123) Fletcher's *Works*, vi, 249.
124) Ibid., 250.
125) Ibid., 254.

하다. 그는 조카에게 말하기를, "연옥과 지옥에 대하여 여러 설명이 있을 수 있다. 그러나 연옥과 지옥은 있어야 한다. 대부분의 영혼은 천국에 곧바로 갈 수가 없다."[126)]고 하였다.

그 이름이 아직도 개신교에서는 경멸을 받고 있다. 그리고 이는 단지 형벌과 훈련의 과정으로만 생각되고 있지 않다. 지금은 가톨릭 신학자가 말하는 대로, 죽은 다음의 생에는 아무 진행되는 것이 없다고 할 때는 무엇인가 귀중한 것을 개신교에서는 잃고 있다고 일반적으로 인정하고 있다. 가비 박사(Dr. A. E. Garvie)는 영원한 진보의 견해를 주장하면서, 다음과 같이 말한다.

"이것은 연옥의 교리도 아니고, 죽음과 부활 사이에 있는 중간 상태에 관한 것도 아니다. 이는 신자들에게 있어서는 경험과 인격의 계속이 있을 것이고, 현재 우리가 상상할 수 없는 것을 향한 진보가 있다는 것에 관한 이야기이다."[127)]

그는 하나님께서는 회개하지 않고 죽은 사람들까지도 그의 은혜로 계속 추적하실 것이라는 소망을 소중히 한다.

스트리터 감독(Canon Streeter)도 사람은 죽은 후에도 진보(progress)가 있다고 말하고 있다. 그러나 로마 가톨릭이 이해하고 있는 연옥의 교리와 혼동하지 말기를 바라고 있다. 연옥이라는 말은, 초대 중세기의 개념에서는, 진정한 진보와 도덕적 순화의 상태를 가리키고 있었다고 그는 인정하였다. 이런 아이디어가 많이 이야기되고 있는 것을 볼 수 있다.[128)] 에멧(Mr. Emmet)도 열성적이다. "영혼에는 신적 생명의

---

126) von Hugel, *Letters to a Niece*, xxxv.
127) Garvie, *The Christian Faith*, 225 f.
128) Streeter, *Immortality*, 139 f.

아주 희미한 불꽃이 있다"고 하는 사람들에 대하여 말하기를, "그런 영혼을 위하여 죽은 후에 있는 용서와 진보의 소망을 감히 포기하지 않는다."고 하였다.129) 컷턴 브록(Cutton-Brock)은 '향상시킨다'(enriching)는 개념이 '정화한다'(purging)는 것보다 더 중요하다고 생각하기에, 그는 단지 연옥이라는 말을 싫어했다.130) 그런가 하면, 로키 박사(Dr. J. H. Lockie)는 "죽음과 심판 사이에 있는 상태에서도 계속된 은혜의 역사가 있다는 개념이 사도 베드로의 말에 의하여 뒷받침되고 있을 뿐 아니라 또한 신약성경의 여러 간접적인 증거에 의해 지지되고 있다."고 주장하였다.131)

이렇게, 연옥에 대한 견해에 대해 무언가가 개신교 신학에서 다시 논의되고 있었다. 그 명칭이 아니라, … 아직도 수련을 받는다, 아직도 은혜가 주어지고 있다, 진보되고 있고 향상되고 있다는 등의 개념들이 논의되고 있었다.

그러나 18세기의 개신교 신학에서는 그런 것은 심각한 이단이었을 것이다. 죄는 몸에서 숨을 쉬고 있는 동안에 처리되어야 한다. 이것이 웨슬리가 기독자 완전을 설명할 때, 죄에 대하여 분명하게 말한 것이다. 그러면 다음 장에서 죄에 대하여 살펴보기로 하자.

---

129) Ibid., 216.
130) Ibid., 234f; 236f.
131) Lockie, *The World to Come and Final Destiny*, 95.

제9장

웨슬리의 죄에 대한 견해
(His Idea of Sin)

웨슬리는 죄를 분명하게 정의하였다. 그는 "죄란 알고 있는 율법을 의지적으로 범하는 것이다"132)라고 했다. 그는 이런 죄의 정의를 가지고 그가 논의하는 모든 일에 임했다. 그리고 그가 주장한 기독자 완전의 견해도 이런 견지에서만 이해될 수 있다.

웨슬리는 지적하기를, 그가 주장하는 완전은 인간의 유한성, 무지, 실수에서의 자유를 말하는 것이 아니라고 하며133) 부담스러운 생각이나, 미숙한 행위, 멍청한 생각을 가지고 살 수도 있는 것이라고 하였다. 그는 이웃에 대하여 완전한 사랑을 가진 사람도 그 이웃에게 부담을 주기가 아주 쉬운 것을 인정하였다. 그런데도 죄에 대한 웨슬리의 정의에 의하면, 이런 모든 것이 적절히 규정하는 죄라고 규정할 수는 없다. 그런 것들은 아는 율법을 의지적으로 범한 것이 아니기 때문이다.

그러나 곧이어 질문이 생긴다. 이것이 과연 죄에 대한 적절할 정의인가? 그런 정의가 날카롭고 광범위하고 진지한 정의인가? 그런 단순한 정의가 악의 모든 경우를 적절하게 다루고 있는 것인가?

죄를 정의하기란 쉽지 않다. 테넌트 박사(Dr. F. R. Tennant)는 이 문제에 있어서 자기가 보기에는 죄에 대한 일반적인 개념은 "너무나 뚜렷하

---

132) *Plain Account*, 53.
133) Ibid., 50.

지 않은 것이기 때문에, 완전하지 못하다."134)고 하였다. 그리고 어떤 학자는, 이 문제에 있어서, 테넌트 박사의 죄에 대한 견해와는 달리하면서도, 보다 분명한 설명과 뚜렷한 의미가 필요하다는 점에는 그와 동의하였다.135)

테넌트 박사의 견해를 좀 더 살펴보는 것이 좋을 것이다. 그는, 현세기에 있어, 이 문제에 대해 처음으로 직접적인 관심을 가지고 죄에 대한 정확한 정의를 찾으려고 노력한 신학자로서 영국 신학자들 가운데서는 특별한 학자이다. 이 문제를 다룸에 있어 특별히 흥미로운 것은 그가 죄에 대한 정확한 정의를 추구하는 데 있어, 마침내 본질적으로 웨슬리의 견해와 같은 정의를 말하게 되었다는 것이다. 그는 이 주제를 다루되, 바른 판단을 하는 데 있어, 타고난 성질, 정신적 능력, 지적 능력 또는 결핍, 그리고 타고 난 여러 재주들 또는 장애가 왜 윤리적 비평의 근거가 안 되느냐의 이유들을 들면서,136) 구체적으로 연구하였다. 그리고 그는 메소디스트의 창시자와 같은 결론에 도달하였다. 그가 웨슬리가 일반적으로 사용하는 '범죄(transgression)' 또는 '율법(law)'이라는 용어의 모호함 때문에, 웨슬리가 사용하는 용어를 사용하지 않았다 할지라도, 그것으로 인해, 그가 웨슬리가 말하는 것을 거절하거나 회피한 것을 받아들이거나 하지 않았다. 그는 말하기를 "죄는 도덕적인 존재에 의하여 도덕적 법이 범해진 것만을 의미한다."137)라고 하였다. 그는 다시 말하기를, "죄(sins)라는 것은 의지의 결단에서 생긴다. 의지의 결단에서 오는 것만이 죄라고 할 수 있다."138)라고 하였다. "무의식의 죄"라는 말은 모순이라고

---

134) Tennant, *The Concept of Sin*, 2.
135) Orchard, *Modern Theories of Sin*, 94ff. Moxon, *The Doctrine of Sin*, 204ff. Bicknell, *The Christian Idea of Sin and Original Sin*, 30ff.
136) Tennant, *The Concept of Sin*, 60ff.
137) Tennant, *The Concept of Sin*, 98.
138) Ibid., 205.

그는 주장하였다. 139)

그렇다고 하여, 테넌트가 웨슬리의 죄에 대한 견해를 다 그대로 받아들인 것으로 추정할 수는 없다. 그것은 사실이 아니다. 테넌트의 주장에 의하면, 원죄와 같은 것은 있을 수 없다. 그러나 웨슬리는 원죄를 머뭇거리지 않고 믿었다. 웨슬리는 말하기를, "이 죄는 나의 처음 조상인 아담에 의하여 내게 부과된 죄이다. 아담 안에서 모두가 죽었다. 그 한 사람의 불순종으로 인하여, 모든 사람이 죄인이 되었다. 모든 사람은, 예외 없이, 그가 먹지 말라는 선악과를 먹었을 때, 그의 허리에 있었다."140)라고 하였다.

그러나 자범죄(present actual sin)에 대한 정의에 있어서는, 두 세기 전의 웨슬리의 견해와 일치한다. 그는 죄(sin)와 사악함(sinfulness)을 분명히 구분하면서, 죄는 도덕적 인간에 의한 도덕적 법을 범하는 것이라고 주장한다. 웨슬리는 "무의식의 죄"라는 용어를 사용하지 않았다. 특히 그가 기독자 완전을 논의할 때는, 테넌트 박사가 주장하듯이, 무의식의 죄를 전적으로 거부하였다.

그러나 이는 우리로 하여금 대단히 중요한 질문에 부딪히게 한다. 과연 "무의식의 죄"는 없는 것인가? 그런 죄는 있을 수도 없는 것인가? 여기서 웨슬리와 테넌트는 무의식한 것은 죄가 안 된다고 말하는 것인가, 아니면 플루 박사(Dr. Flew)처럼 "우리의 가장 나쁜 죄들은 종종 우리가 의식하지 못한 죄이다."라고 말하며, 웨슬리가 그의 완전의 교리에서 "사람의 의식한 것과 의도적인 의도를 강조한 것이 엄청난 결함이다"141)라고 말해야 하는가. 그리고 오챠드 박사(Dr. Orchard)와 같이 "죄는 우리가 그것이 죄인 줄 몰라도 여전히 죄다. 그리고, 사실은, 우리가 그것을 몰랐기 때문에 이는 깊은 죄이다."142)라고 말해야 하는가.

---

139) Ibid., 101.
140) *Plain Account*, 59.
141) Flew, 333.
142) Orchard, *Modern Theories of Sin*, 3. This definition is given as "the ideal

깊이 생각하는 사람들이 보기에는, 특별히 이 주제를 다룸에 있어, "무의식 중"이라는 말이 종종 아무렇게나 사용되고 있다.[143] 때로는 이 말이 정말 의식하지 못한 죄에 대하여 사용되고 있기도 하지만, 더 많은 경우에 이 말은 "어렴풋이 의식한 죄", 곧 아주 작게나마 도덕적 판단의 대상이 되는 죄에 대하여도 사용되고 있다. 그러나 우리의 양심에 조금이라고 가책이 되는 죄나 또는 무엇인가 잘못이라고 희미하게 느끼기 때문에 우리가 주저하는 죄에 대하여 "무의식한 것"이라는 말을 사용할 수는 없다.

클라크 박사(R. E. D. Clark)는 죄에 대해서, "의식이 있음"과 "의식이 없음"의 용어를 느슨하게 사용하는 경우를 자세히 설명하였다. 그는 이 두 용어 사이의 구분은 뉴맨 박사(Dr. F. W. Newman)가 "깨달은 죄(provoked sin)"와 "깨닫지 못한 죄(unprovoked sin)"로 구분한 것과 대체적으로 같다고 말하였다. 이 문제에 대한 그의 고찰은 이런 엄정한 구분으로부터 시작되었다. 그러나 이는 너무나 조악하다. "깨달은 죄"란 발버둥 끝에 짓게 된 죄 또는 격분하여 범하는 죄다. 그런가 하면, "깨닫지 못한 죄"는 생각 없이 또는 유혹도 받지 않고 범하는 죄를 말한다.[144] 그는 한 어린아이가 간호사를 화가 나서 주먹으로 때리는 것과 아이가 아무 생각 없이 간호사를 때리는 경우를 대조하면서, 그 차이를 설명한다. 그러나 이 설명은 어린아이의 도덕적 미숙함의 정도에 대한 의문 또한 발생시키기 때문에 복잡하다. 그래서 무의식중의 죄를 그런 식으로 예를 들어 설명한다면 대부분은 잘못된 설명이라고 여길 것이다.

이러한 모호한 용어들로 인해 이 문제를 다루는 것은 쉽지 않다. 어떤 명확한 정의가 나와야 한다. 이 문제를 논의함에 있어 박식인 체할 것 없다. 무의식적인 것은 무의식적인 것이라고 말한다고 해서, 같은 말을 반

---

point of view."
143) "알아채지 못한(unwitting)"이라는 말이 이해하기 쉬울 것이다.
144) Clark, *Conscious and Unconscious Sin*, 3.

복한다고 어리석게 여길 필요는 없다. 사람은, 그의 도덕적 발전의 어느 단계에서는, 하나님에 대한 양심의 거리낌 없이 어떤 일을 한다. 그러다 그 후에 '그것이 잘못이었구나,' 하고 깨닫게 된다. 그러나 그들이 그것을 했을 때, 그것이 죄인 줄 몰랐고 또한 그가 한 일의 성격을 밝힐 방법도 없었기 때문에, 그것을 엄격한 의미에서 죄라고 부를 수는 없다.

    1820년경에 예언자 해리스(Prophet Harris)라고 하는 이상한 사람이 서아프리카 코트디부아르(Ivory Coast)에 나타났다. 이 사람은 크루족(Kroo tribe)의 그레보 지역에 속한 사람으로서, 반은 문맹인 데다 기독교에 대하여는 완전치 않은 지식을 가지고 있었다. 그러나 그는 동료 아프리카인들을 개종시키려는 열정을 가지고 있었다. 그는 프랑스 영토인 코트디부아르를 거쳐 영국 영토인 아폴리니아(British Apollonia)로 가면서, 가는 곳마다 많은 개종자를 얻었다. 작게 추산해도 오천 명은 될 것이다. 그 이상일지도 모른다. 그는 백인 선교사들의 어떤 도움도 없이, 나무로 만든 십자가와 성경책, 그리고 물과 호리병 박 하나만 가지고 아프리카의 미개간지를 다니면서 그 넓은 지역을 변화시켰다. 몇 해가 지난 뒤에, 선구적인 선교사가 그곳에 들어와서, 스스로 그리스도인이라고 하는 불쌍한 많은 사람을 발견하였다. 그런데 그들은 아무 가르침도 받지 못한 사람으로서 단지 주기도문과 단순한 교리에 대한 가르침을 받으려고 기다리고 있었다.[145]

    이 놀라운 사람이 사라지자 그에 대한 큰 관심이 생기지 않을 수 없었다. 그러나 우리가 그 사람을 마침내 찾았을 때, 그는 여전히 열정적인 믿음을 가지고 있었고 자기 이웃 마을에서 설교하고 있었다. 그런데 알고 보니 그는 일부다처주의자였다.

    해리스(Harris)는 일부다처주의자인 것에 대하여 조금도 죄책을 느끼지 않고 있는 것 같았다. 이는 태곳적부터 그의 부족의 관습이었다. 성

---

145) F. D. Walker, *The Story of the Ivory Coast*, 11-18, 81f.

경에 대한 희박한 지식을 가지고 있는 그는 히브리 사람의 훌륭한 가부장들도 일부다처주의자들이었다는 것에 대해 한 번도 의심한 적이 없었던 것이다. 그러나 그가 죄 가운데 살고 있었다는 것을 알고, 그리고 정말 무의식한 가운데 이루어진 것은 하나님이 간과하신다고 말하는 최고의 권위(성경말씀)가 있다는 것이 그를 크게 놀라게 했을 것이다.[146] 그와 같은 상황에서 있은 그런 행위도 '죄'라고 말해야 하는가? 죄라는 말(word)의 성격이, 하나님의 성숙한 성도가 갖고 있는 생각을 뛰어넘는 하나님의 성결에 의하여 결정되게 되는가, 아니면, 신자들이 그의 양심의 가르침을 받으며, 또한 양심의 충고를 기쁨으로 존경하는 단순한 신자의 정직한 인식에 의해 결정되어야 하는 것인가?

이에 대하여 웨슬리는 어떻게 생각할 것인가? 그는 아마도 테넌트 박사와 함께, "무의식한 죄란 그 말에 있어 모순이라고 말했을 것이다. 그는 또한 "죄란 도덕적 불완전, 곧 사람이, 하나님 앞에서, 책임져야 할 도덕적 불완전이라고 정의할 수 있을 것이다"[147]라고 말하였을 것이다.

만약에 "의식한 것"과 "무의식한 것"이라는 말이 적절하게 사용되었더라면, 많은 논쟁은 심한 문제를 일으키지는 않았을 것으로 보인다는 추론을 거절하기 힘들다. 모두가 죄란 알고 있는 도덕적 법을 의지적으로 범하는 것이라고 알려져 왔다. 또한 우리는 사람이 그것이 부도덕한 것인 줄 모르고 행한 행동에 그 같은 말을 붙이지 않아 왔다. 그런데 실제의 문제가 무시되고 있는 것이다. 의지적인 죄, 자범죄와 예언자 해리스가 몰랐던 무의식한 죄 사이에는, 전체를 윤리적으로 또 심리학적으로 살펴보아야 할 것이다.

예레미야는 "만물보다 거짓되고 심히 부패한 것은 마음이라"(렘 17:9)

---

146) Acts(사도행전), xvii. 30.
147) Tennant, *The Concept of Sin*, 245.

고 하였다. 그리고 자기성찰의 작은 능력을 가진 사람은 누구나 자기 마음의 합리화에 놀란다. 예레미야는 죄가 교활한 방법으로 자신을 유혹하는 것을 보았다. 그는 이기심이 어떻게 자기 자신의 마음에서 관대, 또는 희생, 또는 봉사로 변하는가를 보았다. 그는 관찰하기를, 마음에 악한 생각이 처음 떠오를 때, 그 악한 생각 때문에 놀람과 부끄러움이 생긴다. 그러나 그 후 얼마 있다가, 마음이 평안해진다. 그 생각에 대하여 나쁘게 생각하는 것보다는 좋게 생각하게 된다. 그리고 욕망이 생기면 속히 속게 되어 한 때 부끄러움을 느끼게 했던 그 악한 생각이 마침내 쉽게 마음 속으로 들어올 뿐 아니라 또한 흰 옷을 입고 천사처럼 들어온다고 하였다. 그 결과 죄가 이기게 되는 것이다. 그리하여 결국 그 악한 성질(sinful character)은 거의 "무의식한 것"이 되고 만다. 그러나 우리가 여기서 다루고 있는 관점에서 보면, 이것은 결코 "무의식한 것"으로 규정될 수는 없다. 양심은 절반쯤 왜곡되었고, 스스로 속임수에 연루되고 만 것이다.

아주 간결한 자기 반성은 다른 뒤틀린 생각을 드러낸다. 이러한 점에서 모든 것이 잘 되는 것이 아니라 윤리적 또는 영적 시험이라는 시련에 직면하기를 꺼리는 잠복된 의심 때문에 사람의 마음은 가끔 잠재적 무의식중에 어떤 주제를 회피한다. 사람은 양심이 편안하지 않을 때 종종 보상을 행한다. 그리고 삶에서 크게 실수한 것에 대한 비난을 피하기 위하여 열심히 어떤 사회봉사에 뛰어들거나 또는 아낌없이 어떤 자선 사업에 기부한다. "가정 구출(rescue homes)"을 열심히 지지하는 사람들 가운데 탕자들이 있는 것이다.

우리가 이런 거짓들에 더하여, 그들이 정직한 양심의 가책을 면하기 위하여 정교하게 말을 바꾸는 일과, (그들이 자기의 나쁜 행동이 불가피한 것이었다고 자신에게 납득시키기를 원하기 때문에) 된 일은 어쩔 수 없는 일이었다고 말하는 것을 볼 때, 학자들이 "의식 중에"와 "무의식중에"라는 말을 잘못 정의하고, 또한 그 사이에 있는 넓은 영역을 잘 모르면서,

문제를 바로 다루지 못했다는 것이 분명하다.

명백한 죄와 명백한 결백은, 그게 정말 명백한 것이라면, 논리상 문제는 없다. 그러나 넓은 범위로 말할 때는 많은 문제가 생긴다. 예를 들어서, 우리가 몰랐던 것에 대한 죄책감의 정도를 어떻게 측량할 수 있을 것인가? 또는 절반 정도 몰랐다고 하는 것에 대한 책임을 어떻게 평가할 것인가? 또는 타고난 성질과 환경의 영향력의 정도를 어떻게 측정할 것인가? 또는 사람이 몰랐던 일에 대하여 어느 정도의 책임이 있다고 결정해야 하는가? 또는 만약에, 이런 것들이 분명히 우리의 도덕적 능력을 넘어서는 것이기 때문에 (테넌트가 말하듯이)[148] 그런 일에 대해 판단할 모든 가능성을 포기한다면, 완전의 길을 시도하는 순례자에게 도움이 될 그 어떤 말도 할 수 없단 말인가? 그들은 완전에 의하여 자신들의 마음의 이지러짐과 그들의 욕망의 가면을 이해하게 되고, 그리고 자기기만에서 벗어나야 하는데 말이다.

웨슬리와 플레처는, 완전을 체험했다고 주장하는 추종자들에게 권고하기를 간절히 시도하였다. 웨슬리는 1762년에 발행한 소책자, 『메소디스트 신도회에 있는 위대한 선생들에게 드리는 주의 지침(Cautions and Directions Given to the Greatest Professors in the Methodist Societies)』에서, 그리고 플레처는, 『완전한 그리스도인에게 드리는 말씀(An Address to Perfect Christian)』에서 그리고 그의 『도덕 무용론에 대한 검증(Last Check to Antinominianism)』에서 신도들에게 시의적절한 권고를 하였다. 그러나 거기에는 현대 심리학에서 말하는 것들이 들어 있지 않았다. 또한 "무의식중의 동기"에 대한 탐구가 없었던 것은 놀랄 일도 아니다. 그저 그런 것이 있다는 암시가 있었을 뿐이다.[149]

---

148) Tennant, *The Concept of Sin*, 82.
149) cf. Fletcher, *Address to Such as Enquire, What Must We Do to be saved?* (edit. 1835), 13.

그렇게 웨슬리의 죄에 대한 정의는 한정적인 것 같지만, 뚜렷하고 예리하며 모호하지 않았다. 경우에 따라서는, 죄의 그러한 정의는 그의 기독자 완전에 대한 견해에 결정적인 영향을 준 요소 중의 하나일 것이다. 죄는 반드시 하나의 행위(act)를 의미하는 것이 아니다. 그는 신약성서를 잘 아는 사람이었기 때문에 죄의 내성을 이해하지 못할 것이 없었다. 그러나 웨슬리의 견해에 있어서 죄는 항상 의지를 포함하고 있었다. 거기에는 자신이 생각을 자진해서 결정하는 것이 있었다. 그는 죄성(sinfulness)을 정의하려고 하지 않았다. 그는 한 가지 죄(a sin)를 정의하였다, "민족의 죄", "공동체의 죄", 또는 "무의식중의 죄"라는 것은 모두 웨슬리에게는 말의 남용으로 여겨졌을 것이다. 웨슬리가 주장한 죄는 "아는 법을 의지적으로 범하는 것"이었다.

제10장
웨슬리의 기독자 완전에 대한 견해
(His Idea of Perfection)

이제 우리는 기독자 완전에 대하여 살펴보고자 한다. 기독자 완전에 대한 웨슬리의 견해는 어떤 것인가? 그가 어떻게 이 세상에서 그리스도인의 삶의 이상(ideal)을 생각하였는가?

(1) 그는 60년 동안 이 주제에 대하여 생각하며 또한 글을 쓰면서, 여러 가지로 이에 대한 정의를 말하였다. 그러나 그는 이를 사랑이라는 말로 자주 정의하였다. 그는 말한다.

> 이는 "우리의 모든 뜻을 다하여 하나님을 사랑하고, 우리의 모든 힘을 다하여 하나님을 섬기는 것이다. 나는 완전을 이와 같이 하나님을 사랑하고 섬기는 것이라고 했지, 달리 말하거나 의미한 적은 거의 없다."[150]

그는 다시 말한다.

"온전한 성화 또는 기독자의 완전은 완전한 사랑 그 이상도 이하도 아니다. 곧 죄를 쫓아내는 사랑이요, 하나님의 자녀의 마음과

---
[150] *Letters*, iii, 168.

생을 지배하는 사랑이다."151)

그는 또 말한다.

"나는 종종 당신들에게 고린도전서 13장을 읽으라고 충고하였다. 거기에 기독자 완전의 참모습이 그려져 있다. 우리의 모든 힘을 다하여 그를 모방하도록 하자."152)

그의 추종자들이 이 점에 있어 혼란스러울 때, 그들에게 다시 들려주는 말은 사랑이었다. 로렌스 코클란(Lawrence Coughlan)에게 쓴 편지에서 그는 다음과 같이 말하였다.

"당신은 나의 대화나 설교 또는 글에서, 성결은 기쁨이 있는 것이라고 배우지 않았다. 나는 늘 그와는 달리 당신에게 말하였다. 나는 당신에게 성결은 사랑 곧 하나님을 사랑하고 이웃을 사랑하는 것, 즉 하나님의 형상이 우리 마음에 새겨지는 것, 사람의 영혼에 하나님의 생명이 있는 것, 곧 그리스도 안에 있는 마음, 그래서 우리가 그리스도께서 걸으셨던 것처럼 걸어가게 하는 것이라고 말하였다."153)

결국 논의되고 있는 이 교리에 대해 즐겨 사용하고 있는 용어는 '완전한 사랑'이었다. 그리고 만약 웨슬리가 이 용어를 일관되게 계속 사용하였더라면, 그의 가르침에서 다른 사람과 부딪치는 일은 어느 정도 피할

---

151) Ibid., v, 223.
152) Ibid., vii, 120.
153) Ibid., v, 101.

수 있었으리라고 생각된다. 그런데 그는 불행하게도 (앞서 우리가 언급했듯이) 이 교리를 또다른 용어로도 표현하였다. 그는 이 교리를 성결 또는 온전한 성화 또는 기독자 완전이라는 말로 표현하였던 것이다. 그가 완전한 사랑이라는 말을 선호한다고 하였지만, 그는 『기독자 완전에 대한 평이한 해설(A Plain Account of Christian Perfection)』이라는 제목으로 책을 출판하였다. 그는 '완전'이라는 용어 때문에 많은 논쟁을 갖게 되었다. 이 용어가 반대자들의 화와 분노를 일으켰다. 그리고 때로는 이 용어가 그의 추종자들에 의하여 악용되기도 하였다. 한때는 그가 가르친 것을 크게 잘못 전함으로 인하여 원한이 생기기도 했다. 그래서 그는 동생 찰스에게 편지를 써서, "나는 어찌할 바를 모르겠다."라고 했다.[154]. 그리고 한 달 후에 동생에게 다시 편지를 썼다.

"우리가 세상을 향하여 완전을 계속 주장할 것인가? 아니면, 조용히 그만둘 것인가? 우리는 둘 중의 하나를 선택해야만 한다. 그리고 이는 빨리할수록 좋다고 생각한다."[155]

이는 그때의 기분이었다. 그러나 이는 한 달 동안이나 계속되었다. 이 위대한 작은 사람(웨슬리)은 펜을 들어 싸우기 시작했다. 그가 솔직히 좋아하지도 않은 완전이라는 어려운 용어 때문에 자신을 복잡하게 만들었다는 것은 더 한층 놀라운 일이라 할 것이다. 그는 윌리암 도드 박사(Dr. William Dodd)에게 편지를 썼다.

"이 용어(완전)는 내가 특별히 좋아하는 용어도 아니다. 이 용어는 나의 설교와 글에서 드물게 나타난다. 이 용어는 나의 반대자들이

---

154) *Letters*, v, 88.
155) Ibid., v. 93.

그 용어를 내가 사용한다고 하면서, 그 말이 의미하는 바가 무엇이냐고 묻는다."156)

그러나 그것이 진짜 이유는 아니었다. 그는 그 용어를 자신이 알고 있는 것 이상으로 사용하였다. 그 용어를 사용하는 이유는 여기에 있다. 곧 이 용어는 성경적이기 때문이다. 웨슬리는 성경의 용어를 대단히 중요시한다. 한번은 웨슬리에게 개인적으로 그리고 그의 어머니를 통하여 은혜를 입고 있는 메이트랜드 장군(General Maitland)의 부인이 이 문제에 대하여 웨슬리에게 편지를 써서 말했다.

"그것을 완전이라고 부르지 말고 은혜의 높은 상태라고 부르는 것이 더 안전하지 않겠는가?"

그에 대해 웨슬리는 다음과 같이 답변하였다.

"그 말(word)은 성경적이다. 그러므로 우리는 이를 반대할 수 없다. 만약에 우리가 이를 반대한다면, 이는 마치 성령을 학교에 보내서 하나님이 말하도록 가르치는 것과 같을 것이다."157)

그리고 그는 이어서 다시 설명하기를, 자기는 결코 절대적인 완전을 주장하지 않았고 단지 그가 정의하는 바의 죄, 곧 의지적으로 짓는 죄에서의 자유를 의미하는 완전이라고 말하였다.

그래도 어려움은 여전히 있었다. 그 교리의 용어 곧 완전이라는 말이 언급될 때마다 도전과 반대에 직면하였다. 아마도 그 용어를 풍자적으로

---

156) Ibid., iii, 167.
157) Ibid., iv, 212; cf. iii. 168.

묘사하려고 하는 모든 새로운 반대자들에게 웨슬리는 이 말(term)을 설명해야 했고, 또한 새로 들어온 추종자들은 바보스럽게 그 말의 품위를 떨어뜨리고 있는 것 때문에 피곤해졌을 것이다. 그들은 그를 마귀라고 불렀고,158) 다른 사람들은 자신을 천사들이라고 불렀다.159) 마침내, 그는 완전의 의미를 설명할 뿐 아니라 또한 완전을 너무 높게 주장하지 말라고 간청하는 입장에 몰리게 되었다. 우리가 앞에서 보았듯이, 그는 찰스에게 편지로 그런 말을 하였다. 윌리엄 도드 박사(Dr. William Dodd)에게도 말하기를, "내가 만약에 완전을 너무 높게 주장하면, 나는 사람들을 불필요한 공포로 몰아넣는 것이 된다."라고 하였다.160) 그는 페기 데일(Peggy Dale)에게 경고하며 말하기를, "만약 당신이 완전을 너무 높게 설정하면, 아무도 거기에 도달하지 못한다."라고 하였다.161) 그는 같은 말을 마취 여사(Miss J. C. March)에게도 하며, "그러면 완전은 이 세상에서는 얻을 수 없게 만드는 것"이라고 하였다.162)

그의 책 『기독자 완전에 대한 평이한 해설』에서 그는 분명히 말하기를, 완전을 성경이 설정하는 것 이상으로 높이 설정하면 안 된다고 하였다.163) 아무튼 그는 1762년에, 특별히 기독자 완전에 도달했다고 하는 사람들을 위하여 쓴 책, 『조심하라(Cautions)』에서, 자만, 영광주의,164) 율법무용론, 태만의 죄, 분열, 의복 같은 일에서 부주의에 빠지지 않도록 주의하라고 하였다. 바로 이런 경고, 그리고 이런 경고의 필요, 그리고 그 성격은, 모두 완전을 너무 높게 설정하지 않았다는 것을 드러낸다. 완전

---

158) Bishop Lavington, *The Enthusiasm of Methodists and Papists Compared*, Introduction, xxvi, Toplady's *Works*, I, 194.
159) *Letters*, iv, 192.
160) Ibid., iii, 168.
161) Ibid., v, 9.
162) Ibid., vi, 88.
163) *Plain Account*, 54, 61.
164) 여기에 상용된, enthusiasm은 18세기에는 "fanaticism"을 의미했다. cf. Lee, 37, 234.

했다고 주장하는 사람들은 그런 주장을 하지 않는 사람들이 느끼는 것 같은 기초적인 유혹을 아주 잘 알고 있다.

그렇지만 항상 생각하여야 할 것은, 완전에 대한 웨슬리의 견해를 살펴보면, 그는 완전을 사랑으로 설명하였다. 첫째로, 완전의 긍정적인 면은, 온 마음을 다하여 하나님을 사랑하고, 온 힘을 다하여 하나님을 섬기는 것이었다. 이 사랑은 단순한 감정이 아니라, 태도, 의지로써 마음에 다짐한 태도이다. 곧 이는 강건하고 객관적이며, 때로는 엄격한 태도를 의미한다. 이 사랑을 단순히 느낌과 같은 것으로 생각하는 것은 웨슬리의 견해와는 거리가 먼 것이다. 웨슬리는 거듭거듭, 이 사랑은 그런 것이 아니라고 주장하였다. 그는 토머스 올리버스(Thomas Olivers)에게 말하였다.

> "우리가 말하는 사랑은 단지 죄를 느끼지 않는다는 것이나, 또는 계속 평안과 기쁨, 사랑을 느낀다는 것이 아니다."165)

베니스 부인(Mrs. Bennis)에게 쓴 편지에서도 다음과 같이 말하였다.

> "성화(성결)의 상태에서 극히 중요한 것은, 한결같은 기쁨, 평안, 또는 하나님과의 행복한 교제가 아니라, 꾸준히 그리고 한결같이 하나님께 바쳐진 의지(will)이다."166)

또 아이를 잃고 슬퍼하는 바톤 여사(Mrs. Barton)를 동정하면서 이런 말을 하였다.

---

165) *Letters*, iii, 213.
166) Ibid., vi, 68.

"의롭다함이나 온전한 성화를 받았을 초기에 가끔 주어졌던 열광적인 기쁨은 큰 축복이다. 그러나 이런 것은 오래 계속되는 경우가 적고 곧 조용하고 평화스러운 사랑으로 가라앉는다."[167]

이와 같이 그는 항상, 완전의 본질은 사랑이라고 말했다.

(2) 그러나 이 사랑은 거대한 소극적인 면(결과)도 지니고 있었다. 곧 이 사랑은 죄(그가 정의한 죄 곧 의지적인 죄)를 그(완전을 받은 사람)의 마음과 삶에서 쫓아버렸다. 그리하여 그들은 죄를 범하지 않는다. 가끔, 그는 말하기를, 그들은 죄를 범할 수 없다고 하였다.[168] 그러나 그가 이런 말을 하는 많은 경우에 있어서는, 물론 그가 죄를 범할 가능성을 부정하는 것이 아니라, 그에게는 하나님께 한결같이 바쳐진 착실한 의지가 있다는 것을 강조한 것이다.

우리가 이렇게 본대로, 워필드(Warfield)가 웨슬리에게는 알고 지은 죄만이 죄라고 주장한 것은 맞다.[169] 그러나 여기에서, 사람이 자기에게 유혹이 오고 있다고 느낄 때, 그의 의지는 항상 잘해보려고 한다는 주장을 그는 여전히 옹호하고 있는 것이다. 그렇게 웨슬리는 가르쳤고, 그리고 그가 헌팅톤 백작 부인에게 말하였듯이, 천 명의 증인들이 이 말이 옳다고 입증하였다.[170]

그러나 "죄 없는 완전"이라는 말 때문에 그의 마음이 동요한 것은 놀랄 일이 아니다. 웨슬리가 정의한 죄의 관점에서 죄를 생각하며, 또한 그가 의미하는 완전의 관점에서는, 주저하지 않고 그렇게 말하였다.[171] 그

---

167) Ibid, vi, 269.
168) Ibid., iii, 213.
169) Warfield, ii, 591.
170) *Letters*, v, 259.
171) Ibid, ii, 226.

러나 다른 경우에 있어서는 그는 이 용어를 부인했다. 자기는 분명히 이해하지만, 다른 사람들이 달리 이해하는 이 어려운 말을 정의하며 또다시 정의하느라 피곤했다.172) 사실 그는 그의 『기독자 완전에 대한 해설』에서 다음과 같이 말하면서 어정쩡한 태도를 취하였다.

> "이에 대하여 논쟁할 가치는 없다. … 나는 이 말을 반대하지는 않지만, 나는 이 '죄 없는(sinless)'이라는 용어 사용하는 것을 주장하지 않는다."173)

그런데, 한번은 그의 같은 편지에서 이 말(term)을 물리치고 또한 다시 시인한 바가 있었다.174) 그러나 이는 그 한순간 그의 반대자들이 정의하는 완전을 허용하였기 때문이다. 그는 가끔, 의심할 바 없이, 그에 대하여 소란 피우는 일로 인해 혼돈되기도 했다. 그리고 사람이 60년 동안에 걸쳐 있었던 방대한 서간문에서 정확하고 일관된 정의를 그대로 정확하게 사용할 것을 기대하는 것은 적당하지 않다. 그러나 놀랍게도, 그는 일관성을 잘 지켰다. 이 문제에 대하여, 그의 일기문, 편지들, 그리고 소책자에서 언급한 것을 종합해 본 사람은, 웨슬리는 죄와 완전에 대한 그의 정의에 근거하여 "죄 없는 완전"이라는 용어를 사용하였을 것이라고 분명히 말해야 할 것이다. 그러나 그 말이 아주 잘못 해석되기 쉽기 때문에, 그는 그 말을 많이 사용하지는 않았다. 그리고 그 용어가 너무 쉽게 잘못 이해되기 때문에, 또한 그 용어가 조합되어 그가 그렇게 말한 것처럼 사용될 수 있기 때문에, 웨슬리는 이 표현을 많이 사용하지 않았다. 웨슬리에 의하면, 그리스도인은 죄를 범하지 않을 정도로 아주 완전한 것이다.175)

---

172) Ibid., ii, 280.
173) *Plain Account*, 88, 136.
174) *Letters*, iv, 213.
175) *Plain Account*, 19, 22.

여기에 있어 성결을 가르치는 현대 성결 그룹에서 뜨겁게 논쟁이 되는 문제, 곧 이 고귀한 성결을 체험한 신자들 안에는, 죄가 근절되었는가 아니면 죄가 억압당하고 있는가의 문제에 대하여 웨슬리가 어떤 태도를 취하였을까 하는 문제를 언급하지 않고 지나갈 수는 없다. 이 문제는 아직도 활발하게 논의되고 있고, 이에 관한 책자들도 많이 나왔고, 논쟁이 계속되고 있다. 그들은 그리스도인이 죄를 범하지 않을 정도로 완전하다는 데는 일치한다, 그러나 과연 죄가 뿌리째 뽑혔는가 아니면 아직 남아 있는가에 대하여는 의견을 달리하고 있다.

웹 페플로 목사(The Rev. Prebendary Webb-Peploe)는 1895년에 있은 케직 사경회에서 다음과 같이 말하였다.

> "존 웨슬리가 말한 것처럼, '악한 뿌리, 육적인 마음은 내 안에서 말살되었다(destroyed)'는 말들을 읽을 때, 나는 어느 사람이, 하나님의 말씀에 대한 성령의 가르침을 가지고, 그렇게 자신을 속이고, 또한 다른 사람을 속이려 하는가 하고 놀라게 된다. 내가 생각건대는 우리가 하나님의 말씀을 공부하고, 이 땅에서 죽을 몸을 가지고 있는 동안에 사람이 죄에서 해방될 수 있다고 경험적으로 상상할 수 있다는 것은 무지(blindness)의 기적이다."[176]

다른 한편, 1936년에, 저자 사후에 출판된, 새무얼 채드윅(Samuel Chadwick)의 책, 『기독자 완전에의 부름(The Call to Christian Perfection)』에서는 '죄의 근절(eradication)'은 가능한 것이라고 격렬하게 주장하고, 죄를 '진압(subjugation)'한다는 것은 그리스도인이 진정으로 기대할 것이 결코 아니라고 말하고 있다.[177]

---

[176] Reader Harris, *Is Sin a Necessity?*, 11.
[177] Chadwick, *The Call to Christian*, 46.

이런 논쟁은 새로운 것이 아니다. 다른 많은 것들이 그랬듯이, 이 논쟁도 웨슬리에 돌아가 논의되고 있다. 그러나 논쟁되고 있는 말들, 곧 죄의 '근절'이냐 아니면 '죄가 억압받고 있다(suppression)'는 것이냐, 또는 죄의 '소멸(extinction)'인가 아니면 죄의 '정지(suspension)'인가의 용어들을 가지고 벌인 논쟁은 웨슬리 시대에는 없었지만, 이 논쟁의 본질은 같은 것이다.

그리고 웨슬리가 이 논쟁에 직접 관여하지는 않았지만, 웨슬리는 죄의 소멸(extinction) 편에 속한다. 그가 메이틀랜드 여사(Mrs. Maitland)에게 쓴 편지에서 말하기를 "죄가 정지되었는가 아니면 소멸되었는가에 대하여 나는 토론하지 않겠다."고 하였다.[178] 그러나 그 후에 결국 그는 이 문제를 토의하게 되었고, 죄의 소멸 편을 들게 되었다. 이는 놀라운 결론이었고, 이는 성경 말씀과 일치하지 않는 결론이라고 느끼는 사람들에게, 그런 결론은 웨슬리가 성경 여기저기에 있는 말씀에 집착해서 그리 말한 것이라고 해야 할 것이다. 그는 벤슨(Joseph Benson)에게 다음과 같이 편지했다.

> "하나님과 이웃을 향한 사랑은 선한 성향이 아닌가? 이것들이 우리 영혼을 지배하고 있는 한, 반대하는 성향인 세상적인 생각, 원한, 잔인함, 복수심은 소멸된 것이 아닌가? … 내가 '소멸되었다(destroyed)'는 말을 사용한 것은 사도 바울이 그렇게 표현했기 때문이다. 나는 '죄가 저지되었다(suspended)'는 표현을 성경에서는 발견할 수가 없었다."[179]

이 소멸되었다(destroyed)는 말은 로마서 6장 6절에 나오는

---

178) *Letters*, iv, 213.
179) Ibid., v, 203f.

καταρηθη의 번역이다. 신약 성서에 나오는 이 말, καταρψεω는 (히브리서 2장 14절을 제외하고는 바울만이 사용했는데) 헛되고 거의 없어짐을 나타내는 말이다. 웨슬리는 이 원어가 '소멸되었다'고 의미하는 뜻을 왜곡하지 않았다. 그러나 이 말은 ινα를 사용하여 가정법으로 기록되었기에, 이 문장은 그 목표를 분명히 보여주고 있다고 읽어야지, 그 목표가 이미 성취된 상태를 말하고 있는 것이 아니다. 그런데 이상하게도 웨슬리는 그의 『기독자 완전에 대한 해설』에서 로마서 6장 6절을 인용하고 있지 않다.

(3) 우리는 이미 찬미들에서, 신자의 영혼에 사랑이 주입되는 결과로 죄가 배제됨은 믿음에 대한 하나님의 은혜요, 그리고 이는 순간적으로 일어난다고 말한 것을 보았다. 이 웨슬리의 가르침과는 생소한 일들에 대해, 우리는 종교보다는 매력에 대해 더 음미할 수 있는 듯하다. 그리고 웨슬리는 그 말에 분개하지 않았을지도 모른다. 그는 그것을 은혜의 기적으로 인정하였다. 이는 사람의 노력의 대가도 아니요, 수고해서 얻은 것도 아니다. 이는 진실로 믿는 마음에서 순간적으로 강하게 역사한 하나님의 사역이었다.

오늘날 성결을 가르치는 사람들은 완전을 성령과 연관시켜 설명하고 있다. 그들은 완전을 '두 번째 은혜(second blessing)'라고 부르면서, 이를 칭의와 구분시키고 있다. 그리고 종종 완전을 성령 충만(곧 성령을 충만히 받는 것)이라고 설명하고 있다. 그들은 영어 성경의 사도행전 19장 2절에 대한 잘못된 해석에 근거하여, 제자들이 처음으로 그리스도를 영접했을 때와 성령을 받은 때 사이에는 일정한 간격이 있다고 주장한다.[180] 그리고 신자들에게 오순절을 체험하라고 재촉한다.

그래서, 웨슬리는 '두 번째 은혜'라는 말을 한 번 이상 사용하였다. 그

---

180) Brice, *Pentecost*, 12f.

러나 그는 그것이 성령의 각별한 역사라고 말하기를 주저하였다. 그러면, 성령이 일찍이 그 전에 이미 역사하지 않았던 것처럼 보이는 인상을 주지 않기 위해 그렇게 말하기를 주저하였다. 그래도 그는 '두 번째 은혜'라는 말을 사용하였다. 제인 살켈드(Jane Salkeld)에게 말하였다.

"믿는 어린 성도들에게 두 번째 은혜를 받는 기회(the time)를 지체하지 말고 서두르라고 권하라."181)

앤 볼턴(Ann Bolton)에게도 편지하여 말했다.

"분명히 사람이 어떤 것을 두 번째로 깨우침을 경험하고, 그리고 타고난 죄에서 벗어나려고 신음하며, 그 죄를 느낌으로 깨달을 것이 현재 성화라고 그들에게 말할 필요 없다."182)

헤티 로우(Hetty Roe)가 이 은혜를 받았는가 아닌가를 알아보기 위하여, 그는 다음과 같은 질문을 하였다.

"그대는 당신의 의지를 전적으로 하나님께 바쳐서, 당신은 모든 일에 있어 하나님의 뜻에 저항하는 것이 없는가? 당신에게는 자만하는 기색이 없는가? 허영심이 남아 있지는 않은가? 자랑하고 깊은 생각 또는 비난의 두려움은 없는가? 당신은 하나님의 사랑의 임재를 꾸준히 느끼며 기뻐하는가?"

그리고 이어 말하였다.

---

181) *Letters*, vi, 333.
182) Ibid., vi, 144f.

"첫사랑과 순수한 사랑 사이에는 무슨 다름이 있는가?"[183]

그렇지만 웨슬리의 생각에는 이 두 번째 은혜가 성령을 받는 것으로는 잘 설명되지 않는다. 그는 벤슨(Joseph Benson)에게 다음과 같이 편지로 말하였다.

"모든 열정과 근면을 가지고 형제들을 격려하라. ⑴ 그들이 얻었다는 것에 대하여, 즉 그들이 피 흘리신 주님을 믿음으로 말미암아 모든 죄에서 용서를 받았다는 것에 대하여. ⑵ 그들이 두 번째의 변화 곧 그를 통하여 모든 죄에서 구원받고 사랑으로 완전하게 될 것을 기대하는 일에 대하여, 격려하라. 그들이 이것을 성령 받음이라고 부르고 싶으면, 그렇게 부를 수 있게 하라. 그러나 그들이 의롭다함을 받았을 때, 모두가 성령을 받았고, 그때 하나님은 그의 아들의 영을 그들의 마음에 보내사, 아빠 아버지라고 부르게 하였다. 그러기에 그 말(phrase)은 성서적이 아니고 적절하지 않다는 의미이다."[184]

그러나 웨슬리는 두 번째 은혜가 임할 때는 이는 순간적으로 임하는 것이라고 주장하였다. 가끔 그는 (그가 그리스도 안에서의 새 생명을 강조하기를 원할 때는) 출생의 유추법(analogy of birth)을 사용하며, (그가 우리의 육에 속한 성질의 파멸을 강조하기를 원할 때는) 죽음의 유추법을 사용하면서, 웨슬리는 그에 앞서서 성장이 있고 또한 그 후에도 성장이 있다고 강조하였다. 그리고 이 높은 영적 생활에 있어 출생과 죽음은 육

---

183) Ibid., vi, 217.
184) *Letters*, v, 215,

신의 경우에 그렇듯이 순간에 이루어지는 큰 사건이며, 그 사건이 있은 날짜와 시간도 알 수 있으며, 이는 '지금'일 수도 있다고 말하였다. 그는 (웨슬리가 죽을 때 그 장소에 함께 있었던) 리치(Miss Ritchie)에게 1782년 1월 19일에 쓴 편지에서 다음과 같이 말하였다.

"타고난 죄에서의 완전한 구원은, 특별한 은혜가 아니고서는, 설교나 기도로써 강조하기가 쉽지 않다. 브라운(Honest Isaac Brown)은 우리가 이 땅에서 모든 죄에서 구원받을 수 있다는 교리를 확실히 믿는다. 그러나 내가 바라기는, 그에게, 기회가 된다면, 당신이 그가 (1) 기독자 완전을 계속 강하게 그리고 명료하게 설교하라고, (2) 분명하게 그 은혜는 지금 받을 수 있다고 강조하고 증명하라고, 그리고 (3) 이 은혜는 믿음으로 받는 것이라고 격려하여 주기를 바란다."[185]

그는 아서 킨(Arthur Keene)에게 다음과 같이 편지하였다.

"은혜의 점진적인 역사는 칭의와 성화에 앞서 항상 있다. 그러나 칭의나 성결 자체는 순간적인 사건인 것이다. 범죄 사실과 죄의 세력을 점진적으로 깨달은 후에, 당신이 순간적으로 의롭다함을 받은 것과 같이, 또한 당신이 타고난 죄에 대하여 점진적으로 더욱 깨닫게 된 후에 순간적으로 거룩해질 것이다. 그리고 그것이 얼마 만에 있을 수 있냐고? 왜 지금 있을 수 없는가?"[186]

또 그는 조지 기븐(George Gibbon)에게 다음과 같이 편지하였다.

---

185) Ibid., vii, 102f. My italics.
186) *Letters*, vii, 222. My italics.

"강력하게 그리고 분명하게 신자들에게 완전을 추구하라고 권하며, 완전한 사랑을 단순한 믿음으로 기대하라고 격려하며, 지금 그 은혜를 기대하라고 권하는 것이 우리의 의무이다." 187)

세인트 네오츠(St. Neots Hunts)의 신도회를 책임지고 있는 사라 루터(Sarah Rutter)에게 그는 다음과 같은 글을 보냈다.

"점진적인 성화는 당신이 의롭다함을 받은 때로부터 시작할 것이다. 그러나 죄로부터 온전한 석방은, 내가 믿기로는, 항상 순간적이다. … 나는 그와 다른 것은 알지 못한다."188)

그는 이런 큰 변화(성결)가 사람의 노력이나 업적의 열매로 가능할 것이라고 인정하지 않을 것이다. 그는 헤스터 로우(Hester Roe)에게 쓴 글에서 말하기를, 이는 자기의 가르침을 반대하는 사람들의 주장이라고 하였다.

"이와 같이 나를 반대하는 사람들은 모두 성화를 행위로 구하고 있다. 만약에 성화가 행위에 의한다고 하면, 그런 일을 해야 할 시간이 필요할 것이다. 그러나 성화가 믿음으로 얻게 된다면, 이는 한순간이 천년과 같다는 것이 분명하다."189)

그러나 이 큰 변화가 한순간에 일어나는 것이지만, 웨슬리는 이 한순간

---

187) Ibid., vii, 267; cf. *Plain Account*, 49.
188) Ibid., viii. 190.
189) Ibid., vii, 98.

의 역사가 영원히 지속되는 것은 아니라고 생각한다. 그는 칼빈주의자들의 "성도의 견인(Perseverance of the Saints)" 교리를 반대하였다. 그에 의하면, 기독자 완전은 거기서 타락할 수 있고, 그리고 거기에서 다시 회복될 수 있는 것이다. 그는 베니스 자매(Sister Bennis)에게 다음과 같이 편지에서 말하였다.

> "여러 해 전부터, 나는 이 은혜를 받아 즐긴 사람이 이 순수한 하나님의 사랑을 잃어버리면, 그들이 죽기까지 이 은혜를 다시 회복하여 즐길 수 없을 것이라고 생각하고 있었다. 그러나 경험을 통하여 나는 보다 좋은 교훈을 얻게 되었다. 지금 우리는 한때, 이루 말할 수 없는 이 축복을 잊어버렸던 사람들이 지금 거기서 회복되어 과거보다 더 크게 그 축복을 즐기고 있는 많은 경우를 보고 있다."[190]

사실, 성결은 한순간 한순간의 삶이다. 그래서 웨슬리가 "성화의 하나의 상태"[191]에 대하여 말하기를 싫어하게 된 이유이다. 왜냐하면, 그런 표현은 성화가 마치 한순간의 믿음에 의하여 얻어진 영구적인 것 같다는 인상을 주기 때문이다. 한순간의 믿음은 그 순간에 완전한 사랑을 받는 것이며, 또한 (영원이 아닌) 그 순간 죄에서 석방을 받는 것이다. 그러므로 이는 '지금'이요 그리고 또 '지금'의 일인 것이다. 그리하여 제자들이 은혜와 믿음에서 성장함에 따라, 이 '지금'이 연속되는 것이다."[192] 그래서 웨슬리는 그의 추종자들이 매 순간 사랑의 은혜를 기대할 필요가 있다는 것을 강조하는 데 관심을 가지고 있었다.

---

190) Ibid., v, 138.
191) *Letters*, v, 265
192) *Sermons*, ii, 460(footnote)..

그는 새무얼 바들리(Samuel Bardsley)에게 강권하기를, 그의 설교에서 이를 강조하여 "매 순간 온전한 구원을 기대하라"[193]고 하였다. 그는 존 메이슨(John Mason)에게도 같은 글을 썼다. 너는 "모든 신자가 매 순간 완전을 추구하고 그리고 매 순간 죄에서의 석방을 기대하라고 강조해야 한다."[194] 웨슬리의 가르침을 이해하기 위해서는 이의 중요성을 과장해서 말하는 것도 괜찮을 것이다. 만약에 한순간의 강한 믿음이 평생 완전을 얻게 한다고 말한다면, 이는 그의 교리를 왜곡한 것이다. 이 고귀한 경험을 즐기는 사람은 큰 부담 없이 산다, 그러나 그는 순간순간 그렇게 사는 것이고, 순간순간 사랑을 받으면서 사는 것이다.

(4) 더 나아가서 이 이 축복을 받은 사람은, 이 사실을 안다. 신자는 거의 다 자기 영혼에 이 큰일이 일어난 것을 안다. 웨슬리는 그가 엘리자베스 베이커(Elizabeth Baker)에게도 이것을 물어보았다.

"당신은, 당신이 타고난 죄에서 구원받았다는 것에 대해 분명하게 직접적인 증거를 받고 있는가? 그러면 언제? 그리고 어떻게?"[195]

이에 대하여 웨슬리는 그가 토머스 올리버스(Thomas Olivers)에게 쓴 편지에서 설명하고 있다.

"(아무튼 통상적으로) 그 같은 경우에 주어진 열매 가운데 하나는 성령의 증거이다. 곧 역사가 이루어졌다. 저들은 타락할 수 없다, 저들은 죄를 범할 수 없다는 성령의 직접적인 증거이다."[196]

---

193) *Letters*, v, 290.
194) Ibid., vi, 66, cf. Rogers, 46.
195) Ibid., viii, 181.
196) Ibid., viii, 213.

그리고 그는 마취 여사(Miss J. C. March)에게 말하였다.

"이 순수한 사랑을 차분하게 즐기는 일은, 이에 대한 성령의 직접 증거 없이는 오래 지속될 수 없다."197)

웨슬리가 그것은 느낌일 뿐이며, 사람들이 약간의 우월감을, 그리고 양심의 둔감함을 가지게 하기 쉬운 느낌이라고 말한 것처럼 생각하는 것은 공평하지 않을 것이다. 여기에는, 사람이 이 큰 은혜가 그에게 주어졌는가, 아닌가를 판단할 윤리적 검증들이 있다. 만약 그에게서 죄가 극복되고 새롭게 태어난 확신이 주어졌다면, 그 사람이 스스로 속는 일은 없을 것이라고 웨슬리는 믿었다. 이에 대해 그는 다음과 같이 말했다.

"만약 사람이 의롭다함을 받은 후에, 타고난 죄(inbred sin)에 대해 충분히 깊이 깨달았다면; 그리고 만약 죄가 점진적으로 극복되어 가는 것을 경험하고, 그 후에 하나님의 형상이 전적으로 새로워진 것을 경험한다면; 또한 만약 이 변화에 대하여 전에 의롭다함을 받았을 때 있었던 것보다 더 분명한 직접적인 증거가 있다면, 나는 그 사람이 그것을 믿지 못하거나, 또는 하나님이 속인 것이라고 생각하는 것은 불가능하리라고 판단한다. 그리고 내가 진실한 사람이라고 알고 있는 사람이 이 일에 대하여 증언한다면, 나는 어떤 충분한 이유 없이는, 그의 증언을 거절하지 않아야 한다."198)

가끔 웨슬리는 쉽사리 믿는 사람이라고 생각했다. 한번은 그의 동생

---

197) Ibid, vi, 88.
198) *Works*, xi, 4002.

찰스가 "나의 형은, 내가 생각하기는, 특별히 신분이 천한 사람들을 위하여 태어난 사람이다."라고 말했다. 존은 찰스의 그런 의견을 알고 있었다. 그래서 한 번 이상 그것에 대하여 말하였다. 새무얼 펄리(Samuel Furly)에게 다음과 같이 말하였다.

> "내 동생은 열 번이나 나에게, '형은 (남의 말을) 쉽사리 믿는다'고 말하였다. 그래서 내가 그에게 실제 있은 그런 일들을 말해 보라고 하였다. 그는 아무것도 드러내 말하지 못하였다. 다른 사람도 드러내 말하지 못하였다. 진실로, 나는 그런 시기와 의심을 무시하고, 지옥 불을 싫어하듯 싫어한다. 그러나 나는 크건 작건, 적절한 증거가 있는 것들 이외는 믿지 않는다."[199]

웨슬리는 쉽게 속아 넘어가는 사람이 아니었다. 그가 유령[200]과 요술[201]을 믿었다고 하는 이야기는 우리가 여기서 다루고 있는 주제와는 관계가 없어서 더 이상 논의하지 않겠다. 웨슬리의 관대한 마음은 저들이 말하는 전설에 대하여 최선의 해설을 붙이는 경향은 있었지만, 거기에 쉽게 속았다는 증거는 별로 없다. 완전한 사랑의 은혜를 체험했다는 그의 추종자들을 시험하기 위하여, 그는 그들에게 그 체험을 할 때 사람의 마음이 그릇되게 왜곡된 것을 알았는가, 라고 질문을 하였다. 그리고 또 저들이 그의 동료들과 교류를 잘하고 있는가를 물어보았다.

그것이 약점이었다고 하면, 그것이 바로 웨슬리의 약점이다. 이는 그의 위대한 덕행에 의해 생긴 그림자였다. 그는 진리를 사랑하였다. 그는 어려서부터 진리와 이성을 존경하도록 교육을 받아왔다. 그의 아버지가 한

---

[199] *Letters*, viii, 272; cf. *Hampson's Life of Wesley*, ii, 138.
[200] *Journal*, v, 265-275; *Letters*, vii, 139.
[201] *Letters*, vii, 300.

번은 말하기를, "나는 잭키가 그에 대한 이유를 알기 전에는, 그의 생활에 긴급한 일들에도 관심을 쏟지 않을 것이라고 생각한다."고 하였다. 그에게는 논리가 단순한 하나의 규율이 아니었다. 논리는 하나의 즐거움이었다. 그는 늘 자아 검증을 통하여 엄격하게 자신을 검증(test)하였다. 그리고 그는 다른 사람들도 자신의 마음과 생활을 들여다볼 때, 그와 같은 검증을 자신을 위하여 하기를 기대하였다.

웨슬리는 사람들이 완전한 사랑의 은혜를 받았고 면밀한 교리문답에 합격했다고 주장할 때, 그들의 생애에 어떤 윤리적 부정이 없으면, 그들의 주장을 믿었다. 그들이 모든 일에서 하나님의 뜻과 일치한다고 느끼고, 교만하지 않고, 사람을 원망하거나 찬양하는 것 없이 살고, 또한 하나님의 임재를 꾸준히 느끼고 있다면, … 신약성서에서 하나님이 할 수 있다고 말씀하신 그 기적을 하나님이 하셨다는 것을 부정할 자가 누구인가? 웨슬리는 자기 자신의 일에 대하여는 엄격하였다. 웨슬리에게, 당신은 추종자들이 자신에게 시행한 시험보다는 너무나 더 엄격한 시험을 가하고 있다고 납득시키려는 것은 쓸데없는 일이었을 것이다. 웨슬리는 그들의 증언을 인정하고 하나님께 영광을 돌렸다. 매들리 플레처(Fletcher of Madeley)가 그 은혜를 받았다고 겸손히 선언할 때, 웨슬리는 그와 같은 주장을 하지 않았다. 다만 그는 주를 찬양하면서 하나님은 어쨌든 간에 죄인인 인간에게 그런 일을 하실 수 있다고 말하였다. 그리고 그의 의견은, 성인과 같은 그 사람에 대한 첫 전기작가로서, 플레처에 대하여 그는 "그리스도인 이상이었고, 그는 그리스도와 같이 경건했다"[202]고 말한 그 성자의 제자들의 의견과 같았을 것이다.

완전을 주장한 사람들은 다 플레처와 같지 않았다. 그리고 웨슬리가 인정한 대로, 완전을 주장한 일부 사람들이 "완전이라는 그 용어가 바로

---

202) Abbey and Overton, *The English Church in the Eighteenth Century*, 113.

남에게 미움을 받게 만들었다."203)

(5) 웨슬리의 생각에는, 사람이 순간순간 의식적인 죄에서 벗어나며 사랑의 삶을 이 세상에서도 가질 수 있다는 것은 아주 분명한 것이었다. 하지만, 사람들 가운데 어떤 사람은 이는 이 세상을 떠난 후에나 있는 것이 아닌가 하고 마음속으로 생각하고 있는 듯하다.

이는 중요한 문제이다. 우리는 이 문제를 자세히 살펴보아야 한다. 궁극의 이상(the ideal)은 개인주의적인 것이 아니었다. 친교가 메소디스트 신도회에서의 생활의 그물망(web)이었다. 그리고 교우들이 서로 격려하며 완전한 사랑의 은혜를 얻고자 하는 일은 메소디스트의 속회모임(Class Meeting)과 밴드모임(Band Meeting)을 통해서 이루어졌다. 밴드그룹(Band Society)에 가입하기를 원하는 사람들은 서로 이렇게 질문하게 되어있었다. "당신은 자신의 잘못을 고백하기를 원하는가? 당신은 자신의 잘못을 분명하게 그리고 통렬하게 말하기를 원하는가?" 그런 엄격한 질문들을 바로 거기서 했다. 그런 질문을 통하여 타고난 죄의 깊이를 들어내기를 희망했으며, 아직 온전히 성결하지 못한 영혼이 완전으로 나가도록 격려하기를 바랐던 것이다.

숭고한 목적은 지상에서의 삶을 위한 것이었다. 이는 개인만을 위한 것이 아니었다. 그런데, 이상하게도 이 세상에서의 것이 아닌 것으로 되고 말았다. 어떤 면에서, 이를 갈망하는 사람들이 자기 삶 주변의 일을 돌보지 않았다. 그들의 복음적 신앙은 "세상을 사랑하지 말라"는 사도 요한의 권면을 진지하게 생각하게 하여, 관념적인 수도원에 물러서게 하였다. 어떤 면에서, 그들은 세상을 부인하였다. 그들은 이 세상은 우리가 살 곳이 아니라고 하였다. 우리가 이미 보았듯이, '성경 한 권의 책'이 되고자 하는 웨슬리의 명백한 목적은 "하늘나라에 가는 길을 발견하고자 하

---

203) *Letters*, v, 38.

는 데" 있었다. 일을 설계하며, 일하면서 사는 사람들의 관심 중 거의 절반은 그들의 영혼을 위해 초기 메소디스트의 일에만 한정되어 있었다. 그들에게는 이 세상의 아름다움에는 큰 흥미가 없었다. 그래서 그들은 허비(Hervey)가 쓴 『무덤 사이에서 느끼는 생각(*Meditations Among the Toms*)』에 대하여서는 별로 흥미가 없었다. 웨슬리는 이 세상을 좋게 본다는 점에서 당시의 복음주의 저자들 가운데서는 독특했다고 볼 수 있다. 웨슬리의 일기를 보면 자연의 아름다움에 대한 아주 단조로운 언급이 이어지고 있다. 그는 말을 타고 책을 읽으면서, 그가 종종 그랬듯이, 책에서 본 자연의 아름다움을 수천 번 보았다.

어떤 역사학자들은 18세기의 복음 부흥운동의 지도자들은 사람의 몸에 대한 관심이 없었다고 했다. 그러나 그런 비판은 잘못된 것이다. 그들은 사람의 몸에 대하여 깊은 관심을 가지고 있었다. 그들은 여러 자선 사업을 하였다. 고아원, 병원, 무료 진료소, 양로원, 융자 기관 등, 그 외에도 많은 자선 사역을 하였다. 또한 노예제도, 밀수단, 폭음, 감옥의 나쁜 환경, 그리고 그들이 아는 모든 비행을 없애고 시정하기 위해 싸웠다. 이는 진실로 중요한 사회 개량 사업이었다. —존 웨슬리에게서 영감을 받은 샤프츠베리 상원의원(Lord Shaftesbury)도 함께[204] 일하였다. 그런데 그들은 공동 사회적으로 건설적이 못 되었으며 또한 그들에게는 위대한 기독교의 사회정신이 없었다고 불평하는 것은, 이는 마치 그때의 시대정신을 알아채지 못하고 비난하는 것이며, 그들이 한 세기 또는 두 세기 후에 태어나지 않은 것에 대하여 비난하는 것과 마찬가지다.

우리가 추구하고 있는 진리는 이보다 더 깊다. 초기 복음주의자들은 우리가 사는 이 세상에서의 하나님의 목적을 보지 못하였다. 그들은 이 세상을 하나의 학교, 또는 순례의 장소, 또는 (영국의 시인 키츠가 말하

---

[204] Bready, *Lord Shaftesbury and Social-Industrial Progress*, 389.

는 것보다 명백하게) "영혼이 생기는 골짜기"[205] 곧 그들의 영원한 운명에 영향을 주는 것 이외에는 다른 의미나 관계가 없는 곳으로 생각하였다. 그들은 후대의 찬미를 시대정신을 가지고 부를 수 없었다.

"베짜기, 철공장 그리고 시장은 당신의 것이다.
땅과 바다의 부요함, 그리고
과학과 예술의 세계도 당신의 것이다.
그들은 모두 당신(하나님)에 의하여 드러나 보였고
지배되고 있다."

기독자 완전에 대한 연구를 하는 동안 내내, 그들이 상상했듯이, 이 분리(divorce)가 나타난다. 일(work)과 예배(worship)는 그룹을 이루지 않는다. 초기 찬송가들에는, 매일 일로 하나님을 섬길 수 있고 나태함은 큰 죄였다고 하지만, 사람의 고역(toil)에 관한 찬송과 기도의 관한 찬송을 동일시하는 것은 하나도 없다.[206] 삶의 한 부문은 '거룩'한 것이라고 여겨졌지만, 그 외의 나머지는 세속적인 것이라고 경멸당하는 경우가 흔히 있었다. 심지어 사람이 불가피하게 이 세상에서 살기 위해 일을 했을 때도, 그들은 자기들이 한 일에 주의를 하지 않고 경건한 눈으로 그 일에 영적인 뜻을 부여하며 거기에 있는 도덕적 의미를 발견하려고 하였다.

찰스 시메온이 1784년 마지막 날에 이르러 플레처를 방문하였다. 그때 시메온은 25세였고, 캠브리지 대학의 킹스 대학(King's College, Cambridge)의 대학원생이었다. 그리고 그에게는 벌써 앞으로의 할 일이 약속되어 있었다. 그는 플레처의 거룩함에 관한 풍문에 의하여 매혹되어

---

205) *The Letters of John Keats*, 326(Forman Edn.).
206) 자세히 살펴보면 두 찬송가가 예외인 듯하기도 하다. "Servant of all, to toil for man"(313). 그리고 "Forth in Thy name, O Lord, I go"(315). cf. Rattenbury, *The Evangelical Doctrines of Charles Wesley's Hymns*, 275ff. 이하 생략(역자).

있었다.

그의 짧막한 방문 동안에, 그는 플레처와 함께 산책하다가, 두 사람은 철 작업장(iron-works)에 들어갔는데, 거기서 시메온은 플레처가 모든 것을 영적으로 돌리며 영적 도움을 주는 그의 능력을 보고 감명을 받았다. 철판에서 쇠를 망치질하는 사람을 향하여 그는 "오호! 하나님께서 당신의 그 굳은 마음을 망치질하도록 기도하시오"라고 말하였다. 또 쇳조각을 불로 달구는 사람을 향하여는 "아하! 이는 하나님께서 그의 자녀들을 재난의 화덕에서 시련을 겪게 하는 것 같군요." 하고 말하였다. 그리고 화덕(furnace)을 끄집어내는 사람을 향하여는 "보라, 토머스, 당신도 그와 같은 화덕을 만들 수 있다. 그리고 하나님께서 불경건한 영혼들을 위하여 어떤 화덕을 만들 수 있을까를 생각해 보라."고 속삭였다.[207]

쇠는 쇠 자체로서는 대수롭지 않다. 세상에서의 일은 모래성을 짓는 것과도 같다: 그것은 시간이 지나면 없어질 것이다. 영혼의 건강이 가장 중요한 것이 아니다; 그저 중요하다. 영혼의 정열적인 건강을 얻기 위하여 사람은 성결을 추구해야 했고, 그리고 세상 안에 있는 하나의 세상에서 살아야 했다.

그들은 활기 넘치는 가운데 노래를 불렀다.

"우리는 무덤에 머물러 있기를 원하지 않는다.
또한 서원과 감사에 의해 감금된,
캄캄한 수도원의 독방에도 머물러 있기를 원하지 않는다."[208]

그렇지만 갈망하는 사람들은 항상 세상을 정복하기보다는 세상을 피하는 것이 더 쉬운 것임을 보았기 때문에, 개신교 순례자들의 생활은 마

---

207) *Christian Miscellany*, 1848, 326.
208) Hymn 512, v, 4(1780 Edn).

침내, 감사에 의하여서가 아니라, 서원에 의하여 얽매였다는 것은 곧 그들이 심적으로 수도원의 독방에 빠지게 된 것과 같다. 그들은 특히 쾌락을 경계하였다. 그들은 오락,[209] 춤추는 일,[210] 극장,[211] 소설문학,[212] 예술,[213] 예새치한 의복,[214] 알코올, 코담배, 술,[215] 그리고 영적으로 덕이 안 되는 대화[216] 등을 회피하였다. 그들이 왜 그랬는가를 이해하기란 어렵지 않다. 그들은 그런 쾌락의 대부분은 죄와 밀착되어 있다고 생각했던 것이다. 그러나 웨슬리 자신은 그런 일에 완전히 얽매어 있지 않았다. 웨슬리는 가끔 저녁에 음악회에도 갔다. 그리고 그는 의약, 수학, 논리 그리고 전기와 같은 여러 가지 일에 깊은 관심을 드러내고 있다. 웨슬리는 실제로 셰익스피어의 글에 자기의 손으로 주석을 단 것을 남기기도 하였다. 그러나 시티로드 교회에 있는 그의 후계자 중 하나인 존 포슨(John Pawson)은, 셰익스피어는 종교적 교화에 공헌하는 것이 없는 것이라 하여 그의 글을 태워버렸다.

이제 웨슬리의 기독자 완전에 대한 우리의 결론을 요약해도 될 것 같다. 결국, 기독자 완전은 우리 마음에서 모든 의식적인 죄를 몰아내는 사랑이 내주하는 것으로서, 이는 한순간에 믿음으로 받는 것이며, 순간순간 겸손히 하나님을 의지함으로 유지되는 것이다. 이 은혜는 아시다시피 이 세상에서의 삶에서 얻을 수 있는 것이며, 그래서 사람은 일상생활과는 달리 근신하면서 사는 것이다.

---

209) *Works*, xiii, 251.
210) *Letters*, vii, 227f. cf. vi, 47; Rogers, 17.
211) *Works*, vii, 34; viii, 354.
212) *Letters*, vii, 228. 앞의 그의 글은 생략함(역자).
213) *Journals*, v, 69, 444.
214) Rogers, 23.
215) *Letters*, v, 133.
216) Rogers, 212.

이 가르침이 어떤 의미에서 존 웨슬리의 독창적인 것이라 할 수 있는가? 이 교리가 그 표현에 있어서 독창적이라 한다면, 그가 이를 신약성경에서 직접 가져왔다는 것인가, 아니면 그가 자주 하고 있는 절충방식에 의한 또 하나의 산물인가? 셀 박사(Dr. G. C. Cell)는 이 교리는 웨슬리안 종교개혁의 편견이 아니라, 개신교의 은혜 윤리와 가톨릭의 성결 윤리를 창의적으로 유일하게 종합한 것이라고 주장하였는데,[217] 그렇게 믿는 학자들이 옳은 것인가?

엄프리 리 박사(Dr. Umphrey Lee)는 웨슬리에 대한 연구에 있어 여러 면에서 셀 박사와 의견을 달리한다. 그러나 그는 셀 박사의 이 견해에 대하여 평하면서 "이는 현명하고 올바른 관찰이다"[218]라고 하였다.

과연 이 견해가 "현명하고 올바른 관찰"[219]인지 아닌지를, 그리고 또 웨슬리가 개신교의 교리와 가톨릭의 교리를 종합한 다른 것이 있는지 어떤지를 다음 장에서 살펴보고자 한다.

---

[217] Cell, 347.
[218] Lee, 190.
[219]

제11장
이 교리는 종합된 것인가?
(Is the Doctrine a Synthesis?)

여러 해 동안 웨슬리안 학자들은, 웨슬리의 1738년 5월 24일에 그의 가슴이 뜨거워졌던 그 경험이 얼마나 중요한가에 대하여 논쟁하였다. 전통적으로 메소디스트들은 이 사건의 중요성을 대단히 강조해 왔다. 이 세기 동안 이 사건은 웨슬리의 추종자들에 의해 이는 그의 회심의 시간이었고, 또한 그들이 생각하기로는, 웨슬리의 영적 순례에서 매우 중요한 날이었다고 묘사됐다. 영국 메소디스트들은 국가에 대한 성실한 사랑이 있다. 그래서 지금 5월 24일과 연결된 국가적 축하 행사도 그들이 오늘까지 경건하게 관여하고 있는 그 큰 사건을 그들의 기억과 애정으로부터 떠나게 할 수는 없었다.

그러나 웨슬리의 생애에서 이 사건의 중요성이 어떤 것이었는지에 대한 논의가 최근에 있었다. 이는 메소디스트라고 불리는 사람들에게서만이 아니라 그 밖에서도 논의됐다. 사실은 회심이라는 말에 대한 정의 때문에 혼란이 생기기도 하였다. 그리하여 이 말이 특별히 의미하는 바가 없는 것인가 아닌가 하고 의심이 생기기도 하였다. 모두는 웨슬리가 그날에 죄짓는 삶에서 아주 선한 삶으로 급변하지 않았다고 말한다. 어떤 일이 일어났던, 이는 덕행에서 훈련하며 항상 아주 높은 것을 향하여 노력하는 사람의 생애에서 일어난 사건이었다. 그래 그 한 사건이 그렇게 중요한 것인가? 그 사건이 없었다면, 웨슬리의 위대한 사업은 결코 없었을 것이란 말인가? 아니면 이는 그의 생애와 나중의 사상에 흔히 있는 사건이었던가? 그리하여 그것이 그 후에 사람들의 신학적 편견에 의하여 하나의 전설로 크게 보이게 되었다는 말인가?

이 질문을 철저히 다룬다는 것은 여기서 우리가 다루고 있는 주요한 목적에서 벗어나는 듯하다. 그러나 그의 회심이 어떻게 기독자 완전에 대한 그의 큰 관심과 관련되어 있는가를 알고자 하는 우리의 작업에는 약간의 도움이 될 것이다. 피에트 박사(Dr. Piette)는 웨슬리안들의 전설을 곡해하면서 말하기를, 웨슬리의 초기 교단의 전기작가들은 1738년 이전의 웨슬리는 큰 죄인이었다고 묘사하고 있다고 하였다. 그러나 그런 혹평에 대하여, 래튼베리 박사(Dr. Rattenbury)와 같은 초창기의 전기작가는 그런 주장에는 단지 아주 대수롭지 않은 근거가 있을 뿐이라고 하였다.[220]

피에트 박사(Dr. Piette)와 같은 로마 가톨릭 신학자가 판단하듯이, 설령 그들이 웨슬리의 올더스게이트에서의 사건을 지나치게 강조했더라도, 이는 그들이 웨슬리가 어려서부터 경건의 훈련을 받았다는 것을 잊을 정도로 그에 대하여 몰라서 그렇게 말한 것은 아니었다. 피에트 박사는 웨슬리가 진정으로 회심한 것은, 그가 옥스퍼드에서 젊은이로서 그의 전 생애를 하나님께 바치기로 한 때, 곧 1725년이라고 믿었다. 그리고 그는 웨슬리의 1738년 5월 24일의 사건은 그가 단지 느낌으로 감격한 사건이었다고 생각하는 듯하다.[221]

도몬드(Mr. Domond)는 이렇게 논쟁되고 있는 웨슬리의 경험은 그곳에서 일어난 특유의 표적이 일반 종교생활에서 신비적이라고 설명될 수 있는 종교경험의 여러 단계로의 변천을 드러내고 있으므로, 이는 하나의 복음적 회심으로 보기보다는 하나의 신비적인 것으로 설명하는 듯

---

[220] Rattenbury, *The Conversion of the Wesley*, 106. 이하는 생략(역자).
[221] Piette, 305-309.

하다. 222)

엄프리 리 박사(Dr. Umphrey Lee)는 한층 더 5월 24일의 중요성을 강조한다. 그는 웨슬리가 그 후에 쓴 일기에 나타난 그날의 경험에 대한 여러 언급을 들어 그렇게 주장한다. 그리고 또한 웨슬리가 그 사건에 관해 전에 말한 것을 시정한 것들도 언급했다. 그는 또한 웨슬리가 1738년 5월 24일 이후의 일기에서 그의 내적 불안정함과 영적 기운이 없음을 드러낸 것들도 언급했다(예를 들어, 1738년 10월 14일, 1739년 1월 4일의 일기에 나타난 그의 심정, 또한 그가 1766년 6월 27일에 동생 찰스에게 쓴 편지). 마지막으로, 그는 강조해서 말하기를, 웨슬리는 시티로드 교회 (City Road Chapel)의 개소식에서, 메소디스트의 성장을 회고하는 과정에서, 그리고 그가 1781년에 쓴,『메소디스트라고 불리는 사람들의 간략한 역사(Short History of the People Called Methodist)』에서도 올더스게이트의 사건을 언급하지 않았다. 이는 "웨슬리가 올더스게이트에서의 경험에 대한 그의 이전의 생각을 변경하였다는 것을 의미한다고 강조하였다."223)

그런가 하면, 베트 박사(Dr. Bett)는 웨슬리의 회심에 대한 전통적인 견해를 지지한다. 그는 레키(Lecky)가 그 사건을 영국 역사의 신기원을 이룩한 사건으로 서술한 것과,224) 그리고 그런 같은 해석이 셀 박사(Dr. G. C. Cell)가 지적한 바, 웨슬리의 글 가운데서 인용한 글들이 이 입장을 뒷받침하고 있다고 강력히 주장하였다. 그는 또한 웨슬리의 설교자로서의

---

222) Dimond, *The Psychology of the Methodist Revival*, 88-103, 180.
223) Lee, 89f, 100, 103, 웨슬리는 한때 자기는 1738년 이전에는 그리스도인이 아니었다고 생각하고, 올더스게이트에서 처음으로 회심한 것으로 언급했으나, 후에 그는 달리 생각했다는 것이다. 즉 그는 1738년 이전에도 선한 그리스도인이었으나, 그때는 종의 믿음을 가진 신자였으나, 그 후는 아들의 믿음을 갖게 되었다는 것이다. 그러므로 올더스게이트의 사건은 그의 신앙이 한 단계 높아지는 경험이었다는 것이다. (cf. Lee, 102, 역자주).
224) Bett, *The Spirit of Methodism*, 33ff.

탁월함과 그 시대의 형식적인 종교에 대한 공격, 그가 사용한 이중적 연대순의 배열 등, 이 모든 것은 1738년 5월 24일의 사건이 대단히 중요함을 지적하고 있으며, 또한 웨슬리 자신도 그 중요성을 알고 있었다[225)]는 것을 자세히 말하였다.

그러나 웨슬리가 그날에 얻은 것이 무엇이었든지 간에, 그날에 웨슬리가 기독자 완전에 대한 충격(impetus)을 처음으로 받은 일에 대하여는 논의를 하지 않았다. 논의할 수도 없었다. 본 장에서 성결을 추구하고 있는 그가 그 시간에 대단히 귀중한 것을 얻었다는 것을 밝히고자 한다. 그러나 그런 추구를 처음 시도하는 것은 아니다. 우리가 이미 지적한 대로, 웨슬리는 그의 『기독자 완전에 대한 해설』의 첫머리에서 어떻게 자신이 완전에 대하여 관심을 갖게 되었는지를 아래와 같이 설명하고 있다.

> "1725년에 23세인 나는 테일러 감독(Bishop Taylor)의 책, 『거룩하게 살며 죽은 일에 대한 법칙과 실천(*Rules and Exercises of Holy Living and Dying*)』을 접했다. 그 책의 몇 부분을 읽는 가운데, 나는 큰 감동을 받았다. 특별히 그가 의도의 순수성(purity of intention)을 논하고 있는 부분에서 느낀 바가 컸다. 그리하여 나는 즉각 나의 온 생애를 하나님께 바치기로 결심하였다…."

> "1726년에는 아켐피스의 책, 『그리스도를 본받아(*Christian Pattern*)』를 접하게 되었다. 그가 말하는 내적 종교, 마음의 종교의 본질이 어떤 것인가에 대하여 크게 깨닫게 되었다.

> "그 후 일 년 또는 이 년이 지난 뒤, 나는 로우(Mr. Law)가 쓴 『기독자

---

225) Cell, 57, 162, 171, 177, 183f. cf. Rattenbury, *The Conversion of the Wesley*, 31-38.

완전과 중대한 부름(Christian Perfection and Serious Call)』을 접했다. 그의 글은 나에게 절반의 그리스도인으로 있는 것은 절대로 안 된다는 것을 절실하게 깨우쳐 주었다. 그래서 나는, 하나님의 은혜로, 하나님께 전적으로 바쳐진 자, 곧 내 몸과 영혼 그리고 나 전체를 하나님께 드리기로 하였다. (이는 하나님의 은혜로만 가능하다는 것을 느꼈다.)" 226)

그러므로 웨슬리가 성결을 갈망하며 그 은혜를 얻으려고 결심한 것은 적어도 13년 전이므로, 그의 복음적 회심 이전의 일이다.

이 일에 있어 웨슬리에게 크게 영향을 준 책들은 가톨릭 전통에 속한 책들이었다. 테일러(Taylor)는 한때, (캔터베리의 감독이었던) 라우드(Laud)의 채프린이었다. 그의 책, 『그리스도를 본받아』는 수도사의 방에서 쓰인 것이다. 로우는 선서 거부자(Non-juror)였다.

그때 젊은 웨슬리가 이 은혜를 얻기 위하여 하고자 했던 일에 대하여 우리는 분명히 안다. 즉 그는 철저한 훈련과 엄격한 자아 부정의 길을 통하여 얻고자 했던 것이다. 그는 연속적으로 몸을 상해하려 하였다. 그는 육신을 억압하려 하였다. 그는 방랑하는 느낌과 모든 나태한 생각에 무자비하였다. 그는 테일러의 영향을 받아, 게으름을 큰 죄로 인정했다. 그리고 그가 젊은이였을 때, 그는 친구들과 한가한 시간을 보내지 않았다. 그는 아침 4시에 일어나 기도를 하였다. 그다음에는 온종일 시간마다 5분씩 하나님과 대화를 하였다. 이제 이 5분이라는 모든 시간은 그의 엄격한 기도의 계획에 보충된 것이다.

그리고 그는 자신이 실행한 것들을 그의 설교의 본문으로 삼곤 하였다. 그는 1733년 1월 1일에, 옥스퍼드 대학에서 설교하였다. 거기서 그는 말한다.

---

226) *Plain Account*, 5f.

"아담의 한 자녀가 먼저 '좁은 문으로 들어가려고'(마 7:13) 노력하지 않고 괴로워함 없이 그리스도와 하나님의 왕국을 보려고 기대하는 것은 어리석은 소망입니다! '죄악 중에 잉태되고 출생한 자', '그 속에 악독이 가득한 자'가 주의 발자취를 밟고 '날마다 자기 십자가를 지는' 일을 하지 않고, '자기 오른손을 찍어 버리고', '자기 오른눈을 빼 버리는' 일을 하지 않고, '주님이 순결하신 것과 같이 자신을 순결하게' 하려는 생각을 마음에 품는 일도 어리석은 소망입니다. 그가 항상 지속적으로 자기를 전적으로 부정하려는 통로를 거치지 않고 자기의 옛 의견, 정열, 기질을 제거하여 흠 잡힐 것이 없도록 '영과 혼과 몸을 완전하게 지킨다'고 꿈꾸는 것도 어리석은 소망입니다."227)

그는 신도회에서 주는 아주 적은 생활비를 가지고 살았다. 그리고 나머지는 은밀히 자선 사업에 기쁨으로 바쳤다.

그가 1735년에 미국 인디언들에게 전도하고 그곳에 있는 식민지 개척자들을 돌보기 위해 미국으로 배를 타고 갈 때, 그는 여행자에게 주어지는 여러 가지 음식도 사양하였다. 그리고 자기가 아는 요양법에 따라 만든 비스킷과 물만 먹으며, 이 열정적인 완전의 순례자는 대서양을 건너갔다. 그리고 내세를 바라보며 초조한 그의 생을 시작했다.228) 자신은 그것을 몰랐는지 모르지만, 웨슬리는 복음적 순위에서 위대한 선배 세 사람의 경험들과 노고들 그리고 실패들을 반복하고 있었다. 바울은 바리새인의 탈을 벗었다. 어거스틴은 타가스테(Thagste)에 돌아와 여전히 "내 가

---

227) *Sermons*, i, 277f.
228) *Journal*, i, 111.

슴의 신음소리, 내 눈의 눈물"에 대해 말하고 있었다.[229] 루터는 수도사로서 항상 주의하며 그의 고해 신부들을 피곤하게 하고 있었으며, 그가 알고 있는 괴롭힘과 단식으로 수척해짐의 의식을 실행하였다. 그리고 새로운 의식을 발견하였으나, 그는 여전히, "내 죄, 내 죄, 내 죄"라고 부르짖고 있었다. 웨슬리는 성결에 전념하고 있었다. 그러나 아직 그 은혜를 받는 방법에 관하여는 희생과 자기부정, 그리고 금욕 생활의 방법 이외는 다른 방법을 모르고 있었다.

그리하여 웨슬리는 실패하였다. 결국 그는 자신의 노력과 내적 생활을 통하여 그 은혜를 얻지 못하였다. 그는 마음에서 다음과 같이 외치면서 미국에서 돌아왔다.

"나는 미국의 인디언들을 회심시키기 위해 미국으로 갔었다. 그러나, 오호, 누가 나를 회심시킬 것인가?"[230]

그러나 수년 후에, 그는 그때에도 아들의 믿음은 아니지만 종의 믿음을 가지고 있었다고 결론을 내렸다. 그러나 그때의 그의 말을 더 존중할 것인가 아니면 그가 수년 후에 그의 일기에서 수정한 말을 더 존중할 것인가. 그런데 이 문제는 별로 논의되지 않았다. 식민지의 임원들은 웨슬리를 유능한 교역자로 볼 수는 없었다. 그리고 웨슬리 자신은 거의 30년 전에 올라가려고 시도했던 성결의 조용한 봉우리를 쳐다볼 때 양심의 가책을 받았다. 여러 해 후에, 자기가 노력(works)을 통하여 성결을 얻고자 했던 것을 평하면서 말하기를, "그때 나는 천주교인이었어. 나는 그 방법을 몰랐어."라고 하였다.[231]

---

229) *Confession*, Book x, par. 60.
230) *Journal*, i. 418.
231) Ibid., ii, 262.

그리고서 1738년 5월 24일에 이르렀다. 그리고 나서 가슴으로 갈망하던 일, 성경 연구 그리고 진지한 대화를 새롭게 시작했다. 웨슬리와 같이 교육받은 신학자인 피터 보울러(Peter Bohler)가 그에게 설명하기 전에, 이신칭의의 교리를 알지 못하고 있었다는 것은 상상할 수 없다.[232] 그러나 그것은 그 교리가 의미하는 바를 그렇게도 완고하게 논의하고 논쟁하는 사람이 지니는 하나의 지식에 불과했을 것이다. 그러나 그때 그의 마음은 천천히 그리고 반신반의하면서 깨달음을 갖게 되었고, 그리고 그때 그의 마음은 이상하게 뜨거워졌고, 그에게 구원에 대한 확신이 주어지자 다음과 같이 외치게 되었다. "나는 내가 그리스도를 신뢰하였으며, 그리스도만이 나의 구원임을 깨달았다. 그리고 주님이 내 죄, 심지어 내 죄까지 사하셨으며, 그리고 그가 나를 사망과 죄의 법에서 구원하셨다는 확신이 주어졌다."[233] 그리하여 그는 진실로 믿음의 가장 중요함을 외치게 되었고, 종교의 큰 부흥이 일어났다.

저자인 내가 보기에는, 웨슬리의 생애에 있어서, 이날의 그 큰 의의를 아무도 부정할 수 없다. 하나님 안에서 새로 난 사람들(아니, 이 말을 풀어서 말하자면, 이미 하나님 안에 있던 사람이 하나님 안에서 좀 더 새로운 단계로 높임을 받은 사람들)은 흔히 자기의 경험을 다른 사람들이 보기에는 좀 지나치는 듯, 또는 어떤 때는 자신들을 몇 년 후에 냉철한 분위기에서 경험을 말하곤 한다. 그러나 우리는 실제적인 면에서 문제를 다루어 보자. 그런 것이 화약의 불꽃이 그의 폭발에 많은 영향을 주느냐 안 주느냐를 쓸데없이 논의하듯, 낡고 메마른 논의를 하는 것보다는 보다 유익할 것이다. 이런 실제적인 테스트를 자신에게도 종종 적용해 보는 것도 나쁘지는 않을 것이다. 그리고 또한 어떤 면에서, 신학에서 슐라이어마허(Schleiermacher)의 선구자로, 그리고 철학에서 윌리엄 제임스(William

---

[232] cf. Lee, 150.
[233] *Journal*, i, 476.

James)의 선구자로 인정된 사람에게도 적용해 보는 것이 타당할 것이다.[234] 그날 이전의 웨슬리는 모든 것이 잘 갖추어져 있었으나 무능했고, 그러나 그날 후에 그는 사도(apostle)가 되었는가 하는 것이 심각한 논쟁거리인가? 그의 느낌을 잠깐 제쳐놓게 할 수 있다. 왜냐하면 그는 그의 느낌에 대하여는 조금밖에 강조를 하지 않았다. 그리고 그의 1738년 5월 24일에 있었던 가슴 뜨거웠던 일, 그리고 또한 1766년 6월 27일에 의심했던 일도 이 문제를 달리 생각하도록 하지는 않는다. 그래서 어떻다는 것인가? 그의 감화, 종교적이요 박애적인 것은 어땠나, 전에는 실패한 사람으로, 그에게는 짐이 산과 같았으나 지금은 평지처럼 된 것이 아닌가? 웨슬리의 올더스게이트의 사건의 중요성을 인정하지 않는 사람들은, 그렇다면, 무엇을 설명할 수 없다는 것인가를 설명해야만 할 것이다. 사람이 하나님으로부터 구원을 받았다고 말하면, 그들은 구원받았다는 것을 부인하지 않으면서도, 그것이 사실인가 하고 의문을 제기하는 것 같다.

부흥은 시작되었다.

그러면 5월 24일의 사건이, 웨슬리가 전에 기독자 완전에 대해 가지고 있던 지대한 관심에 끼친 영향은 어떤 것인가? 첫째로, 그는 순간적인 믿음에 의해 의롭다함을 받을 뿐 아니라 또한 온전한 성화도 받을 수 있다고 기대했던 것 같다. 그러나 그가 진실로 그렇게 기대했었더라면, 그는 실망했을 것이다. 우리가 앞에서 본대로, 그는 그리스도인의 구원의 경험을 두 단계로 설명하였다. 곧 첫째는 의롭다함을 받은 일, 즉 부분적 성화, 그리고 둘째는 온전한 성화가 있다고 가르쳤다. 그는 첫 번째 경험에서 그 두 단계가 함께 이루어지기를 희망했었지만, 그의 경험은 그런 그의 견해를 신속히 변경시켰다.

여기에 그의 완전을 추구하는 일에 있어서, 5월 24일은 큰 변화를 갖

---

234) Piette, 478f., cf. Cell, 49f.

게 하였다. 곧 그는 그전에는 노력(works)에 의하여 그것을 얻으려고 애썼지만, 이제는 완전은 믿음에 의하여서만 얻을 수 있다고 확신하게 되었다. 모라비안들을 통하여 루터가 칭의에 대하여 가르쳐 준 것을, 그는 성화에도 적용하여 가르쳤다.[235] 믿고 구원을 받으라.-여기서 구원을 받는다는 것은 의롭다함을 받은 것뿐만 아니라 거룩함을 받는 것을 의미한다. 하나님은 죄를 용서하는 것 이상으로 죄를 처리하실 수 있다. 곧 하나님은 죄를 멸망시킬 수 있다. 하나님은 의를 전가하는 것 이상으로 믿는 자를 실제로 의로워지게 하실 수 있다. 하나님은 우리를 단순히 죄 지은 데서 구원하시는 것이 아니라, 우리를 죄짓는 것으로부터 곧 죄를 안 짓도록 구원하고자 하신다. 스스로 자신을 거룩하게 하고자 하는 노력은 헛된 일이다. 웨슬리는 지금 이것을 깨닫게 된 것이다. 틀림없이, 하나님은 온전한 치유를 행하실 것이다.

　웨슬리는 루터와 칼빈에게 많은 빚을 지고 있다. 그의 글들을 조심스럽게 읽어보면, 그가 그것을 늘 인식하고 있는 것을 볼 수 있다. 그렇다고 해서 웨슬리가 그들을 비판 없이 따른 것은 결코 아니다. 웨슬리는 복음에 대한 그들의 해석은, 특별히 루터의 해석은, 도덕적 문제를 심각하게 다루지는 않았다고 믿었다. 그리고 성결을 추구하는 일에 있어서, 칼빈주의의 성도의 견인설은 경험의 사실과 분명히 모순되는 것으로 생각하였다. 그에게 있는 가톨릭적 경향, 특히 그가 전 니케아 교부들(Ante-Nicene Fathers)을 대단히 존경하는 데서 생긴 경향이 성결을 열정적으로 갈망하는 것과 합쳐서, 루터가 믿음만으로를 매우 강하게 강조하는 데서 생기는 결과의 일부가 잘못되었다고 주장하였다. 그러므로 그는 그의 책에서 복음적 전승에서 그의 위대한 선배였던 그들에 대하여 그저 부드럽게 존경을 표하고, 그의 "기독교 문고(Christian Library)"에는 루터

---

[235] *Sermons*, ii, 452f.

나 칼빈의 책들은 포함하지 않았다.[236]

웨슬리는 1744년 8월에 다음과 같이 기록하였다.

> "나는 칼빈보다는 루터를 더 사랑한다. 모라비안들, 로우(Mr. Law) 그리고 휫필드(Mr. Whitefield)를 사랑한다. … 그러나 나는 특히 진리를 사랑한다."[237]

웨슬리가 그들을 필요했던 것은 사실이다. 그는 가끔 단순한 절충주의자처럼 보인다. 그는 이곳에서 마음에 드는 것이 있으면 그것을 취하고 또 저기에서 마음에 드는 것을 취하여, 그 양립할 수 없는 것들을 함께 포장하여 깊이 연구하는 가운데 종합하곤 하였다. 그가 잘 행한 일은 둘을 다 버리지 않고, 그 둘을 종합적으로 다룬 것이다. 진실로 그 둘은 하나님의 뜻에 의해 한 그룹을 이룬다. 그런데 하나님이 결합시키신 그 귀중한 것들이 종교개혁에서는 빠져 있었던 것이다. 웨슬리는 분명히 보았다. 그는 국교와 국교 반대파의 같은 시대에 태어난 사람이다. 그리고 1738년 5월 24일 후에도 그는 마음에서 그 양쪽에 빚을 지고 있다고 생각하였다. 그는 그 시대에는 흔히 볼 수 없었던 폭넓은 견해와 균형 있는 판단력을 가지고 있었다. 때를 따라 그를 반대하는 여러 사람도 이 사실은 인정한다.

그는 영국 교인과 칼빈주의자들에게는 건전하지 못하다고 보였을 것이다. 그 당시의 영국 교회 안에 있는 인본주의적인 알미니안주의는 웨슬리의 복음주의와 사람을 회심케 하려는 그의 뜨거운 관심을 좋지 않게 생각하였다. 다른 한편 칼빈주의자들은, 그들에게서 웨슬리가 행위로 인한 구원을 주장하는 것처럼 느끼게 하는 강한 주장 때문에 걱정하였다. 그

---

236) 그는 그들의 생애를 간단히 소개할 뿐이었다.
237) *Letters*, ii, 25.

래서 적지 않은 사람들이 웨슬리를 '천주교인(a Papist)'이라고 불렀다.

웨슬리가 말하는 어떤 한 면을 보면, 웨슬리의 표현이 그런 오해를 받게 할 수 있었던 것도 사실이다. 그러나 웨슬리의 가르침 전체를 볼 때는 그렇게 볼 수 없다. 그는 구원을 가슴으로 추구하라고 했고 … 그가 강조하는 교리는 분명하다. 아마도 그가 여기에 쓴 글을 보면 더욱 분명해질 것이다.

> "믿음에 의하여서만 의롭게 된다는 교리에 대하여 누가 마르틴 루터보다 더 잘 말했는가. 그리고 성화의 교리에 대하여는 누가 잘 몰랐고 또 성화의 개념에서 혼동했는가? 다른 한편, 프랜시스 세일즈(Francis Sales), 특별히 후안 데 카스타니자(Juan de Castaniza)와 같은 많은 가톨릭 학자들이 성화에 대하여 강력하게 그리고 성경적으로 글을 썼다. 그러나 그들은 칭의의 교리를 전혀 모르고 있었다."238)

루터를 옹호하는 현대 학자가, 웨슬리가 루터는 성화의 교리에 대하여는 무식했다고 한 말에 강하게 이의를 제기하는 데 대하여는, 아마도 하르낙(Harnack)과 같이 루터를 열렬히 동정하는 해석자도 그 위대한 종교개혁자에게는 그런 약점이 있었다고 실질적으로 인정했다는 것을 지적해 주면 될 것이다.239)

루터의 『로마서 주석』의 서문이 웨슬리의 회심에 크게 이바지했다는 것을 기억하는 사람들은, 웨슬리가 루터의 『갈라디아서 주석』을 혹평했다는 것을 발견하고는 적지 않게 놀랄 것이다.

---

238) *Works*, vii, 195.
239) A. Harnack, *History of Dogma*, vii, 267(E.T.). cf. Harnack, *Luther's Theology*, ii, 460f (1886 Edn). cf. Watson, *Let God be God*, 170ff. 187.

"나는 아주 부끄럽다. 어떻게 내가 그의 이 책을 높이 평가하였던가? 나는 다른 사람들이 좋게 추천하는 것을 들었기 때문에, 또 가끔 이 책에서 인용된 아주 훌륭한 문장들을 내가 읽었기 때문에 이 책을 높이 평가했었다. 그런데 지금 내가 친히 살펴보고, 지금 내 눈으로 똑똑히 본 것을 무엇이라고 말해야 할까? … 그는 선한 일과 하나님의 율법을 그렇게 모욕적으로 말한다. 그는 계속해서 율법을 죄, 죽음, 지옥과 결부시킨다. 그리고 그리스도께서 한결같이, 이 모든 것으로부터 우리를 해방시킨다고 가르친다. 실은 하나님께서 우리를 성결, 천국으로부터 자유롭게 하신다는 것과 같이 그리스도께서 우리를 하나님의 율법으로부터 자유롭게 하신다는 것은 성경에 의하여 인정될 수 없다. 내가 알기로는 이런 오류는 모라비언들의 큰 오류에서 나온 것이다. 그들은, 좋은 것이든 나쁜 것이든, 루터를 따른다. 그래서 그들은 선행도, 율법도, 계명도 필요하지 않다고 한다."[240]

웨슬리는 공개적으로 그의 회중에게 이 루터의 주석 책을 접하지 말라고 주의를 주었다.[241]

그리고 웨슬리가 주기적으로 비판한 것은 루터가 신비주의에 깊이 물들어 있기 때문이 아니라, 그의 유신론(Solifidianism)[242]에 대한 격노 때문이었다. 유신론에 빠진 루터는 행위(works)를 경시하고 믿음을 그렇게 강력하게 강조함으로써 모든 계명을 완전히 숨겨버리게 하였다.[243] 그리고 성결을 갈망하는 웨슬리의 생의 열정에는 깊은 관심이 없었다.

---

240) *Journal*, ii, 467.
241) *Journal*, ii, 468.
242) Ibid., ii, 174.
243) Ibid., ii, 419.

때로는 웨슬리가 그의 반 유신론(anti-solifidianism)의 고민을 드러내는 것 같았다. 그리고 그에 대한 설명은 율법(도덕)무용론에 대한 그의 심한 불쾌감을 드러내는 것이었다. 그는 진젠도르프(Zinzendorf)가 『그레이스 인(Gray's Inn)』에서 자신에게 한 말을 잊지 않고 있었다.

"우리는 자기부정(self-denial)이라는 것을 모두 토해버렸다. 우리는 그런 말을 짓밟아 버렸다. 우리는 신자로서, 우리는 우리가 원하는 것을 모두 한다. … 우리는 모든 난행고행(mortification)을 비웃는다. 정신적 정화가 완전한 사랑에 선행하는 것이 아니다."244)

율법무용론이라는 것이 오늘에는 대단하지 않은 것처럼 들리지만, 18세기에 있어서는 무서운 실체였고 또한 유혹이었다. 부정할 수 없는 사실이었다. 특히 오직 믿음만을 강조하는 사람들이 그에 쏠리는 경향이 있었다. 어떤 교사들은, 정숙의 교리(the doctrine of stillness)와 믿음 강조를 함께 주장하면서, 초창기의 메소디스트 신도회를 해롭게 하였다. 그들은 (공동 예배, 성만찬, 기도, 성경 공부 등) 모든 은혜의 수단들은 필요하지 않다고 하면서 그저 믿음을 구하라고 주장하였다. 그리하여 그들의 말을 듣는 사람들의 마음을 아주 혼란하게 만들었다.245) 지금 우리로서는 그럴 수 없다고 생각되지만, 그때는 많은 사람이, 하나님과의 바른 관계에 있다고 주장하면서, 여전히 엄청나고 메스꺼운 죄들을 범하고 있었다.

웨슬리의 초기에 그를 돕던 사람 가운데 한 사람인 존 넬슨(John Nelson)은 소위 "행복한 죄인들의 모임(happy sinnership)"이라고 불리는 속에서 기뻐 날뛰는 사람들과 많은 충돌을 하였다. 넬슨은 다음과 같

---

244) Ibid., ii, 490.
245) Ibid., ii, 328ff.

이 말하였다.

> "나는, 전에, 그들 중의 한 사람을 만났는데, 그는 술에 취해있었고 좁은 길을 걸어가지도 못하고 있었다. 나는 그에게 당신이, 만약 그런 험한 상태에서 죽는다면, 어떻게 될 것이냐고 물어보았다. 그는 대답하기를, 나의 구주께서 원하시는 대로 될 것이기에, 그리고 주님이 자기를 거룩하게 하기를 원하신다면, 자기를 그렇게 만드실 것이기에, 자기는 죽는 것을 무서워하지 않는다고 하였다. 그리고 그는 영원히 그렇게 되리라고 희망하고 있었다. 그는 참으로 불쌍한 죄인이었다. 그는 이어서 당신들은 사람이 이 땅에서 거룩하기를 바라고 있으니, 당신과 존 웨슬리는 하나님의 어린 양의 원수라고 말하였다. 그러나 하나님의 어린 양은 나를 구원하실 것이다. 나는, 바리새인과 같은 당신들처럼, 내가 나를 구원하려고 하지 않을 것이다." 246)

토머스 미첼(Thomas Mitchel)이라는 다른 웨슬리의 동역자도 그런 사람들을 만났다. 그리고 다음과 같이 말하였다.

> "그들에게는 '성결'이라는 말이 필요하지 않았다. 그들을 기쁘게 하는 것은, '믿음, 믿음'뿐이요 그 외는 아무것도 없었다. 그들에게는 믿음의 내적 또는 외적 열매라는 말은 없었다."247)

"나는 그리스도를 가졌다. 나는 앞으로 아무 이익도 필요하지 않다"고 말하면서, 폰테노이(Fontenoy)의 목초지에 있는 죽은 사람에게서 아

---

246) *Lives of E.M.P.* (1871 Edn.), i, 140.
247) Ibid., i, 254.

무엇도 훔치지 아니한, 존 하임(John Haime)은 그의 동료 노동자 세 사람의 사건에서 죽은 자를 애도했어야만 했다. 그러나 그는 율법무용론에 빠진 다른 두 사람을 더 애도했다. 그리고 말하였다.

"이 율법무용론자인 설교자들 중의 한 사람은 늘 행복하였다. 그러나 그는 하루에 두 번씩 술에 취하곤 하였다. … 이 두 율법무용론자들도 사역을 하였으나, 결국 거짓말을 하고, 술에 취하고, 또 많은 죄를 범함으로 사람들과 성도들을 파멸시켰다."[248]

웨슬리는 (그가 강하게 반대한) 이중 예정론을 하나의 '견해'라고 불렀지만, 율법무용론은 마귀에서 온 것이라고 생각하였다.

웨슬리는 이 율법무용론이 루터의 편파적인 시각에서 발생한 것을 보았고 또 그렇게 생각하였기에, 그는 복음주의의 횃불을 자기에서 물려준 그 사람을 마음에서 우러나 칭찬할 수 없었다. 또한 그는 펠라기우스(Pelagius)에게는 성결에 대한 근본적인 견해가 잘못된 것을 보았고 또 생각하였기에, 그는 이단자라고 말하였다.[249]

이것이 웨슬리의 기독자 완전의 교리에 대하여 우리가 주장하는 바이다: 곧 웨슬리의 이 교리는 개신교가 잃어버렸던 성결에 대한 주된 관심을 되찾아 준 것이다. 그리고 도덕적 소원을 신자 생활의 중심적 위치에 회복시킨 것이다.

이는 또한, 개인의 노력에 의해 성결을 얻으려고 애쓰던 그 견딜 수 없는 부담에서 성결을 갈망하는 영혼을 해방시켜 주었다. 그리고 그리스도를 믿는 믿음을 통하여 주시는 하나님의 완전한 사랑의 선물에 의하여 성결을 받을 수 있는 문을 열어 주었다.

---

248) Ibid., i, 290.
249) *Letters*, iv, 158.

우리가 이미 말한 대로, 셀 박사(Dr. Cell)는 웨슬리의 이 교리는 "개신교의 은혜 윤리와 가톨릭의 성결 윤리의 독창적이며 유일한 종합이라"고 말하였다. 그리고 우리는 엄프리 리 박사(Dr. Umphrey Lee)와 함께 이는 현명하고 올바른 관찰이라고 생각한다.

여기에 그의 종합의 약점이 있는 듯하다. 곧 그가 믿음에 의해 우리를 의롭게 하신 하나님의 은혜가 또한 우리를 거룩하게 하신다고 강조했지만, 변화된 하나님과의 관계와 완전히 변화된 삶의 다른 점을 충분히 인정하지 않은 듯하다. 퉁명스럽게 말해서, 하나는 하나님에 대한 단언이요, 다른 하나는 우리에 대한 단언이다. 이 교리를 옹호하는 자들이 전에도 말했듯이, "당신을 의롭게 하신 하나님을 믿는다면, 왜 당신을 거룩하게 하시는 하나님을 믿을 수 없단 말인가?"라고 말하지만, 그들은 또 그 차이를 간과하고 있는 것이다. 또 이 점을 옹호하는 자들은 "그저 우리는 하나님께서 우리 영혼 안에서 이룩하신 일에 대하여 하나님께 영광을 돌리는 것이다: 우리는 우리 자신을 과시하거나 영적 교만에 빠진 것도 아니다"라고 말한다.

그렇다고 문제가 다 해결된 것이 아니다. 하나는 하나님에 대한 주장이요 다른 하나는 우리 자신에 대한 주장이라고 하지만, 결과적으로 모두가 우리 자신에 대한 주장이다. "나는 용서받은 것을 알아, 하나님께 영광을 돌린다고 말하는 것이나, 또는 나는 거룩하다는 것을 안다고 말하는 것이 그 자체가 하나님의 영광을 위한 같은 갈망을 포함하고 있을지 모르지만, 이는 자신을 나서게 하는 것으로 심리학적이고 철저한 윤리적 검사가 필요하다." 이 땅에서는 온전한 성화보다도 더 필요한 위대한 윤리적 주장은 없다. 그리고 이는 윤리적 검증을 받아야 한다. 물론 이런 검증은 불쾌하게 받아들여지지 않을 것이며, 이 차이가 종합의 가치를 떨어뜨리지도 않을 것이다. 그러나 우리의 논의는 신학에서 도덕적 철학과 심리학으로 옮겨가야 할 것이다. 이제 그것들을 다룰 것이다.

제12장

웨슬리의 철학과 심리학에 대한 관심
(Wesley's Concern with Philosophy and Psychology)

플루 박사(Dr. Flew)는 현세에서의 그리스도인의 이상(ideal)에 대한 훌륭한 역사적 연구인, 『기독교 신학에서의 완전의 사상(*The Idea of Perfection in Christian Theology*)』을 끝내면서, "잠재의식(subconscious)도 구원할 수 있는가?"라고 질문하였다. 그리고 덧붙여 말하기를, "그것이 이 땅에서 성결을 추구하는 사람을 위하여 토의해야 할 문제"라고 하였다.

오늘날 이 교리에 대한 철저한 검토는 심리학을 무시하고는 이루어질 수 없다고 우리는 확신한다. 이 교리의 성격 자체가 그런 조사를 필요로 한다. 교리의 건전한 근거가 성서 연구에 있고, 또한 강한 구조가 신학에 있다 해도, 오늘날의 새롭고 보다 시험적인 과학의 고려 없이는 그것이 완벽하게 되었다는 느낌이 있을 수 없다. 모호한 동기에서 어리둥절하게 거룩함을 추구하는 일, 그리고 더욱이, 거룩함을 얻었다는 주장은 치밀한 심리학적 검증을 받아야 한다.

첫째로 다음과 같이 의문을 제기하는 것은 흥미롭지 않은 일이 아니다. 18세기에 심리학에 대한 지식이 어느 정도였는가, 그리고 웨슬리는 심리학을 어느 정도 알고 있는 것으로 알려졌는가. 이 질문에 대해 답하기는 어렵지 않다.

웨슬리는 놀라운 독서가(reader)였다. 그는 공평하게 모든 것을 좋아했다. 그러나 그는 그의 일기(*Journal*)나 편지에서 자신이 읽은 책의 제목과 저자를 언급했고, 그 책에 대한 코멘트를 한 줄씩 첨부했다. 세계의 어느 위대한 철학가도 그에게 깊은 영향을 주지 않은 듯하다,[250] 그는 흔히 말하는 심리학보다는 그들의 윤리학과 형이상학에 관심을 많이 가지고 있었다. 그는 라이프니츠(Leibniz)에게 아주 수준 낮다는 견해를 가졌다. 그리고 그 독일 철학가는 새무얼 클라크 박사(Dr. Samuel Clarke)와의 논쟁에서 완전히 패배한 것으로 그는 확신했다. "나는 그렇게 수준 낮은 자의 글은 … 좀처럼 읽지 못했다."[251] 어딘가에서 그는 편지를 쓰는 사람 가운데 한 사람에게 라이프니츠의 글을 경계하라고 주의를 주기도 하였다. 그의 글들은 "단지 당신의 마음을 혼란스럽게 하며 당혹하게 할 것이다."[252]

그는 로크(Locke)에 대해서는 주저하면서 부드러운 승인(찬성)을 하였다. 그는 전체로 보아서, 작고한 코크(Cork)[253]의 감독이 쓴 "인간 이해에 대한 논문(Treatise on Human Understanding)"이 로크의 글보다도 훨씬 더 가치 있다고 생각하였다. 그러나 그는 후에 로크의 책에서 발췌한 글들을 알미니안 잡지에 기재하였다.[254] 그리고 그의 전집(*Works*)에 로크의 그 책에 대한 코멘트를 기재하였다.[255]

웨슬리의 코멘트의 대부분은 신랄하며 로크의 논리 실증에 근거하였

---

[250] 그는 자연 철학을 더 좋아했다. 그는 1763년에 그에 관한 두 권의 책을 출판하였다. 그리고 1777년에는 그를 다섯 권으로 확대하였다. 그 책의 5번째 책에 55쪽에 달하는 서문에서, 그의 정신 철학(mental philosophy)에 대한 자신의 입장을 언급하고 있다.
[251] *Journal*, vi, 63.
[252] *Letters*, v, 199.
[253] 이는 Dr. Peter Browne(Bishop of Cork, 1710-1735)이었다. *Journal*, iv, 192를 보라.
[254] Vols, v, vi, vii.
[255] *Works* xiii, 416-25.

고, 아리스토텔레스(Aristotle)와 스콜라 철학자에 대한 경멸이 숨어 있었다. 웨슬리는 로크에 대한 혹평은 모든 경우에 있어 무지에서 나온 것이라고 결론적으로 말하였다. 웨슬리는, 바로 대부분의 학자가 지금 동의하는 것처럼. 로크는 논리를 너무 몰랐고, 아리스토텔레스나 스콜라 철학자는 그것을 우습게 만들었다고 주장했다.[256] 웨슬리가 생각하기는, 그 논문의 두 번째 절반은 첫 번째 것과 같지 않았다.

그럼에도 불구하고, 웨슬리는 다른 곳에서 그는 '좋은 저자'라고 말하였다. 그리고 이 책이 지도교수와 함께 읽히고, 그리고 12세로부터 20세의 청년들을 돕게 된다면, 젊은 학도들에게 큰 힘이 되는 책이라고 추천하였다.[257]

흄(Hume)에 대하여서는, 우리가 기대했던 대로, 웨슬리는 그를 비난하였다. 흄은 기적을 반대하는 오만한 책을 쓴 사람이다.[258] 그는 세상에 있는 진리와 미덕을 오만하게 경멸하는 자이다. 그리고 그는 하나님과 사람에 대한 원수이며, 이 땅에 있는 모든 종교적이요 가치 있는 것을 해치는 자임을 자인한 자이다.[259]

웨슬리는 버틀러(Joseph Butler)의 책, 『종교의 유비(*Analogy of Religion, Natural and Revealed*)』를 20년 이상의 간격을 두고 두 번 읽었다.[260] 그는, 이 책은 이해하기 어려운 책으로 특히 이 책이 대성하고자 하는 이들에게는 너무나 어려운 책이라고 느꼈지만, 두 번 다 그 책에 대해서 좋게 말하였다.

버클리(Berkeley)에 대해서는 그가 링컨 대학의 교수(Fellow)로 선임되기 4개월 전에 옥스퍼드에서 그의 어머니에게 쓴 편지에서 상세

---

256) Brett, *A History of Psychology*, ii, 258-264.
257) *Works*, xiii, 424, *Letters*, ii, 227f.
258) *Journal*, v, 303.
259) Ibid., v, 458.
260) Ibid., iii, 232(1744), v, 264(1768).

히 코멘트하였다. 웨슬리는 그가 쓴 『물질과 정신 간의 세 대화(*Three Dialogues Between Hylas and Philonous*)』에 대해 코멘트하면서, 특별히 두 번째 대화의 첫 부분에 대해 언급을 많이 하였다. 그의 편지를 보면, 1726년에 교수(Fellow)로 선임된 바로 그 해에 논리학의 강사가 된 웨슬리의 코멘트는 아주 논리적으로 날카로운 것이었다. 그러나 그가 버클리의 주관적 관념론(subjective idealism)을 올바르게 평가하였다고는 말할 수 없다. 웨슬리는 그것을 모두 '동어(同語) 반복(tautology)'으로 분해하였다: 즉 웨슬리는 '개념(idea)'이라는 말과 '지각(sensation)'이라는 말을 지나치게 구분하여 강조하였다. 즉각적으로 인지한 모든 것은 지각이다. 왜냐하면 지각은 감각에 의하여 인지된 것이기 때문이다. 이를테면, 영어로 쉽게 말해서, 즉각적으로 인지한 모든 것은 즉각적으로 인지된 것이다; 하나의 아주 훌륭한 발견은 영광일지 모르나, 나는 말하노니, 아무도 그의 발견을 부러워하지 않을 것이다.[261]

웨슬리가 그에게 지적한 '동어 반복(tautology)'이나 또는 존슨 박사가 묘비에 대해 문자적으로 비난한 것을 가지고 클로인의 감독(Bishop of Cloyne)을 반박하기는 그리 쉽지 않았다. 후대의 철학 역사가 이를 분명하게 입증하였다.

웨슬리는 1774년 5월에 애버딘(Aberdin)에서 던디(Dundee)로 말을 타고 가면서 그가 "리드 박사의 독창적인 에세이(Dr. Reid's ingenious essay)"라고 칭하는 글을 읽었다. 여기에 리드 박사는 철학의 스코틀랜드 학파의 창설자인 토머스 리드(Thomas Reid)였다. 웨슬리가 읽은 그 에세이는 분명히, "상식의 원리에 근거한 인간 정신의 탐구(Ann Inquiry into Huma Mind)"였다.[262] 웨슬리는 다음과 같이 말한다.

---

261) *Letters*, i, 25.
262) 아마 이 에세이는 "An Essay on Quantity"였을 것이다. *Proceedings of the Wesley Historical Society*, iv, 207을 보라.

"나는 그 책의 앞 부문에 대해서는 아주 좋게 여겼다. 그러나 그 후반부에 대해서는 몹시 실망했다. 나는 그의 심정이 올바른지 아닌지 의심한다. 내가 생각건대, 그의 언어는 이해하기가 힘들어서 대부분의 독자는 그 뜻을 몰랐을 것이다. 그보다는, 나는 그의 입장에 아주 반대한다. 즉 그는 판단이 매우 부족하여, 루소(Rousseau)를 칭찬한다. 그는 볼테르(Voltaire)보다도 못한, 자기 과대평가의 천재요, 천박하고 건방진 신앙이 없는 사람이다. 루소를 좋아하는 사람이 성경을 좋아할 수 있겠는가?"263)

웨슬리는 허치슨(Hutcheson)에 대해서도 좋게 생각하지 않았다. 그는 1772년에 런던으로 가면서,264) 그의 『예수의 수난에 대한 에세이(*Essay on the Passions*)』를 읽었다. 웨슬리는 그의 문장의 양식을 평가했지만, 그의 글은 특별한 도덕적 관념을 위하여 작성되었다고는 전혀 생각되지 않았으므로, 허치슨의 견해를 받아들이는 것은 성경을 부정하는 것과 다름없다고 생각하였다. 웨슬리는 그의 두 편의 설교265)를 평가하면서, 그가 철학자들이 좋아하는 언어, 독창적인 언어266)를 사용한 것은 부정하지 않았지만, 그의 이론은 결국 실제적인 무신론이 되었다고 주장하였다.

울라스톤(Wollaston)은 웨슬리와 의견이 달랐다. 그가 그의 『자연 종교에 대한 서술(*The Religion of Nature Delineated*)』에서 미덕을 진리로 환원시키려 한 것은 허치슨보다 더 성경에서 멀어지게 만들었다.267)

"허치슨의 체계는 두 개의 큰 계명 중 하나 곧 '너는 너의 주 하나님을 사랑하라'는 계명을 제쳐 놓았다. 그런가 하면 울라스톤은 둘 다 제쳐 놓았다. 곧 그의 가설은 미덕의 본질적인 요소를 하나님 사랑이나 또는

---

263) *Journal*, vi, 22.
264) Ibid., v, 492f.
265) Nos, xc and cv.
266) *Works*, vii, 37, 188f, 201, 270, 338, 342.
267) Ibid., vii, 38, 200, 270.

이웃 사랑에 두지 않았다."

맨더빌(Mandeville)의 『벌들의 우화(*The Fable of the Bees*)』에 대하여 웨슬리는 점잖게 평할 수 없었다. 웨슬리가 판단하기에 마키아벨리(Machiavelli)는 그와 비교하면 하찮은 사람이었다. 그리고 웨슬리는 볼테르(Voltaire)가 그렇게 말을 많이 했을까 의심하였다.[268]

그는 루소(Rousseau)에 대하여는 주로 『에밀(*Emile*, 교육에 관하여 쓴 에세이)』에서 말한 교육의 원리에 관하여 언급하고, 1783년에 그에 대한 간략한 설명을 하였다.[269] 저자요 남자로서의 루소에 대하여 웨슬리는 아주 경멸하게 말하였다. "아주 터무니없는 멋쟁이는 태양을 한 번도 보지 못했구나. 그는 자기 일만 생각하는 사람이다. 그는 무슨 말을 하든지 그것이 신탁(신이 준 말)처럼 말한단 말이야."[270] 웨슬리는 『에밀(*Emile*)』을 "아주 어리석고 내용이 없는 것으로, 스스로 우쭐대는 불신자가 쓴 분별없는 것이라고 간주하였다."

나는 웨슬리의 방대한 글 가운데서, 그가 그 세기에 있은 주요한 심리학에 관심을 가지고 있었다는 것을 발견할 수 없다. 그는 하틀리(Hartley)의 연합적 심리학을 공부하지 않은 것 같다. 그의 심리학은 마음의 동요에 대한 이론에 근거하고 있고, 또한 웨슬리는 마음의 동요의 이론에 대해서는 관심이 있었는데 말이다. 그러나 그는 이를 결정주의(determinism)의 대항자로 접근하였다. 그리고 그는, 그것이 예정론에 대한 철학적인 기초를 주는 듯하여, 그는 결정론에 갑작스러운 일격을 가하였다.[271] 생리학적인 것과는 상관없는[272] 하틀리의 이론의 심리학적 면에 대해서는 죠셉 프리스틀리(Joseph Priestley)가 증명하려고 했던

---

268) *Journal*, iv, 157; cf. *Letters*, v, 373.
269) *Works*, xiii, 434-7.
270) *Journal*, v, 352.
271) *Works*, x, 474-80.
272) Brett, *A History of Psychology*, ii, 286.

것처럼 그에 대해 글을 쓰지 않았다.

나는 또한 그가 그 당시 스코틀랜드와 독일에서 개진되고 있는 기능심리학(faculty psychology)에 대한 언급도 발견할 수 없다.[273] 이는 웨슬리의 관심이 사변적인 것에 있지 않고 실제적인 것에 있었다는 것을 다시 증명하는 것이다. 그는 개인의 구원 교리를 논의함에 있어, 소위 로크(Lock)가 말하는 "관념 연합(the association of ideas)"을 언급하였다.[274] 그러나 그는 그 문구를 다른 문장에서는 다시 사용하지 않았다. 그는 우리는 그의 의견 때문에 아무와도 관계를 끊지 않는다는 것을 나타내려고 노력하였다. 우리는 우리대로 생각하고 그들은 그들대로 생각하게 하자. 이때 그의 관심은 심리학적 교리에 있는 것이 아니라 도덕무용론자의 관습에 대해 있었던 것이다.

사실은 그렇지 않다. 그의 비범한 재능은, 우리가 애초에 말했듯이, 실제적인데 있었다. 그러므로 그가 학적인 심리학에 관심이 적었다는 것을 발견한 것이 놀랄 일은 아니다. 우리가 할 일은 심리학적 측면들과 그가 가르침에 함축된 것을 조사해 보는 일이다. 그러면 우리가 무엇부터 조사해야 하는지 알게 되었다. 우리는 그의 가르침에 은연중에 내포된 심리학이 어떤 심리학인가를 알아보고, 그 새로 발견된 과학이 완전의 순례자들에게 어떤 도움을 주었는지를 알아보아야 하겠다.

웨슬리가 기독자의 완전을 순간순간의 삶을 사는 것이라고 생각한 것은 옳았는가?

그들이 죄가 근절될 수 있느냐고 물었을 때, 그들이 질문을 잘못한 것인가? 성령은 무의식에도 영향을 미치는가? 이 단순하고 정직한 사람들이 열광적인 순간에 모든 죄에서 씻음을 받았다고 주장한 순간에 실제로

---

273) Murphy, *An Historical Introduction to Modern Psychology*, 29.
274) *Journal*, iii, 179.

어떤 일이 일어났단 말인가?

여기에는 우리가 현대 심리학의 견지에서 답해야만 할 적어도 몇 가지 질문이 있다. 그런데 이에 답하지 못하면, 우리의 탐구는 빈약하고 불완전한 것으로 보인다.

웨슬리의 글들에 심리학적 문체(어법)가 없다 하여, 그것 때문에 우리가 어려움을 겪지는 않는다. 생각이 깊은 학자는, 열중이 생각하는 사람이 새로운 심리학이 그 자체의 전문용어들을 만들어 내기까지는 해결되어야 할 문제들은 모르고 있었다고는 말하지 않을 것이다. 문제는 신약성서 시대와 그 후 모든 시대에서도 있었다. 심지어 '무의식' 중에 있던 것들, 곧 '나의 지체 안에 있는 또 다른 법', '나와 함께 있는 악', 그리고 '옛사람' 등이 떠오른다. 여기서 우리의 관심은 이런 말들과 연관된 신학을 논하려는 것이 아니다. 단지 이런 용어들 자체가 그가 지도해주기를 바라는 문제들에 대한 인식을 보여주는 것이다.

이런 것들이 웨슬리의 시대와 그가 지도하여 성장해가고 있는 정신적 단체들에서는 별 관심사가 아니었다. 그러나 두 세기가 지난 후 우리는 이 문제들에 대해 깊은 이해를 갖게 되었다. 그래서 우리는 이 문제들을 하나하나 살필 수 있게 되었다. 우리는 로크나 흄이나 하틀리가 심리학에 막중한 영향을 끼치고 있을 때 가능했던 것보다 더 분명한 해답을 줄 수 있기를 희망한다.

제13장

성결 생활을 순간순간의 삶으로 살 수 있는가?
(Is it possible to live a 'moment by moment' life?)

웨슬리의 완전 교리의 본질은 성결한 사람은 순간순간의 삶을 산다는 것임을 우리는 이미 보았다.[275] 우리가 아는 대로, 만약 사람이 한번 믿고 그 은혜를 받음으로 그의 전 생애 동안 거룩하게 되었다고 생각한다면, 이는 그의 교리를 아주 잘못 이해하고 있는 것이다. 그러므로 그가 "성결한 상태"라는 문구를 싫어했다는 것을 우리는 알고 있다. 매 순간의 완전한 믿음은 그 순간의 사랑의 삶으로 보답된 것이다. 그리고 삶이란 영광스러운 "지금"이라는 체인(사슬)에 의하여 살아 나가는 것이기 때문에, 이는 "순간순간"의 삶이다.

그러나 이 "순간순간" 삶이라는 개념에 반대도 있었다. 그런 개념은 철학적으로 건전하지 않다고 논의되었다. 삶이라는 것이 조각들로 잘릴 수 있는 것이 아니다. 따라서 우리는 삶을 따로따로 떨어진 조각들로 인정하지 않는다. 그러므로 웨슬리는 심리학적으로 발판을 삼는 것은 불가능하였다.

그러나 웨슬리는 삶이라는 것이 따로따로 떨어진 조각들의 연속이라고 생각하지 않았고 또한 그렇게 가르치지 않았다. 두 세기를 지난 후의 그의 심리학은 단순한 것으로 보이지만, 그는 삶이라는 것이 사라져 가고 연결이 없는 의식 상태가 아니라고 잘 알고 있었다. 만약에 그가 삶을 따

---

275) (본서, 영어판) 85쪽 이하를 보라.

로따로 떨어진 조각으로 쪼갠다고 한다면, 순간순간의 삶을 강조하는 그의 주장은 우습게 되고 만다. 그는 우리는 순간에 그냥 있는 것일 뿐 아니라 또한 변하고 있는 것으로 알고 있었고, 또한 무엇이든 장차 있을 것은 있다는 것도 알고 있었다.

예리한 사상가인 그가 현대 심리학자들이 세심하게 관심을 기울이고 있는 문제, 곧 우리의 시간에 대한 개념에 대한 문제를 전혀 몰랐을 수는 없다. 윌리엄 제임스(William James)는, 시간의 문제는 아마도 철학적인 숙고를 늘 하지 않는 사람들은 결코 알 수 없다고 생각하였다. [276] 그러나, 웨슬리의 관심이 사변적인 것보다는 실제적인 것에 더 있었다고 하지만, 그가 추종자들에게 순간순간의 삶을 살라고 했을 때에, 분명히 할 수 없는 것을 강권했다고 생각하기는 힘들다.

웨슬리는 문제를 학적으로 접근하지 않았다. 만약 그가 시간의 현재 순간을 이해하려고 노력했었더라면, 많은 학도가 발견하였듯이, 그렇게 하는 것은 난처하게도 불가능한 것임은 발견하였을 것이다. 이 현재라는 시간은 우리 손에 잡혔다가 우리가 그것에 손을 댈 수 있기 전에 날아간다. 그리고 전환의 순간에 사라져 버린다. [277] '지금'은 '지금'이기를 그치고. 그 소리가 우리 입에서 사라지기 전에 '그때'가 된다. 그리고 '현재'를 검사하면, 그 현재는 이미 과거의 일이 된다.

그러나 이것이 우리들의 실제 생활에서 '지금'을 없애는 것은 아니다. '지금'은 실제로 있는 것이다. 우리가 (독일의 생리학자) 분트(Wundt)의 의견을 받아들여 우리가 단번에 알 수 있는 기간의 가장 긴 잠깐(bit)은 12초라고 동의하든지, 아니면 '지금'을, 측정하지 않았을지라도, 그저 사람의 분명한 판단에 맡기든지 간에, 지금은 여전히 있는 것이다. 시간에 대한 나의 모든 이해는 정말 실재하는 것이다. 지나가는 시간에 대한 느

---

[276] James, *Textbook of Psychology*, 280, cf. Bergson, *Creative Evolution*, 355ff.
[277] Ibid., 280.

껌은 시계에 인식되지 않는다. 여러 가지 흥미로운 경험의 시간은 급히 지나가는 것 같다. 그러나 우리가 그것을 오랫동안 뒤돌아본다. 다른 한편, 아무것도 하지 않을 때는 시간은 느리게 지나간다. 그러나 그것을 회고할 때는 길어 보인다.[278] 그래도 역시 '지금'은 대단히 중요하다. '지금' 나는 생각하거나 말하거나 행동할 수 있다. 그리고 지금 나는 믿을 수 있다. '지금', 그리고 이 순간에 그런 믿음을 완전히 가질 수 있다. 하나님은 하실 수 있고 또한 행하시며, 완전한 호응을 하게 하신다고 웨슬리는 가르쳤다.

죄와 성결에 대해 말할 때도 '지금'이란 시간이 사용된다는 것을 부정할 수는 없다. 테넌트 박사(Dr. Tennant)가 열망하는 영혼을 유혹하는 일에 있어 작용하는 아주 교묘한 속임수를 생각할 때, 그는 거기에 아주 큰 힘이 있다는 것을 발견하였다. 그것이 바로 '지금'이라고 말할 수 있다.[279]

반대로, 덕행의 방법들을 매력 있게 만들고 또한 자신과 다른 정직한 순례자들을 위하여 완전으로 가는 길을 택한 사람들은 웨슬리와 함께 강조할 시간은 '지금'이고 삶의 형태는 '순간순간으로 이어지는' 것임을 발견하게 될 것이다.

신약성서가 그렇게 말하고 있지 않은가? 내일을 위한 모든 염려를 금하고 있지 않은가? (하나님이 먹여 주시기에) 새들이 순간순간 사는 새들을 생각하며, 또 (하나님이 입히시기에) 수고도 아니하고 길쌈도 아니하는 들의 백합화를 생각하라고 권하고 있지 않은가? 또한 오늘 있다가 내일 아궁이에 던져지는 들풀도 하나님이 이렇게 입히시니, 보기에 좋지 않은가?[280]

---

278) Ibid., 283.
279) Tennant, *The Concept of Sin*, 188; cf. F. W. Roberton, *Sermons* (Third edition), 18.
280) 마 6:25-34.

성도들의 생활도 그렇지 않았는가? 휴겔의 바론(Baron von Hugel)이 1921년 10월에 비콘스필드(Beaconsfield)에서 행한 연설에서 다음과 같이 말하였다.

> "제노바(Genoa)의 성자, 캐서린(St. Catherin)의 생활 방법이 또한 나에게 많은 도움이 되었다. 그녀는, 매 순간, 그 순간에 있는 특별한 일들을 조용히 집중하여 생각할 것이다. -곧 하나님의 선물과 그 순간에 주어진 특별한 고통이나 기쁨, 또는 결심, 노력, 결정 등에 대한 하나님의 뜻을 집중하여 생각할 것이다. 참으로, 그 순간이 소중한 뜻과 하나님의 전달 방법으로 받아들여질 때, 나는 매 순간 조용히 자기를 포기했던 일을 집중적으로 생각할 것이다."281)

어떤 사람들은 (스페인의 도시) 아빌라의 요한(Juan de Avila)에 대하여 단호하게 글을 썼다. 안달루시아의 사도는 이 순간순간의 삶에 있어서 권위자였다. 그는 완전한 평온에 대하여 다음과 같이 말했다.

> "(완전한 평온은) 사람들에게 강한 인상을 주는 것이었다. 그의 직업이 다양함에도 불구하고, 또는 함께 일하는 사람들과 그의 의무가 같지 않을지라도 그는 항상 평온했다. 그는 마치 오랫동안 열렬한 기도에서 바로 나온 사람처럼 보였다. 그리고 그의 그런 모습은 사람들을 교화시키기에 충분하였다."282)

그리고 우리 시대에 이르러, 이런 '순간순간'의 삶을 주장하고 격찬하

---

281) Von Hugel, *Essays and Address on the Philosophy of Religion* (Second Series), 227f.
282) Peers, Studies of the Spanish Mystics, ii, 125, 127을 보라. 그 외는 생략(역자).

는 하나의 작은 책에서 이런 접근을 경건생활에 적용하자는 새로운 주장이 나왔다. 이 작은 책은 『잠깐의 순간을 경험하는 예식(*The Cult of Passing Moment*)』283)이라는 책이다. 이 책의 저자 아서 챈들러(Arthur Chandler)는 이 책을 하나의 '영적 생활의 이론'으로 조심스럽게 소개하였다. 그리고 이 책의 많은 부분은 성자들의 생애를 연구함으로 쓰인 것 같다.

> "사실 많은 성자는 이 예식(cult)을 많이 실행하였다. 사실인즉, 이 순간의 의식(cult)이 사람을 성자로 만들었다고 감히 말할 수 있다. 거룩은 그들이 당면한 매 순간을 기도하고 행동하라고 호소하며, 또한 부르심을 하나님의 부르심으로 여겨 정성을 다하여 순종하면서 받아들일 때 거기에 있었다."284)

그 저자의 목적은 웨슬리나 우리가 그렇듯이, 기독자의 완전에 이르는 길을 발견하고자 하는 데 있다. 그리고 그는 "사람이 완전해지는 것은 그 안에서 사람이 전능하신 성령께 복종하는 조화나 또는 연합의 관계에 서 있게 된다."285)고 생각하였다. 챈들러(Chandler)는 그의 가르침을, 잠깐의 순간에서의 일을 강조하는 향락주의 같은 것과 구별하였다. 그리고 시간이 모든 시스템과 우리의 생애의 계속이라고 말하는 것을 반대하는 것으로부터 자기의 가르침으로 보호하였다. 챈들러는 영원한 빛286)으로 바뀌는 "순간순간의 시간"을 보았다. 그리고 그는 이 '의식(cult)'이야말로 하나님께 접근하는 아주 중요한 접근 수단이며, 그 때문에 이는

---

283) 이 책의 저자 챈들러(Chandler)는 블룸폰테인의 감독(Bishop of Bloemfontein)도 지냈다. 그 외는 생략(역자).
284) *The Cult of the Passing Moment*, 16.
285) *The Cult of the Passing Moment*, 51.
286) Ibid., 211.

영적 생활을 진전시키는 것이라고 믿었다.[287]

　웨슬리가 "순간순간" 지속되는 삶을 주장한 것에 대한 반대를 발견하지 못하였다. 우리가 생각건대, 반대는 웨슬리가 가르친 것에 대한 오해와 문제를 박식한 체하는 학적 접근에서 나온 것이다.

　그것에 비해, 우리는 그런 삶이 신약성서에서 칭찬받는 삶인 것을 발견하였다. 그리고 그런 삶이 성자들의 생활이었던 것이었음을 안다. 우리는 그 이상 설득력 있는 증거가 필요하지 않다

---

287) Ibid., 214.

제14장
죄가 근절될 수 있는가?
(Can Sin be Eradicated?)

우리가 이미 지적한 대로, 죄의 소멸(extinction)에 관한 문제는 웨슬리 시대에 뜨겁게 논의되었다. 그리고 성결 학자들 간에 여전히 날카로운 논의의 대상이 되고 있다.[288] 심리학이 이 문제에 대하여 적절한 논평을 주었는가? 우리가 성결 파들이 말하는 대로 "죄가 근절될 수 있는가"라고 문의하는 것이 현명한 질문이겠는가?

수그덴 박사(Dr. Sugden)가 그의 논쟁에서, 웨슬리는 죄가 암이나 썩은 이빨처럼, 사람에서 떼어 버릴 수 있는 물건(thing)으로 보는 잘못된 견해를 완전히 버리지 못했다고 한 것은 옳았다.[289] 그는 사람의 인격 향상을 위한 관심이 실제적으로 많았다. 그러나 (그 당시 이해하고 있는) 심리학에 대한 관심은 많지 않았다. 그래서 그가 "죄의 개념에 연관된 심리학적 요소가 무엇이냐"는 문제에 대한 자신의 생각을 정밀하게 조사해 봤는지 모르겠다. 그에게 죄가 어디에서 왔느냐고 물었다면, 그는 신약성서가 "사람의 마음에서"에서 왔다고 한 말로 대답하였을 것이다. 그러나 그는 주님께서 하신 말씀대로가 아니라, '마음'이라는 말을 제거하였다. 그리고 그의 성결을 언급하는 글은 죄를 하나의 물건처럼 계속 생각했다는 사실을 드러내고 있다.

---

288) 이 책(영어 원서)의 81쪽을 보라.
289) *Sermons*, ii, 459(각주).

그러나 수그덴에 의하면, 죄는 하나의 물건이 아니다; 죄는 우리의 동기에서의 균형 가운데 하나의 상태이다.[290] 무의식 가운데 일어나는 어떤 것들을 각각의 '본능'으로 부르며, 그리고 그것의 어떤 것들, 예를 들어 성(sex)이 어떤 면에서 더럽혀진 것이라고 말하는 것은, 윤리적으로 건전하지 않다. 또한 심리학적으로도 건전하지 않다.

"본능에 대한 전반적인 연구는 오늘에 있어 도가니 속에 빠져있다."[291] 즉 많은 다른 견해가 함께 엉켜 있다. 본능에 대한 옛날의 분류법은 제멋대로 된 것이라고 생각하는 의견들이 많다. 아무도 느낌이 없는 본능의 여러 가지 목록을 비교할 수는 없다. 때로는, 그 분류법은 억지로 만든 것이고, 그 작성된 표는 변경될 수 있는 것이었다.

일반적으로 6개의 본능에 대해 명칭을 붙이는 데 동의했는가 하면, 그 외 더 많은 본능에 대한 명칭에는 동의하지 않는다. 어떤 본능들은 즉시 분류된 것처럼 보였지만, 다른 본능들은 이미 잘 정리된 것처럼 보이는데, 부당하게 밀려 나가곤 한다. 그 말이 그렇게 흐리게 되어 그것이 과학적 가치를 가졌다고 말할 수 없을 정도이다. 말의 유연한 용법을 잘 설명한 맥두걸(McDougall)[292]은 자기 자신의 것에 대하여는 도리어 거추장스러운 정의를 내렸다.[293] 다만 그는 마침내 '고통'이라고 하는 중요한 감정에 의하여 따라 일어나는 듯한, 본능적 성질에[294] 다소 모호하게 호소하고 있는 것으로 보인다.

모든 제목이 새로운 생각을 요구하는 것, 그리고 그 새로운 생각은 무의식이 옛날 방식으로 분류했던 방향으로 작용한다는 확신을 가지고 일을 시작할 것이라고 말하는 것은 아주 모험적이 아닐 수 없다. 만약에 어

---

290) Ibid., 459(각주)
291) Warterhouse, *Psychology and Pastoral Work*, 13.
292) McDougall, *An Introduction to Social Psychology*, 21f.
293) Ibid., 29,
294) Ibid., 443f.

떤 분류가 생각의 필요에 의하여 무리하게 이루어졌다면, 본능(심지어 동물에 있어서도)의 수정이 이루어지도록 주의해야 할 것이다. 그리고 '본능들'은 진정 순수한 상태로 발견되기는 드물다. 단지 본능은 우리가 만날 때마다 넘쳐서 그런 엄격한 표 작성을 인정하지 않도록 분명히 해주어야 한다.

우리가 알고 있는 이 어려움은 (물론 해결 안 되었지만) '본능'이라는 말이 성결을 추구하는 일과 연관하여 어떻게 사용되어 왔는지를 알고자 하는 데 관심이 있는 것이다.

스탠리 존스 박사(Dr. Stanley Jones)와 같은 많은 저자는 "거듭나지 않은 본능(unconverted instincts)"[295] 즉 오랫동안 있어 온 민족 간 성향의 흐름에 의해 더럽혀진 본능[296] 또는 오래된 본능의 독[297] 등에 대해 말하고 있다. 본능이 더럽혀졌는가? 본능에 정말 독이 오를 수 있는가? 하나님의 은혜가 우리를 언행의 분방, 반감, 호기심, 싸우기를 좋아함, 자기 비하, 자기 고집, 성(sex), 근접성 등의 본능들로부터 또는 그 외 본능이라고 분류되어 온 정신생리학적 성질로부터 구출해 달라고 기도하는 것이 옳은 것인가? 또는 분별력 있는 일인가? 이런 모든 것이 죄를 짓게 하는 동기가 될 수 있다. 그리고 그것들이 압도하는 동기가 되지 않도록 구하는 것이 진정한 기도의 제목이 될 것이다. 그러나 아무도 이런 본능들이 인간 본성으로부터 근절될 수 있어서, 인간의 인격이 손상당하지 않게 된다고 주장하지 않을 것이다. 인간은 이런 조건들과 이런 형태에서 살게 되어 있는 것이다. 다른 존재들은 이런 본능들 없이도 살 수 있는지 모르겠다. 그러나 이런 느낌의 긴장시킴이 없는 것은 '인간'이라고 부를 수 없다.

---

295) Jones, *Victorious Living*, 87.
296) Ibid., 118.
297) Ibid., 142.

죄는 죄를 짓고자 하는 의지에 있다. 즉 죄는 성격 속에 있는 이성적인 요소와 같은 단지 하나의 생각이 아니라, 좋다고 마음에 생각되는 것을 구하고자 하는 모든 성격이다. 우리가 웨슬리의 죄에 대한 견해를 살펴본 바로는, 그는 죄를 본질적으로 의지 작용에서 성립되는 것으로 보았다. 만약 그가 임마누엘 칸트(Immanuel Kant)의 그 유명한 책을 알고 있었다면, 그의 『윤리의 형이상학(*Metaphysic of Ethics*)』에서 처음에 쓴 그 유명한 말을 뒤집을 것이다. 그리고 "나쁜 의지를 가지고 행하지 않은 것을 나쁘다고 말할 수는 없다"고 말하였다. 사람들이 무엇을 결정하고자 할 때, 본능이 여러 가지 동기를 부여할 것이다. 그러나 그 동기들이 끄는 힘은 각 개인에 따라 다를 것이다. 그러나 죄는 그 사람의 동기가 나쁘다고 보이는 것을 알고 선택할 때만 들어오는 것이다. 또 웨슬리의 주장에 좋은 것이 있다. 그는 죄를 의지에서 일어나는 것으로 보았지만, 또한 구원은 사람의 노력이나, 애씀에서나 또는 의지를 채찍질함으로 얻는 것이 아님을 보았다. 그는 또한 최근에 니버 박사(Dr. Niebuhr)가 본 것을 정확하게 보았다. 즉 "사람은 생각함으로 의지를 강하게 할 수 없다. … 사랑의 행위는 어떤 의지의 행동의 결과가 아니다. … 사람이 무엇을 의도할 수 있는 것은 그 의도의 힘에 의존된 것이 아니라, 그 의지에 들어온 힘 때문에 되는 것이다."[298]

웨슬리는 하나님과 더불어 순간순간 걸어가는 믿음에 의하여, 새로운 힘이 의지에 생기고, 갈망하는 영혼에 새로운 영적 식별이 주어지며, 완전을 향해 가는 순례자에게 새로운 힘이 주어진다고 주장하였다.

따라서 우리는 지금 그들이 "죄가 근절될 수 있는가?"라고 묻는 것은 잘못이라고 분명히 말할 수 있을 것이다. 그동안 근절(eradication)이냐 아니면 정지(suspension)냐, 또는 근절이냐 아니면 억압(suppression)이냐 하면서 날카롭게 논쟁한 것이 왜 그렇게 무익했고, 또 이 논쟁은 성서에 있는

---

[298] Niebuhr, *An Interpretation of Christian Ethics*, 225, 228.

말, katarhghqh???를 인용함으로써도 왜 해결될 수 없었고 또한 없다는 것이 분명해졌다. 죄가 물건이 아니라면, 뿌리째 뽑힌다거나 단절시키거나 근절시킬 수는 없는 것이다. 또한 같은 이유에서, 정지시킨다거나 억압한다는 것으로 잘 묘사될 수도 없는 것이다. 우리가 고찰해 본 견지에서 나중에 인용한 말들이 사실(facts)에 좀 더 가까운 듯하지만, 그런 말들도 여전히 좋은 말은 아니다. 이렇게 비유로 표현하는 그 자체가 진리를 모호하게 만든다. 동기의 균형과 선택이 그런 말들보다는 덜 건실한 직유표현(simile)을 하게 한다. 그리고 이 직유표현은 죄가 하나의 '물건'이 아닐 뿐 아니라, 남자와 여자도 '물건들'이 아님을 인정하게 한다. 또한, 다른 한편, 하나님이 자비로 우리 안에 있는 죄를 다루는 것을 알게 한다. 하나님은 우리 인격을 무시하지 않으신다.

과거에 있은 이 논쟁에 대해 제시한 이 해결책에는 특별히 신뢰할만한 것이 있다는 것을 우리는 부인할 수 없다. 그 해결책에는 웨슬리의 생각과 일치하는 것이 있어 보인다. 그의 죄에 대한 개념이 편협하고 적절치 못한 것 같으나, 그의 개념은 명백하고 확고하다. 그러나 우리의 삶과 변하기 쉬운 동기가 인정하는 만큼 명백하다. 그가 죄의 근절에 대한 논쟁을 하게 되었을 때, 그의 생각이 명석하지 않았다. 그리고 죄에 대한 그 자신의 정의도 반쯤 불성실했다. 그는 그런 질문을 퇴짜 놓을 때 이런 형식으로, 즉 하나님이 어떻게 우리 인격을 존중하시며, 또 하나님이 우리가 동기를 선택하며 선한 의지를 유지하도록 도우시는가에 대하여 적절한 질문을 할 수 있는 그런 방식으로 거절했어야 했을 것이다.

이런 생각의 혼란은 다른 문제에 있어서도 그럴 것이 분명하다. 완전을 추구하고 있는 사람들은 그들의 꿈에 관하여서 몹시 고통을 당한다. 자연스럽게 자신들의 죄가 근절되었다고 확신하였는데, 그들은 아침에 깨어나자 밤에 가졌던 불완전한 회상을 깨닫게 되었다. 죄를 의지에서 발견하지 않고 영적 생애의 성장에 있는 암과 같은 어떤 데서 발견하고, 그것이 하늘의 의사에 의하여 이미 잘라 내졌다고 믿었다면, 그들이 이른 아침 기도 시간에 주제를 벗어나 방랑하는 자아가 잠자고 있었다는 것을 기억할 때, 어떻게 고통스러운 그들의 마음을 진정시킬 수 있겠는가? 간단히 말해서, 그들이 '근절시켰다' 그리고 '소멸시켰다'는 용어와 연결시키지 않았다면, 문제는 그들의 민감한 영혼에게 어려움을 덜 주었을 것이다. 만약에 죄가 근절되고 소멸되었다면, 그런 유혹이 그들이 잘 때, 어디에서 왔단 말인가?

그들에게는 그들을 도울만한 꿈에 대한 최근의 심리학적 이론이 없었다. 그들은 근심이 그들을 알게 하는가, 아닌가를 논의할 수도 없었다. 그리고 그들은 그것은 욕망의 충족이었다는 생각에서 명확히 벗어났을 것이다. 그들은 (그들이 성결한 사람 가운데 하나라고 칭하는) 가엾은 로저스(Hester Ann Rogers)처럼 그저 버려져, 편지로 그녀에게 한 질문을 진지하게 생각한다. "그가(하나님이) 너의 그 꿈을 경건한 것으로 만드시는가?"[299] 아니면 "다음과 같이 말한 신앙심이 깊은 존 넬슨(John Nelson)과 같이 만들어 주는가?"

> "내 영혼은 나의 악한 꿈 때문에 몹시 괴로웠다. 그래서 나는 종종 깨어나서, 원수가 나의 꿈 가운데 범한 죄를 나에게 깨우쳐 주는 것을 생각하게 된다. 그리고 내 베개가 눈물로 적셔 있는 것을 발견했다."[300]

만약에 그들이 그 문제를 바로 다루었다면, 그들은 그런 고통을 거치지 않아도 되었을 것이다. 그러나 그들이 꿈에서 가진 환상이 진정 원한 것이고, 또한 그것은 자기가 취미로 나쁜 일을 한 것이고, 바른 생각으로

---

[299] Rogers, 51.
[300] *Lives of E. M. P.*, I, 26.

잘못한 것이라, 그들은 그것을 행한 자는 자기가 아니라고 생각했을 것이다. 그리고 자기들이 깨어난 순간, 그것을 그들의 마음에서 부정했을 것이다. 그리고 그의 양심은 분명히 말했을 것이다. "그것은 죄가 아니었다."

제15장

성령이 무의식에도 영향을 주는가?
(Does the Holy Spirit Influence the unconscious?)

우리가 웨슬리의 죄에 대한 견해를 논의함에 있어서, '무의식(unconscious)'이라는 용어를 사용할 필요가 있었다. 그러나 우리가 직면한 문제를 해결하려고 고심하기 전에, 우리는 그 용어가 무엇을 의미하는가를 보다 정확하게 결정할 필요가 있다.

여기서 정확하게 말하기란 쉽지 않다. 프레인 박사(Dr. Scott Frayn)는 그 용어의 정확한 정의를 추구하면서, 솔직히 고백하기를 우리는 이 순간 "우리의 생각에 무엇인가 막연한 요소가 있다고 확실히 아는 것보다 좀 멀리 떨어져 있다고 하였다."[301] 그렇지만, 지금에 와서는 무의식이 존재한다는 것은 학적인 논쟁을 넘어서 인정된 것이라고 할 수 있다. 그런데 단지 그에 대하여 바르게 생각하느냐의 문제만이 심리학적 사고의 영역에 엷은 안개처럼 떠 있는 것이다.

프로이트(Freud)는 인간 지각의 조직(system)을 대략 개인의 만족도와 그 외의 명시되지 않은 무의식, 곧 이드(id)에 해당하는 자아(ego), 초자아(super ego) 그리고 이드(본능적 충동의 원천인 id)로 분해하였다.[302] 대부분의 다른 학자들은 하나의 공간의 은유(a spatial metaphor)를 적용하여, 위에서 아래로 작업하여, 생각을 의식, 잠재의식

---

301) Frayn, *Revelation and the Unconscious*, 15.
302) Freud, *Group Psychology and the Analysis of the Ego*, *The Ego and the Id*.

그리고 무의식으로 계층화하였다. 어떤 이들은, 그렇게 하는 것이 하나의 이탈일지는 몰라도, 초의식(super-conscious)303)을 추가하였다.

아마도 이 후자의 분석이, 특히, 이 은유적인 성격이 드러나 있고, 날카롭게 분류한 그것이 우리의 정신생활의 단일성을 해치는 것이 아니라면, 프로이트의 분석보다는 더 도움이 될 것 같다.

그러나 삼중으로 분석한 주장이, 생각의 성장에 아주 적절한 것이었다고는 증명되지 않았다. 많은 사람이 무의식은 다시 초기 무의식 그리고 이차(secondary) 무의식으로 분류되어야 한다고 주장하고 있다. 즉 초기 무의식은 인종상의 기억과 관계된 것으로 최초에 떠오르는 이미지의 저장을 말하는 것이고, 후자는 개인의 억압된 본능이 저장된 것 또는 거의 혼합된 것을 의미한다. 이 초기 무의식은 때로는 축적된, 또는 절제된 무의식이라 불리기도 했다.304)

우리의 특별한 관심사이기도 한 도덕성과 무의식 간의 관계를 논의하게 될 때 여러 심리학자의 생각이 아주 다르게 나타난다. 프로이트학파에서는, 사람의 정신생활에 있어 중요한 요소인 무의식은 악마의 가마솥과 같은 것으로, 악한 망상을 내뿜으며, 악한 세력을 방출한다고 주장한다.305) 그리고 기독교의 소망인 완전성은 하나의 망상306)이라고 한다. 이런 견해에 대하여, 융(Jung)은 대답하기를 "진실로 이것을 잊어서는 안 된다."고 했다. 프로이트학파는, 도덕이라는 것은 인간 영혼의 직무로서, 인간 자체에 본래 있는 것이며, 도덕성은 밖으로부터 설득받는 것이 아니라, "사람이 처음부터 자신 안에 가지고 있다는 것을 기억하여야 한다."고 하였다.307)

---

303) Murray, *An Introduction to a Christian Psycho-Therapy*, 27, 47-55.
304) Jung, *Collected Papers on Analytical Psychology*, 410.
305) Hughes, *The New Psychology and Religious Experience*, 379.
306) Ibid., 304.
307) Jung, *Collected Papers on Analytical Psychology*, 379.

심리학과 신학의 분기점에서 작업하며, 초의식(super-consciousness)의 존재를 증명하려는 일부 학자들의 주장은 프로이트학파가 무의식을 하나의 우울한 저승과 같은 개념으로 보는 견해를 너무 쉽게 받아들인 데서 왔다는 것은 거의 틀림없다.

무의식을 아주 악한 것으로 보게 하는 이론을 가지고는 신앙 체험을 적절하게 설명할 수 없는 것을 깨닫게 됨에 따라, 그들은 사실상 '초의식(super-conscious)'이라고 불리는 다른 것 즉 프로이트가 말하는 것과는 다른 무의식이 있다는 것을 주장하게 되었다. 프레인 박사(Dr. Scott Frayn)는 저자가 보기에 적절하게 "악한 무의식이 있고 또 선한 초의식이 있다고 하는 것은 사람 생각의 다른 분야와 관계하므로 생기는 다른 도덕적 결과를 단순히 분류하여 부르는 것이다…."라고 하였다.308)

무의식은 죄를 범할 수 없다. 우리가 원죄와 근접한 것을 다루고 있다고는 하지만 원죄에 대한 논의는 우리가 지금 하고 있는 주제에서 벗어난 논의일 것이다. 많은 사람이 인간성에 있는 부패라고 여기는 그것이 모른다고 해서 없어지는 것이 아니다. 그러나 우리가 이미 '무의식'과 '죄'에 대하여 정의를 내린 바에 의하면, 우리는 다시, 무의식은 죄를 범할 수 없다고 주장하는 것은 당연하다. 그런 의미에서, 이 말이 반복되고 있는 것이다. 그래서 무의지적인 것(non-volitional)은 의지적인 것이 아니라고 말하게 된다. 우리가 지난날을 되돌아, 희미하게 옛날의 우리의 진정한 원시 조상들을 멀리서 발견해 보면, 자아의식이 발생하기 전, 그리고 사람의 생활이 단순하게 습관적인 행동에 의해 통제될 때의 생활은 도덕 관념이 없는 것(amoral)이었다고 부를 수 있을지 모르지만, 결코 부도덕한 것이라고 부를 수는 없다. 도덕성이라는 것은, 융(Jung)이 말한 대로, 잠재적으로 '사람 자신 안'에 있는 것이고, 의지작용만이 그것을 드러내게 할 수 있는 것이다. 그러나 그 의지작용은 수줍고 유한한 것으로 발생하

---

308) Frayn, *Revelation and the Unconscious*, 34.

는 것이다. 의지작용이 전개되는 이 단계에 있어, 사람은 아직도 주로 습관적인 사고를 한다. 즉 그는 즉각적으로 의지가 기능을 다하도록 하지 않는다. 다시 말해, 아직도 과거에서 벗어나 기발한 생각과 의지를 자유롭게 활용하지 못한다. 그러나 그는 좁은 활동 범위에서 선택할 수 있다. 그리고 그는 선택할 수 있기 때문에, 죄를 범할 수 있는 것이다.

성령이 무의식 또는 잠재의식에 영향을 줄 수 있는가? 최면술이 사람 생각의 깊은 곳에 아직도 도덕적인 생각이 있다는 사실을 증명하는 데 적지 않은 공헌을 하였다. 그리고 저자 자신도, 환자들이 깊은 최면 상태에서, 그들의 도덕적 규준을 침범했다는 생각들을 부정하는 것을 보았다. 그러나 성령께서 어떤 방법으로 마음 아주 깊은 곳에 있는 일들에 영향을 주는 것인가. 그리고 더 어려운 문제가 있으니, 곧 어떻게 그런 영향을 개인이 체험할 수 있는가? 하는 문제이다.

아마도 이에 대해 믿음이 이런 영향 아래서 그리스도인이 많은 일을 할 수 있게 하지 않느냐고 대답하려고 할 것이다. 그러나 그 자체가 문제를 입증하지는 못한다. 단지 하나의 출발점을 제공할 것이고, 우리가 암암리에 이미 하고 있는 일들을 보여 줄 것이다.

만약 성령께서 무의식에 영향을 끼치지 않았다면, 어떻게 하나님의 부르심에 의식적인 호응을 할 수 있었겠는가?

우리는 어린이들이 하나님의 역사에 의해 도움을 받지만, 오로지 그들이 어느 정도 성장했을 때, 곧 그들이 하나님과의 사귐이 가능하다고 이해할 수 있을 때 도움을 받는다고 생각해 하지 않겠는가? 세례에서 영아에게는 은혜가 주어지지 않는다는 것은 분명하지 않은가?

성령께서 무의식에 영향을 끼친다는 믿음 없이 중보기도를 오랫동안 열심히 계속할 수 있겠는가? 많은 중보기도가 세상에서 하나님의 역사에 마음을 열고 싶지 않다는 것을 드러낸 사람들을 위하여 이뤄졌다는 것을 과감히 말할 수 있다. 그러면 그때 하나님의 영향력은 아주 무능했다는 말인가?

갑작스런 회심 이전에 잠재의식과 무의식에서 일련의 변화가 없었다고, 또한 그 과정에서 하나님이 아무 일도 하지 않았다고 생각할 수 있는가?

이 문제들에 대해 기독교 정통주의자들의 대답은 대체로 믿음을, 성령의 무의식에 영향을 주려는 의지와 능력에 연루시켜 말하려고 할 것이다. 그러나 우리는 그런 답변에 만족할 수 없다. 또한 우리가 그 영향의 성격을 좀 더 깊이 조사해 보기 전까지는 그것을 영적이요 도덕적이라고 부를 수 없다. 영적 힘이 사람에게 또는 육체에 작용하는지는 모르겠다. 그러나 오만 박사(Dr. Oman)가 말한 대로, 만약 그 힘이 전능한 힘이었다면, 그 힘과 그 힘의 작용은 도덕적 가치에 관한 한, 인격적 관계를 파괴하고 아무것도 없게 할 것이다.

> "외부에 있는 한 힘이 굽어진 기질을 바르게 하기 위하여 우리와 독특한 관계를 가질 수 있을지는 모른다. 그러나 우리와의 인격적 관계는 있을 수는 없다. 이는 마치 폭풍이 한 배와 관계가 있지만, 인격적 관계가 아닌 것과 같다. 곧 폭풍은 작은 배가 보이지 않게 만들고, 키가 흔들려 하나의 통나무 같이 배를 항구에서 밀려나게 한다. 여기에 관계는 있다고 하지만 이는 인격적 관계가 아니다. 폭풍은 여전히 암초에 걸린 불행한 배들을 박살내는 폭력이다. 따라서 이런 종류의 은혜는 선택되지 않은 자를 지옥으로 몰아넣는 것과 같은 힘일 것이다."[309]

성결을 추구하는 사람들이 때로는 그들의 천박한 갈망 가운데서 바로 이것(성결)을 구했다는 것을 부인할 수 없다. 그들 안에 있는 죄의 힘을 느끼면서 또한 그들의 의지력이 거의 마비된 것을 알면서, 그들은, 우리가

---

309) Oman, *Grace and Personality*, 72(edit, 1925).

스쿠갈의 글에서 보았듯이, "어떤 전능의 역사"310)를 간절히 바랐다. 또는 찰스 웨슬리가 간구했듯이, 다음과 같이 외쳤다.

"당신의 은혜로 나를 무찌르시고, 주관하소서.
죄짓는 힘을 없애 주소서."

그러나 만약 하나님이 그런 기도를 인정하셨다면, 이는 하나님이 그의 어린이들에게서 그들이 가지고 있는 그 작은 도덕적 가치를 빼앗는 격이 될 것이다. 하나님은 하룻밤 동안에 완전한 지구를 준비할 수 있을 것이다. 그러나 (기계적으로 행동하는 사람에게는 몰라도) 자유로운 존재에게나, (인형에게는 몰라도) 인격자에게나, 또한 (단지 꼭두각시에게는 몰라도) 남자나 여자에게는 그렇게 할 수는 없다.

이 문제는 하루하루의 삶과 실제적으로 연루된 일이다. 많은 사람이, 감옥에 갇힌 듯이 악한 습관에 매였던 사람이, 그 방탕한 생활에서 거듭나서 어떤 기적이 일어났다고 주장한다. 저자도 술고래들이 그들의 삶을 하나님께 헌신하고 그들을 오랫동안 괴롭혔던 갈망에서 재빨리 벗어난 것을 알고 있다. 그중의 한 사람은 즐겨 다음과 같이 말한다. "하나님께서 나의 영혼을 구원하였을 때, 하나님은 나의 목마름을 그치게 하셨다." 그리고 그의 말은 그 후의 오랫동안의 금주 생활에서 강조되었다.

또 어떤 사람은 그와 같은 입장이었지만 그와 똑같은 해방감을 즐기지 못하고, 새로운 믿음을 가지고도 유혹과의 무서운 전쟁에 오랫동안 빠졌음을 보았다는 것도 맞는 이야기이다.

그러면 왜 한 사람은 그랬고 다른 사람은 안 그랬는가? 여기에 하나님의 뜻에 깊은 신비가 숨겨져 있는 것인가? 그러면 우리가 한 사람은 훌륭

---

310) Scougal, *The Life of God in the Soul of Man*, 56; cf. also Rolle, *The Fire of Love*, 160.

한 믿음과 신뢰를 얻었고, 다른 사람은 그에 미치지 못했다고 말해야 하는가?

그럴지도 모른다. 사람의 믿음의 힘을 검증한다는 것은 거의 불가능한 일이다. 그러나 배제하는 새로운 애착(감정)의 힘이 강해서, 우리의 영혼을 더럽히고 있는 완고한 죄들을 물리친다는 것을 믿기는 어렵지 않다. 그리고 아마도 깨끗해지기를 갈망하는 사람에게 적절한 말은 여전히 그리스도의 말씀, "네 믿음대로 네게 되리라"는 말씀일 것이다. 311)

그러나 우리는 이것은 비인격적인 작용에서 이루어진 것이 아니며, 그저 전능의 신이 일격을 가한 것이 아님을 주장해야만 한다. 그렇게 용인하는 만큼 이는 도덕적 사고를 무의미하게 만들 것이요, 또한 하나님과 만나게 하되, 그의 뜻을 이해하기 힘들 뿐 아니라 그의 뜻을 예측할 수 없는 하나님과 직면하게 하는 것이 될 것이다. 그리고 이는 우리의 총회에서 '성결'이라는 말들을 지워버리게 할 것이다.

성령께서 잠재의식 또는 무의식에 영향을 주었다는 것은, 성령이 우리를 우리의 의식 가운데서 만났다고 하면 종교나 도덕의 문제에서 문제 될 것이 없다. 그리고 대부분의 즉각적인 회심은 없는 데서 나오는 도깨비처럼 갑자기 오는 것이 아니다. 회심에는 그 중심에 영혼과 하나님과의 진정한 관계에 대한 어떤 눈부신 의식이 있다.

이는 순간적으로 오는 것이다. 이는 힘들게 생각한 데서 오는 것이 아니라 통찰력이기 때문이다. 시간과 영원에 깊게 연관된 것으로, 이는 사실상 완전히 혁명적일 수 있다. 그럼에도 불구하고, 관계의 갑작스러움이나 변화가 온전히 이루어지는 것은 전능한 능력이 비인격적으로 사람에게 작용함으로 이루어지는 것이 아니다. 이는 인격 간의 관계로서, 그에 대한 의식이 인간에게 있다. 비록 이 만남이 전능하신 하나님과 지금은 참회하는 죄인과의 관계이기는 하지만 말이다.

---

311) 마 9:29.

우리가 생각의 여러 가지 단계에 대하여 바로 알아보기에 필요해서 채택한 비유를 두고, 다른 사람들에게서 그랬듯이 우리를 함정에 빠지게 할지도 모른다고 의심한다. 그 단계들은 별개의 층들(strata)이 아니고, 하나에서 다른 것으로 혼합해 나간다. 즉 '의식'이 '전 의식(pre-conscious memory)'을 통하여 '잠재의식(sub-conscious)'으로 옮겨간다. 이는 마치 우리가 어느 하루를 택할 수도 없고 또한 "나는 그전에는 아이였는데 그 후는 성인이다"라고 말할 수 없는 것과 같이, 무의식에는 결정할 수 있는 확고한 경계의 선이 있을 수 없다.

의식을 일으키게 할 수 있고 또한 악한 생각을 일으키게 할 수 있는 잠재의식에 있는 것들은 또한 능히 또는 친히 받아들인 하나님의 은혜에 의하여 이기게 할 의식도 일으킬 수 있다. 그래서 여기에서 기계적인 비유가 몹시 불합리한 것 같지만, 사람은 생각의 회전운동을 상상해 볼 수 있다. 그 상상에서 의식이 하나님을 시원하게 하며 깨끗하게 하는 생명력을 만나기를 바라고, 그리고 다시 건강과 정결함을 우리의 정신생활의 적절한 수준에 가져다주기를 바란다.

이런 의미에 있어, 그때 우리는 우리 앞에 있는 문제에 대하여 분명한 답을 주게 된다. 즉, 우리는 성령이 무의식에 영향을 줄 수 있다고 믿는다. 우리가 이미 말한 대로[312] 이에 대해 요한복음에 그런 방향으로 말하는 듯한 분명한 약속이 있다고 할 수 있다. 거기에서, 성령께서는 그리스도가 사도들에게 말한 것을 다 기억나게 할 것이라고 말하고 있지 않는가.[313] 그렇다면, 이는 성령의 도움이 잠재의식에는 아닐지라도 전의식(pre-conscious)에 있었다는 것을 말하는 것이 아닌가 말이다. 그렇다면, 우리 모두에게 오는 이런 환상의 순간들, 그리고 우리의 정신생활에서 흩어졌던 일들을 합성시키며, 우리의 성격을 결합시켜, 하나님의 계시의

---

312) Frayn, *Revelation and the Unconscious*, 139-43.
313) 요 14:26, cf. 롬 5:12ff, 8:2f.

내용을 나누는 일 등은, 그것의 출처가 모두 같은 하나님께서 하시는 일에 있다고 믿는 것은 어려운 일이 아니다.

　아무도 이 성령의 영향력이 깨닫고 호응한 마음에 받아들여진 도덕적 인식의 주체가 됨이 없이, 전개된다고 말할 수는 없다. 사실인즉 호응은 때로는 거의 잠재적 의도에서 일어날 수도 있다. 이는 꽃이 태양이 있는 쪽으로 자연스럽게 향하는 것처럼 거기에는 의지적인 직접적인 작용이 전혀 없었던 같다. 예를 들어서, 사람이 대학교에 있은 삼년 동안에 그에게 영향을 준 여러 가지를 아주 엄밀히 판정하여도, 그가 끝내는 같은 사람이 아니라는 것이 얼마나 분명한가.

　하나님의 성령은 보다 더 친절하게 우리 안에서 역사하신다. 그러나 결코 우리의 인격에 폭력을 가하지 않고, 단지 우리가 더 높은 삶으로 올라가도록 우리를 강요하며, 그리고 애쓰신다. 믿음은 우리를 위하여 더 큰 일을 행하고자 하는 성령의 역사 안에서, 하나님이 시작하신 그 변화를 몇 배나 증대시킬 것이다. 이제는 18세기에 있었던 그런 일들을 우리가 알아보아야 하겠다.

제16장

웨슬리 추종자들의 증언
(The Witness of Wesley's Followers)

이제 우리는 성결의 은혜를 받았다고 주장하는 존 웨슬리 초기 추종자들의 꾸밈없는 증언을 고려해 보는 단계에 이르렀다. 그런 간증은 적지 않다. 웨슬리는 그의 추종자들에게 하나님께서 그들에게 이루신 일들을 기록하라고 격려하였다. 그리고 그들의 간증의 글 가운데 좋은 것들은 알미니안 잡지(Arminian Magazine)에 기쁨으로 발표하였다. 그러므로 그 잡지에서 기독자 완전의 교리에 관한 많은 가치 있는 것을 발견할 수 있다.

그러므로 그의 『기독자의 완전에 관한 해설(A Plain Account of Christian Perfection)』, 그의 설교, 일기, 편지에서 발견한 웨슬리의 교리의 모든 특징이 거기에 구체적으로 드러나 있다. 그 은혜의 본질은 사랑이다. 의식적으로 지은 모든 죄는 다 추방되었다. 이 은혜는 믿음으로 순간적으로 받는 것이다. 그리고 그에 대한 확신이 따른다. 이 은혜는 지금 여기에서 주어지는 것으로서, 현세의 삶의 분주한 가운데서도, 이 세상의 염려로부터 영적으로 초연함을 즐긴다.

이 말들은 단순하다. 있는 그대로 18세기에서 그렇게도 좋아하는 문학적 격식을 갖추려고 하지 않았다. 그들의 글에는 진지함이 보인다. 말하는 사람들은 그들의 인상적인 경험을 즐거워하고 있다는 것을 아무도 의심할 수 없다. 그러나 우리는 그들의 설명들이 건전한 것인지 아닌지를 결정해야 한다. 그러나 어떤 결론이 나오기 전에 먼저 그들의 말을 들어야 한다.

그러면, 그의 추종자들의 증언들이 표현하는 웨슬리의 교리의 특징들을 자세히 살펴보자.

(1) 본질은 사랑이다(Love is Key)

존 올리버(John Oliver)는 1732년에 스톡포트(Stockport in Cheshire)에서 태어나, 거듭났고, 1748년에 메소디스트에 가입하였다. 그가 온전한 성화를 간절히 사모하게 된 것은 1762년 여름이었다고, 그는 말한다.

"나는 전에 보다 더 깊이 타고난 죄(inbred sin)를 깨닫게 되었고 또한 거기에서 나를 구원하는 하나님의 약속도 깊이 깨닫게 되었다. … 나는 이 구원을 하나님께 간곡히 구하였다."

그의 기도는 응답되었다. 나는 친구의 초청을 받아 링컨에 있는 여관에 갔다. 그리고 그들은 이 특별한 일을 위하여 다른 사람들과 함께 기도하였다.

"주님은 우리의 간절한 기도를 들어주셨다. 그리고 우리는 우리가 하나님께 구한 바를 받았다. 나는 성령과 불로 세례를 받았다. 그리고 나는 완전한 사랑이 두려움을 물리친 것을 느꼈다. 하늘의 아버지와 그의 아들과 성령과 우리 사이의 교제는 대단했다. 내가 은혜의 보좌에 접근한 적이 있는 것은 바로 이 기억할만한 이 날에 서였다. 우리 주님은 말할 수 없을 만큼 나에게 가까이 계셨다. 우리가 구하면, 우리가 원한 것을 다 가지게 될 것 같았다. … 이때부터 나는 능력과 사랑의 정신으로 출발하였다. 나는 사랑 외에 아무것도 느끼지 않았고, 더 많은 사랑 외에 다른 아무것도 원하지 않았다. … 그날부터 지금까지, 나는 기독자 완전에 대한 나의 견해와 애정을 잃어버리지 않았다(그가 1779년 6월 10일에 그렇게 기록하고 있다)."314)

알렉산더 맥내브(Alexander M'Nab)도 이 은혜의 중심은 사랑이라고 마찬가지로 강조한다. 그는 그 은혜를 받은 후, 자기의 마음 상태를 다음과 같이 기록하였다.

"그러므로, 지금 나는 하나님의 은혜를 받았고, 하나님의 평화가 내 양심에, 내 마음속에 있고, 그리고 내 정신은 예수님의 완전한 형상을 위하여 열렬히 열망하고 있는 것을 믿을 수 있었다. 나는 매일 성령에 의하여 예수를, 주님을 부를 수 있었다. 나를 향한 약속들에 힘입어 나의 믿음을 강하여졌다. 하는 모든 일은 하나님의 임재와 선하심을 나타낸다. 나는 하나님의 집에서의 정례의식들을 기뻐하였다. 나는 하나님의 복음은 물론, 그의 율법도 아주 존중히 여겼다. 나의 마음은, 예수를 모르는 동료들을 향한 동정심으로 가득 차 있었다."315)

리차드 왓코트(Richard Whatcoat)는 1761년 3월 28일에 거듭나는 은혜를 받았다. 그때 그의 나이는 25세였다. 행복에 넘치는 순간이 왔을 때, 그는 다음과 같이 말하였다.

---

314) *Arminian Magazine*, 1779, 427f.
315) Ibid., 1779, 245.

"갑자기 사랑을 제외하고는 모든 것은 나에게서 떠나갔다. 나는 온통 사랑과 기도, 찬양으로 채워졌다. 그리고 이 행복한 상태에서, 더욱 기뻐하며 모든 일에 감사하며, 여러 해를 지냈다. 나는 나의 영혼과 몸을 위하여, 내가 매일 받은 것 외에 아무것도 더 원하지 않았다."316)

(2) 의식적으로 지은 죄는 모두 없어졌다.

존 포슨(John Pawson)은 1737년 리드 근처에 있는 소너(Thorner)에서 태어났다. 그리고 1755년에 처음으로 메소디스트들을 만났다. 그때 그는 일반 사람들과 같이 메소디스트들에 대한 선입관을 가지고 다른 모든 사람보다 미워했다. 그런데 1760년 3월 16일, 주일에 그에게 큰 변화가 생겼다. 그때 그는 자기 안에 있는 죄의 힘이 깨지는 것을 느꼈다. 그는 다음과 같이 말했다.

"나는 계속해서 하나님의 빛 안에서 지냈다: 아무도 나의 하나님을 향한 애정을 모를 것이다. 나는 한결같은 마음으로 하나님을 섬겼다. 나에게는 나를 괴롭히는 유혹이 없었고, 오히려 모든 죄를 이기는 힘이 계속 있었다. 그래서 나는 하늘의 경지에서 사는 듯 살 수 있었다." 317)

"M. G. 도 죄를 정복했다"는 식으로 말하고 있다. 그녀는 이 은혜를 받은 후에 있은 여러 달과 날에 대하여 다음과 같이 말하고 있다.

---

316) Ibid., 1781, 192f.
317) Ibid., 1779, 34.

"나는 믿음과 평화, 사랑의 사람이었다. 나는 하늘에 있는 모두가 나와 같이 하나님을 찬양할 것을 호소했다. 그 후 나는 주님 안에 자리를 잡고 있게 되었다. 내 마음은 한 조각의 순금과 같았다. 그리고 나의 하나님에 대한 지식은 날로 커지고 있었다. 그리고 하나님의 관례가 내 마음에 들었고, 하나님의 모든 정례의식을 내가 좋아했다. 아무것도 지금은 나를 난처하게 만들지 않는다. 무슨 일이든지 좋다. 하나님은 항상 나와 함께 계신다. 하나님은 내 안에 계시며 내 안에서 걸으신다. 하나님은 내 마음을 정결하게 하셨으며, 왕으로 거기에 앉아 계신다."318)

윌리엄 그린(William Green)은 1774년 12월 12일에 은혜를 받았다. 그는 그때 35세였고, 이 은혜를 체험하기 4년 전에 거듭났다. 그는 죄에서 해방된 그 시간을 다음과 같이 말하고 있다.

"하나님의 약속하신 것이 내 마음에 아무 지장 없이 흘러들어왔다. 나는 변화는 누구에게나 있는 것이라는 것을 쉽게 인지했다. 그리고 나는 나의 모든 우상으로부터 그리고 나의 모든 더러운 것들에서 씻음을 받았다고 느꼈다. 나는 내가 사랑했던 것만큼 많은 빚을 가진 것 같았다. 그래서 일주일 동안, 지난 몇 해 동안 생각하고 있었던 것보다 더 분명하게 믿음의 생활에 대한 식견을 가질 수 있게 되었다. 이처럼 예수님은 그의 백성들을 그들의 죄에서 구원하신다."319)

---

318) Arminian Magazine, 1780, 274.
319) Ibid., 1781, 305.

(3) 이는 일반적으로 일정한 한순간에 시작한다.

윌리엄 헌터(William Hunter)는 다른 많은 사람이 하듯이 이 점에 단호하다. 그는 1728년에 노섬벌랜드의 플레이시(Placey in Northumberland)라는 동네에서 태어났다. 그는 중생한 후 몇 해 지나서 온전히 씻음 받는 은혜를 받았다. 그는 그것들이 동시에 일어났기를 바랐었다. 그러나 후에 발견하였다고 하면서, 다음과 같이 말하고 있다.

> "내 성격은, 내가 생각한 것만큼, 많이 변하고 있지 않았다: 나는 내 안에 하나님의 은혜에 반대되는 많은 것들이 있음을 발견하였다. 그래서 계속 조심하고 기도하는 일이 없어서, 전에 범했던 같은 죄를 범하고 있었다."

그 후 그는 더 큰 은혜 곧 성결의 은혜가 있는 것을 믿게 되어서, 그 은혜를 구하였다. 18년 후에 그 은혜를 체험하고, 그에 대해 다음과 같이 설명했다.

> "나는 불신앙이 내 마음에서 없어진 것을 발견하였다. 내 영혼은, 과거에 느껴보지 못했던 그런 믿음으로 가득 찼다: 그리스도를 향한 나의 사랑은 불과 같았다. 하나님도 그렇게 보였다. … 오호, 내가 얼마나 하나님과 함께 있고 싶어 했는고. 내 영혼의 힘에 변화가 생겼다. 그리고 나는 거룩한 하늘의 성향이 증가한 것을 느꼈다. 마치, 나에게서 모든 악한 것은 없어지고, 하늘과 하나님만이 있는 것 같았다고 말할 수 있다."[320]

---

320) *Arminian Magazine*, 1779, 594-6.

그러나 그 순간에 온 것은 하나님으로부터 순간순간 받았어야 하는 것이다. 윌리엄 헌터는 자기가 받은 그 은혜의 상태에서 떨어질 수 없다고 믿지 않았다. 그는 말한다.

"나는 하나님의 은혜가 순간순간 필요하다고 생각한다. 내가 믿음으로 걸어간다. 나는 그 만큼 그리스도를 언제까지나 필요로 한다. 내가 진실로 말하노니, '매 순간, 주여, 나는 당신의 죽음의 공로를 필요로 합니다.' … 나는 당신의 힘에 의해 살아갑니다. 나는 구원을 받고 있습니다. 내 마음은 불변합니다. 내가 의지하는 것은 분명하고 확고합니다."321)

알렉산더 매더(Alexander Mather)는 1773년에 브레친(Brechin)에서 태어나 웨슬리가 가장 신뢰하는 사역자 가운데 하나가 되었다. 그는 우리가 중요하게 관심 갖고 있는 신앙체험을 1757년에 로더럼(Rotherham)에서 하였다. 그때의 일을 (1779년에) 적어 두었다. 그는 솔직하게 그 경험이 초창기에 가졌던 것처럼 분명하지 않다고 인정했다. 그러나 이 경험이 한순간에 왔다고 주장하고 있다.

"내 영혼이 경험한 것은 내가 오랫동안 두드러지게 신음하던 모든 나쁜 성미와 애정들로부터 순간적으로 해방을 받은 것이었다. 곧 하나님께 전적으로 헌신하며, 모든 피조물로부터의 이탈이다. 그 순간으로부터 나는 만사에 하나님의 뜻을 행하는 가운데, 말할 수 없는 기쁨을 발견하였다. 나는 또한 그렇게 할 힘도 있었고, 하는 일에는 내 양심과 하나님의 변함없는 찬성이 있었다."322)

---

321) Ibid., 1779, 597.
322) Ibid., 1780, 203.

이 은혜의 성격이 순간적이라는 것에 관하여, 토머스 랭킨(Thomas Rankin)도 같은 말을 하고 있다.

> "나는 온전한 성화를 갈망하는 신자 몇 사람과 만나고 있었다. 그들이 기도한 다음에, 나도 또한 구원자의 이름을 불렀다. … '주님, 우리는 당신의 보혈로 산 사람들이 아닙니까? 그러니 우리로 하여금 모든 악에서 구원받게 하소서' 하고 우리의 마음과 입술로 말하고 있는데, 한순간에 하나님의 능력이 내 영혼에 내려와서 나는 더 이상 기도를 할 수 없었다. … 매 순간 나의 마음에서 나오는 말은 '오호 예수가 나를 위해 하신 것이다'였다."323)

(4) 이 은혜에 대한 확신이 수반한다.

존 매너스(John Manners)는 풀을 깎고 있을 때, 이 은혜에 대한 확신이 왔다. 요크셔 월드(Yorkshire Wolds)에 있는 아버지의 농장에서 분주하게 일하면서, 이 새롭고 놀라운 변화를 즐기고 있었다. 그는 이 확신을 "전에 가져보지 못했던 큰 변화"라고 불렀다. 곧 마음에 교차하고 있던 어두운 생각에 준 큰 변화다. 그는 스스로 속고 있었다고 생각하는가? 만약에 이것이 다 환상이었다면 어떨까? 이에 그는 다음과 같이 말한다.

> "나는 주님께, 내가 나를 속이지 않도록 하시고, 내가 죄에서 구원을 받았다면, 나에게 증거(witness)를 주시옵소서! 하고 간구했다. 약 한 주 안에 주님은 나에게 그런 요구와 성령의 분명한 증거를 주셨다. 그 증거는 그 후 한순간도 나를 떠나지 않았다. 지금 나

---

323) *Lives of E. M. P.*, v, 169f.

는 항상 하나님 안에서 행복하다. 나는 하나님의 사랑 그리고 나의 생각과 바람, 그리고 말과 행동이 항상 그로부터 흘러나오는 것을 느끼고 있다."324)

토머스 조이스(Thomas Joyce)는 해군의 봉범장(sail-maker)이었다. 그는 1712년에 포츠머스(Portsmouth)에서 태어났다. 그는 젊었을 때, 모든 악한 일을 하다가 1747년에 8월에 하나님을 열심히 구하기를 시작하여, 마침내 1752년 11월에 죄에서 용서함을 받았다. 1757년 초에 그는 온전한 성화를 추구하였다. 그러다 그해 2월 22일 화요일 저녁에 그 은혜를 체험하였고, 그에 대한 내적 증거가 왔다. 그는 다음과 같이 말한다.

"나는 내 몸이 땀투성이가 될 때까지 이 은혜를 달라고 간구하면서 기도에 들어갔다. 그러나 나는 '너는 구원의 날에 이르렀다'는 말씀이 있었다고 느끼기까지는 그 자리를 뜰 수가 없었다. 나는 내가 의롭다함을 받았을 때 느꼈던 것보다 더 큰 변화를 즉시 느꼈다. 나는 내 영혼이 모두 새로워진 것을 느꼈다. 그리고 죄가 완전히 죽었다는 증거를 느꼈다. 그리고 그 시간 이후로, 나는 계속해서 빛과 사랑과 그리고 성결이 증가함을 발견하였다."325)

(5) 거기에는 일상 금욕주의 같은 면이 있다.

토머스 클라크(Thomas Clark)는 1724년에 리플리(Ripley) 근처에서 태어났다. 그리고 18세 때 감독에게 견신례를 받았다. 그가 받은 견신례

---

324) *Arminian Magazine*, 1780, 276.
325) Ibid., 1781, 421.

는 그에게는 대단한 의미가 있었다. 그는 25세 때 결혼을 하였고, 그 후 그는 세상에 대한 걱정과 욕망이 자기를 말라 죽게 하였다고 느꼈다. 메소디스트들을 만나면서 그에게는 깊은 영적 생활에 대한 갈망이 생겼고, 1759년에 휫트선타이드(Whitsuntide)에서 한없는 용서를 받은 느낌을 갖게 되었다. 그러나 지금 그의 기쁨에 비친 하나의 그림자는 '타고난 죄에 대한 생각'이었다. 아직도 악이 그의 성격에 잠복하고 있다는 자각이었다. 그것 때문에 그는 먹고, 일하는 힘, 또는 잠자는 힘도 없어졌다. 이것에서의 해방이 1759년 8월 첫째 주일에 왔다. 그는 말한다.

"나가 일하고 있었는데, 그때 나는 그런 사랑과 능력으로 채워져, 나는 더 이상 일을 할 수 없었다. 내 영혼은 사랑으로 녹았고, 눈물이 내 뺨에 흘러내렸다. 그리고 얼마 후에, 이 말씀이 들렸다. '내가 이 주 동안 어디를 가든지 너를 따라다니던 육과 영의 모든 불결한 것들에서 너를 깨끗하게 하였다.' 그러나 나는 아무에게도 이 일을 말하지 않으려고 생각했다. 그러나 나는 자제할 수 없었다. 그 후 내 안에 계속해서 그 증거(witness)가 있는 것을 의심하지 않았다. 나는 하나님의 뜻 외에 다른 것을 느끼지 않았다. 내 영혼뿐만 아니라 내 몸까지도 새로워진 것 같았다. 나에게 아내가 있고 어린아이가 다섯이 있지만 그들에 대한 걱정이 없다. 나는 매일 악한 자들 사이에서 일하지만, 그들에게 방해를 받거나, 해를 입지 않는다. 나는 하나님 안에서 사랑과 평강이 충만해, 항상 행복하다. 그리고 나는 무기력이나 지쳐버림을 느끼지 않고, 계속해서 더욱 믿음을 사랑하며 영원한 생명을 향하여 올라가고 있다."326)

그에게는 아내와 다섯 아이가 있지만, 그는 그들에 대하여 염려하지 않

---

326) *Arminian Magazine*, 1781, 534.

는다고 했다. 불안(anxiety)이라는 말이 그의 생각에는 없었을 것이다. 그러나 오늘의 입장에서 보면, 거기에는 분명히 세상일에는 무관심하다는 의미가 있다고 생각할 것이다.

존 퍼즈(John Furze)는 전적으로 웨슬리를 보좌하는 사람들 가운데 하나였다. 그는 믿음 때문에 많은 고생을 하였다. 그가 솔즈베리 평원(Salisbury Plain)에서 설교하고 있을 때, 누군가가 그를 겨누어 총을 발포하였다. 그러나 그 총알이 그의 머리털 끝을 스쳤을 뿐이어서, 그는 죽음을 면했다. 그가 그렇게 믿었던 온전한 성화가 한순간, 곧 그가 죽는다고 생각했을 때에, 그에게 임했다. 이 일이 요크셔의 혼비(Hornby in Yorkshire)에서 있었다. 그의 병이 아주 심해져서 그에게는 회복되리라는 희망은 사라졌다. 그때 그를 위로하듯, 다른 설교자가 편지를 보내 "내게 말하기를, 그가 와서 나의 장례식 설교를 해 주겠다고 했다. 그래서 나는 대단히 기뻤다." 그는 계속 말한다.

> "내 침대 옆에 앉아 있는 여자가 말하기를, '전에 여기서 설교자가 죽은 일은 한 번도 없었어요. 우리는 많은 사람이 장례식 설교를 듣게 될 것이군요.'라고 하였다. 나는 그중의 한 사람이, '지금 그는 죽어가고 있군요.'라고 말하는 것을 들었다. 그동안에, 나는 마음으로 부르짖었다. '주여 지금 나를 거룩하게 하소서. 나는 지금 거룩해져야 합니다.' 그 순간 나는 하나님의 성결케 하는 영의 강한 힘을 느꼈다. 성결케 하는 성령이 내 영혼에 순화하는 불같이 내려왔다. 그리하여 모든 불의로부터 성결하게 하시고, 씻어주셨다. 그리고 그 순간부터 나는 회복되기 시작했다."[327]

---

327) Ibid., 1782, 638.

내 침대 옆에 앉아 있는 여자가 그들의 기대대로 그가 죽지 않고 살았기 때문에 조금 실망했으리라고 생각할 것이다. 그러나 분명히 '내세'에 대한 생각이 모든 이야기를 뒤덮었다. 이 세상은 쓸쓸한 사막이요 천국이 그들의 집이다.

많은 사람의 증언으로부터 우리는 웨슬리가 가르친 그 교리가 그의 추종자들이 주장했고, 경험한 교리였다는 축적된 증거를 받아들였다. 만약 우리가 그들의 지도자가 단순히 자기의 의견을 그들의 마음에 강요했다고 생각한다면, 그 말들의 정직성과 일치성을 정당하게 다루는 것은 결코 아닐 것이다. 그들의 증언은 다양하다. 그들의 이야기는 항목마다 다르다. 그러나 이야기의 본질에서는 아주 비슷하다. 그러므로 그들의 말을 엉뚱한 생각이라고 또는 의외의 일치라고 물리칠 수는 없다. 분명히 무엇인가가 일어난 것이다. 그러면 무엇이 일어났단 말인가? 그들이 스스로 속고 있는 것인가? 그런 은혜를 받은 적이 있었다는 것을 들으면서, 그들이 다른 것을 상상했다는 것인가? 단순히 그들이 시도한 것을 발견한 것이었던가? 그들이 시도하였기에 발견한 것인가?

아니면 그저 임한 단순한 마음의 평화였던가? 싸움을 멈춘 영혼에게 임하는 평화였던가? 아니면 그것이 성결이었고, 이는 보다 깊고 완전한 것이요, 전에 알았던 어떤 것보다 더 크게 영향을 미치는 것이었다고 말하는 그들이 전적으로 옳은 것인가?

이런 것이 우리가 바로 이제 다루어야 할 문제들이다.

제17장
그것은 망상인가, 성결인가, 평화인가?
(Is It self-deception, Sanctification or Peace?)

저자가 생각하기에는, 앞 장에서 소개한 간증들을 통해 간증했던 여러 사람에게 어떤 감동적인 경험이 임했다는 것을 부인할 수 없다. 그들의 간증이 어떤 독자에게는 제임스(James)가 『종교적 경험의 다양성(Varieties of Religious Experience)』[328]에서 언급한 것처럼 지루하게 느껴질 수도 있을 것이다. 그러나 그 간증들에는 유사함도 있고 차이점도 있다는 것을 쉽게 알게 된다. 모든 증언은 그들이 종교에 대한 같은 열심을 갖고 있기 때문에 한 타입으로 나타나야 할 것이라고 생각되지만, 그들의 정신 구조와 젊었을 때의 성장 과정에 있어 다양한 타입이고, 또한 (똑같은 정도에서는 아닐지라도) 다른 사회적 배경을 가진 사람인 것은 분명하다. 세상에는 음울한 스코틀랜드인이 있는가 하면, 예민한 런던 사람도 있다. 그리고 노섬브리어 사람과 요크셔 사람, 체셔의 사람과 햄프셔의 사람이 있다. 어떤 사람은 경건한 가정에서 자라나 선한 일에서 심각하게 벗어난 일이 없었고, 또 다른 사람은 오랫동안 방탕한 생활을 하다가 하나님께 와서 이 놀라운 경험을 하였다. 어떤 사람은 단순하게 살다가 죽었고, 어떤 사람은 타고난 재주가 많아서 사는 동안 많은 학식을 취득했다. 그들의 말은 모두 정직하다.

그들이 거짓말쟁이가 될 수 없다. 그러면 그들이 자기의 착각으로 속았

---

328) cf. Barry, *The Relevance of Christianity*, 32.

다는 말인가? 만약 죄가 완전히 근절되었다고 하는 그들의 주장을 의심할 만한 이유들을 보았다고 해서, 민감한 양심을 가진 이 사람들이 의식적인 죄와 그리고 심지어 유혹의 압력에서 해방을 얻었다는 것을 의심할 수 있을까? 그들에게는 유혹이 있었다. 그러나 그 싸움은 오래가지 않았다. 그들은 유혹의 성격과 그것을 물리칠 수 있는 능력과 빨리 알아보는 통찰력을 가지고 있었다. 이는 그들의 마음에 있는 하나님의 감시를 벗어나는 것은 아니다. 그들은 생활에서 승리한다. 그들은 사랑에 대해서만 생각한다. 그리고 사랑이 초자연적이라는 것이 하나의 사실로 증명되었다. 곧 이 사랑은 좋아하는 사람들의 하는 일에만 국한하지 않고 모든 사람에게 넘쳐나간다는 사실로 입증되었다. 간단히 말해서, 그들은 본질적으로 좋아할 수 없는 사람들을 깊이 사랑한다.

 그들은 영원히 머물러야 하는 은혜를 한순간에 얻는다고 주장하지 않는다. 그들은 그들의 경험을 묘사하는 말로, '상태(state)'라는 말을 사용하기를 싫어한다. 왜냐하면, 그 말은 단지 '정적인 것(정지된 상태)'을 의미하기 때문이다. 그리고 그들은 이 생명은 하나의 '순간순간 살아가는 생명'이라고 생각했다. 우리는 '순간순간'의 삶이 가능하며, 또한 영적으로 합당하다고 생각하는 이유를 보았다. 그러나 저자는 18세기의 문헌 어느 곳에서도 이 경건한 사람 중에 누구도, 의심을 저지하기 위하여, 또 믿음의 통로가 하나님의 사랑 유입에 있어 방해받는 일이 없게 하려고, 또한 죄에 대한 승리를 계속 유지하기 위하여, 그런 표현 방법을 사용했다는 어떤 설명도 발견할 수 없었다. 그들은 물론, 모든 '은혜의 수단'을 규칙적으로 사용할 것을 강조한다. 그들이 항상 행한 은혜의 수단은 개인기도, 예배 참석, 성경공부, 성도의 교제, 그리고 성만찬 참여 등이다. 의심할 것 없이 이런 수단들은 중요한 것이었다. 그러나 저자는, 그들이 숭고한 시간에, 또는 그들에게 닥쳐올 수밖에 없는 의혹의 날들에 그들이 정신적으로 한 일에 대한 자세한 설명은 어디에서도 발견하지 못하였다.

그러므로 나는 1830년대 열심 있는 두 사람이 쓴 두 가지의 경우를 인용하여야 하겠다. 이 두 사람은 이 가르침을 믿고, 내가 알기로는, 이 가르침이 어떻게 믿음의 힘이 모든 의심, 곧 하나님은 죄를 극적으로 다루실 수 있다고 믿는 사람의 믿음이 모든 의심을 극복했고 또한 물리친다는 것을 설명해 줄 것이다.

첫 번째로 조지 잉그램(George S. Ingram)의 경우를 소개하고자 한다. 그는 18세기의 메소디스트들이 체험한 그 은혜를 받았다고 주장한다. 그는 다음과 같이 말한다.

"하나님께서 나에게 은혜를 주서서, 데살로니가전서 5장 23-24절에서 약속하신 대로 나를 온전히 거룩하게 하시는 하나님을 신뢰하도록 함으로, 마귀는 내가 하나님을 의심하도록 유혹하지 않았다. 내가 무릎에서 일어나기 전에는, 내가 하나님께서 내 마음을 모든 죄로부터 깨끗하게 하였다는 것에 대한 하나님의 내적 확신을 기다리는 동안, 마귀는 나를 매일 매일 공격했다. 마귀는 다시, 내가 아무것도 느끼지 않았으므로 아무 일도 일어나지 않았다고 의심하도록 공격하였다. 그러나 매번, 하나님은 내게는 하나님이 주신 약속이 있다고 나로 하여금 마귀에게 대적할 수 있게 하셨다; 그랬더니 매번, 마귀는 나를 떠났고, 말씀으로 승리했다. 그리고 그때, 하나님의 시간에, 하나님께서 내 마음을 모든 죄로부터 깨끗하게 하셨고, 성령으로 내 마음을 채우셨다는 것에 대한 하나님의 확신이 임했다. 그리고 그 내적 확신은 여러 해 동안 대단히 귀한 것으로 나에게 머물러 있었다."[329]

그 후에 그는 이 경험을 이렇게 말하였다.

---

329) Igram, *The Fulness of the Holy Spirit*, 23.

"그리고 심한 믿음의 싸움이 시작되었다. 마귀는, 내가 하나님께서 모든 죄로부터 내 마음을 깨끗하게 하셨다는 내적 확신을 기다리고 있는데, 나에게 지옥의 대포를 열흘 동안이나 쏘는 것이었다. 마침내 내가 사도행전 2장을 읽고 있는 동안 하나님은 나에게 내가 그토록 바라고 있던 내적 확신을 주셨다. … 내 영혼에 깊은 평화를 주셨다."330)

다음으로 스탠리 존스 박사(Stanley Jones)의 경우를 들 수 있다. 그도 또한 이 성결의 경험을 하였다.

"나는 하루 책 선반을 보다가 『행복한 생활에 대한 그리스도인의 비결(Christian's Secret of a Happy Life)』이라는 제목의 책을 발견하였다. 그때 나는 이미 여러 해 동안 신자였다. 이 책을 읽는 가운데, 이런 자유와 충만한 삶을 발견하여야겠다는 생각이 불같이 떠올랐다. 이 책의 42쪽에 이르렀을 때, '지금이 그를 발견할 때다'라는 내적 음성이 들렸다. 나는 무엇을 원했는지를 몰랐고, 그리고 또한 그 후에 내가 구하여야 할 것도 모른다고 말했다. 그러나 그 내적 소리는 강압적으로 말했다. '지금이 구할 때다.' 책을 계속해서 읽으려 했지만, 글씨들이 흐려 보였다. 나는 하나님의 주장을 반대하는 것 같아서, 책을 덮어 내 무릎 위에 내려놓고 '내가 무엇을 해야 합니까?' 하고 물었다. 그 소리에 대답하기를, '네가 너의 전부를, 너의 모든 것을 내게 주겠느냐?' 하는 것이었다. 나는 잠깐 머뭇거리다가, '내가 그리하겠습니다.'라고 대답했다. 그랬더니, 그 음성이 확고한 소리로 말하기를, '그러면 나의 모든 것을 취하라. 너는 깨끗해졌다.'고 하였다. 나는 '내가 믿습니다.'라고 말하고 앉은 자

---

330) Ibid., 26.

리에서 일어났다. 나는 그것이 옳다고 거듭거듭 단언하면서, 또한 마치 의심을 밀쳐 내듯이 내 손을 밖으로 뻗치면서, 방을 돌면서 걸었다. 나는 이렇게 십 분 동안이나 하였다. 그때 나는 깨끗한 파도 속으로 나의 모든 지체를 지나가게 하는 듯한 이상한 불로 채워졌다. 나는 아주 조용했고 제정신이었다. 그런데 그 파도를 나의 중심에서 손가락에 이르기까지 느낄 수 있었다. 나의 전 존재는 혼연일체가 되었다. 그리고 전체에 신선함과 두려움이 있었다. 그리고 아주 우아한 사랑이 있었다. … 나의 의지는 감정만큼이나 많이 연관되어 있었다. 사실, 삶의 전체가 보다 더 높은 단계에 올라가 있었다."331)

두 사람의 증언은 대체로 같다. 그리고 둘 다 18세기의 우리의 이해와 조화되어 있다. 우리가 같은 영적인 현상들을 다루고 있고, 또한 한 사람이 다른 사람에게 영향을 미친 관점을 부인할 필요가 없다는 추론을 반대할 수 없다.

그들이 주장하는 것은 무엇인가?

주장하는 근거는 성경에 있다. 경건한 이 사람들은 그들을 모든 죄로부터 깨끗하게 하되, 지금 깨끗하게 한다는 분명한 하나님의 약속이 성경에 있다고 믿었다. 애원하는 자의 믿음은 죄에 관해서는 순화하는 불같은 성령의 강한 역사에 의해 충족된다. 그리고 다른 사람들과의 관계에는 강한 사랑이 넘쳐 흐르게 된다. 그들은 믿기로 결심한다. 그들은 믿는다. 의심이 생긴다. 양심이 이 용감한 믿음을 북돋운다. 그들은 그들의 의심들을 '마귀'라고 부른다. 그리고 불행하게도 가끔 그들은 또한 양심을 마귀라고 부른다. 그들은 기적이 일어났다는 확신을 가지고 있다. 오르고 박차가 가해진 믿음은 행동으로 이어지고 의심을 죽여 버린다. 그

---

331) Stanley Jones, *Victorious Living*, 120.

리고 싸움은 의기양양한 느낌으로, 전에 알지 못했던 놀라운 승리라는 내적 확신으로 말미암아 싸움은 끝난다.

　이제는, 앞에서 살핀 것에 비추어서 보고 또 우리가 들은 증언들을 가지고, 무엇이 일어났는지를 보다 더 자세하게 설명하는 것이 가능할까?
　성경에 있는 죄를 깨끗이 한다는 약속을 믿지 않는 사람에게는 그들이 세운 우수한 체계가 받아들여지지 않을 것이다. 그러나 다는 아니다. 그들이 완전히 씻음을 받지 않아도 대부분 신자가 생각하는 것보다는 더 심각한 죄로부터 깨끗함을 받는 것이 있다고 주장해도, 그들은 믿지 않고 그에 대한 증거를 알고 싶다고 할 것이다.
　신약성경의 증거에 의하여, 하나님은 신자 안에 있는 죄를 극적으로 다루신다고 믿게 된 자들에게는, 이 온전한 씻음을 받는다는 것이 사실이라는 주장은 그들이 주의하여 알아보고자 하는 가장 중요한 문제들 가운데 하나일 것이다.
　두 세기 전에 진지한 자들이, "죄가 근절될 수 있는가?"라고 질문했을 때, 거기에는 정확한 해답이 없었다. 왜냐하면 그들의 문제를 그릇된 방법으로 진술했기 때문이다. 거기에 만져서 알 수 있는 어떤 '물건'을 문제의 대상으로 하는 듯 혼란이 있을 뿐 아니라, 또한 경험하는 그 순간에 기뻐 날뛰는 가운데 마음이 부풀었기 때문에, 그들이 어떤 때는 마치 영원히 머물러야 할 것이 생긴 것처럼 말을 하므로 정확한 해답이 없었던 것이다. 간단히 말해서, 그들은 자신들의 정확한 생각, 곧 이 땅에서의 삶은 단지 '순간순간'의 삶이라는 것을 잊어버리고 있었던 것이다. 그리고 어느 증언도 이 영광스러운 '지금'을 건너뛸 수는 없었다.
　아무도 그 사람 안에 무엇이 있는지 모른다. 그는 어떤 죄와 죄에 대한 유혹조차도 전혀 몰랐을 것이다. 그랬다면 그것은, 이런 일에 그의 천성이 유혹을 받을 수 없는 것이기 때문이 아니라, 그에게 유혹이 전혀 없는 상황에 있었기 때문에 그랬을 것이다. 그의 상황이 변하면, 그는 유혹뿐 아니라 죄도 통렬히 알게 될 것이다. 만약 그가 그 죄에서 완전히 해방되었다고 선언하고 그때의 일을 표현하였다면, 이는 그가 아무도 가질 수 없는 자신만의 지식을 선언한 것일 것이다. 이는 무식한 추정이었을 것이다. 아마도 거짓말이었을 것이다.

마이어 박사(Dr. F. B. Meyer)는, 그리스도는 믿음에 의하여 "죄로부터의 즉각적이며 계속되는 해방"[332]을 주실 수 있다는 가르침을 믿은 신자로서, 그는 그의 생애의 중반까지, 동업자끼리 질투하는 죄를 못 느꼈다고 한다. 그가 거룩한 소명을 가진 사람의 마음에는 그런 질투가 전혀 없었다는 것을 믿기 어렵다는 것을 발견한 것은 놀라운 일이었다. 이런 생각은 그를 놀라게 하였다.

그러나 시간이 지나면서 그는 알게 되었다. 여러 해 동안 그가 가진 '신앙좌담'은 많은 군중을 노즈필드 대회(Northfield Conventions)로 오게 하였다. 그러나 그들이 도착한 날에 한 젊은이가 놀라운 광고를 하기 시작했다. 그 군중들은 메이어 박사를 떠났다. 믿는 군중은 다른 이들과 같이 변덕스럽다. 많은 사람이 젊은 캠벨 모건 박사(Dr. Campbell Morgan)의 성서강해를 듣기 위하여 그리로 갔기 때문에 그에게는 적은 청중만이 남았다. 그때 그의 마음에 질투가 솟아올랐다. 그는 많은 친구에게 여러 번 고백하여 말하기를, "나의 감정을 정복할 수 있는 유일한 길은 그를 위하여 매일 기도하는 데 있다. 나는 그렇게 기도한다."고 하였다.[333]

아무도 자신 안에 무엇이 있는지 모른다. 따라서 사람이 모든 죄로부터 씻음을 받았다고 선언하는 것이 한없이 어렵고 위험한 것이다(이에 대하여는 우리가 교리를 다시 서술할 때 다시 설명하게 될 것이다). 그런 선

---

332) *Fullerton*, F. B. Meyer, 194.
333) Ibid., 37.

언이 오해를 초래한다. 그 선언을 듣는 대부분 사람은 말하는 사람이 의도했던 것보다 아주 다르게 생각하곤 한다. 시간문제가 개입한다. 그는 "그 순간에 나는 사랑 외에 아무것도 몰랐다"라는 것을 고작 말했을 것이다. 그러나 더 이상 말하지 않았을지라도 더 많은 것이 내포되었을 것이다. 그 놀라운 주장을 듣는 사람은 그 순간의 일로 듣지 않고, 내일 아니 그날 이후의 일로 듣곤 한다. 그리고 더 나가서, 그들은 증언하는 사람의 삶이 그를 부인하였을 때를 기억하곤 한다. 따라서 이 가르침에 대한 불신이 생기고 이를 공적으로 믿는 교회에 대해서까지 무시하게 된다.

죄에서 온전히 씻음을 받았다고 주장하는 사람들에 대하여 나는 여러 해 동안 인내심과 동정심을 갖고 물어보았는데, 그동안 질투심으로 인한 상처, 또는 분노, 또는 교만한 생각, 음란한 생각 등을 경험하여 본 적이 없다는 사람은 아무도 만나보지 못하였다. 그 중, 그런 일들이 드물게 있었다는 사람도 많이 있었고, 또한 그런 것들을 의식하자마자 즉시로 거부하였다는 사람도 많이 있었다. 그러나 이런 육신을 가진 사람으로서 누가, 질투와 분노가 일어나고, 또는 교만한 생각이나 정욕적인 생각이 일어날 때, 내가 그것을 인식하는 순간 이미 거기에 '내(me)'가 있다는 것을 부인하려고 할 것인가? 죄는 나를 항상 밖에서 괴롭히지 않는다. 그리고 '예'냐 '아니다'를 말할 짧막한 순간만큼도 주지 않는다. 죄는 나를 찌른다. 나는 그 순간에 힘이 없다. 인식하는 그 쪼개진 순간에 나를 사로잡는다. 죄는 이미 안에 있기에, 거절하는 것은 곧 쫓아내는 것이다. 그러면 내가 죄의 근절에 대하여 어떻게 말할 수 있으며, 또 '지금'이 미치지 못하는 순간을 포함해 언급해야 할 증언을 어떻게 말할 수 있는가?

그럼에도 불구하고, 주장할 수 있다. 이 정직한 증언자들의 많은 간증에 비추어, 우리는 하나님의 자비가 그런 단호한 믿음에 응답하여 행할 수 있었던 것을 분명하게 볼 수 있다. 믿음이 산도 옮긴다고 하나님이 우리에게 가르쳐 주셨다. 그리고 우리 영혼 안에 있는 죄의 장애가 우리를 방해하지만 산보다 더 방해하지는 못할 것이라고 우리는 믿는다. 성실한 사람은 모든 죄와의 싸움에서 하나님께서 승리를 주실 것이라는 기대를 하고 있다. 그는 자신이 승리를 주시기를 원하시는 하나님의 뜻 안에 있다는 것을 알고 있다. 죄는 하나님께서 너그럽게 봐줄 수 있는 것이기 때문이다, 그는 믿음을 가지고 의심의 악마를 대항하는 전쟁을 하고 있다. 그는 잉그람(Mr. Ingram)이 하였듯이 '지옥의 대포'에 과감히 저항한다. 또 스탠리 존스 박사(Dr. Stanley Jones)가 한 것 같이, 마치 의심을 밀어내듯이 그의 몸에서 손을 내밀면서 "거듭거듭 승리를 주장하면서" 방안을 두루 걷는다. 그의 생각은 모두 하나님과 순결함에 향하고 있다. 그리고 그의 마음은 하나님께서 그가 자신을 위하여 할 수 없었던 중요한 일을 하실 수 있다는 확신으로 가득 차 있다.

이를 하나님이 하신다. 그러나 하나님이 죄를 '근절(eradicate)'하지 않으신다. 사람이 근절설에 동의할 것이라는 희망을 표현했을 때는, 바로 그 희망의 이면에는 그릇된 심리학이 깔려 있는 것이다. 그러나 하나님은 형언할 수 없는 능력으로 믿는 자에게 찾아오신다. 그리고 사람이 각각 다르듯이, 다른 방법으로, 하나님이 그의 마음을 하나님께로 이끄심으로 유혹과 싸움에서 승리하도록 하신다. 그리고 그 마음을 긍정적이며 실재적인 사랑으로 채우신다. 두 세기 이상의 증거들을 오랫동안 연구하고 또한 살아있는 많은 증인과 대화한 결과 나는 이렇게 단언하게 되었다. 이것은 내가 어떤 사람들의 경험이 나를 유혹한 것이라 말한다고 해도 괜찮다. 정도를 벗어난 사람들의 아주 엉뚱한 행동이나 거룩해졌다고 주장하지만 그들의 행동이 그 주장과 일치하지 않는 사람이 있다 할지라도, 이 가르침의 중심에 있는 진리의 핵심으로부터 우리의 생각을 딴 데로 돌리게 할 수는 없다. 저자가 보기에는 웨슬리의 가르침의 본질은 건전하다. 하나님은 우리를 죄 가운데서 구원하실 뿐 아니라 죄짓는 것으로부터 구원하실 수 있다. 하나님은, 죄 문제에 있어서, 죄를 용서하시는 것이상의 일을 하실 수 있다: 곧 하나님은 죄의 권세도 깨부수신다. 그리하여 죄가 사람을 지배하는 일을 멈추게 하실 수 있다.

그러나 이 가르침이 어리석고 정도를 벗어난 사람들에게 들려져야 하고, 또한 이 은혜를 받았다고 주장하는 많은 사람이 거룩하지 않은 생활로 그 교리와 일치되지 않게 지내고 있으니, 어찌 된 일인가? 이 가르침을 역사적으로 밝혀보면서 연구한 사람은 아무도 이것이 사실이라는 것을 부인하려고 하지 않을 것이다. 334)사람들은 '자칭 완전론주의자(bundling perfectionists)'라고 불리는 혼란한 여자들에 대해 많은 관심을 갖지 않았다. 그들은 자신들의 영적 상태를 높이려고 아담에게 있던 수치감을 없애고, 심지어 시골길을 벗은 채 달리면서, 상황을 더럽힌 자들이다. 335) 그리고 사람들은 또 '오니다 완벽주의자(Oneida Perfectionists)'의 창설자인 존 험프리 노예스(John Humphrey Noyes)에까지도 많은 관심을 갖지 않았다. 노예스(Noyes)는 혼전의 결혼제도를 주장하며 공산주의 사상을 존경하는 가운데서 모든 일부일처주의(monogamy)를 반대한 사람이었다. 아아, 슬프도다.

오늘에 있어, 온화함도 드러내지 않으면서 겸손의 흔적도 거의 없이, 그저 소리 지르면서 공격적으로 담대히 이 신앙고백을 하는 사람이 많이 있었다. 그런가 하면 아주 무거운 죄에 대한 죄책을 느낀 바로 그때 자신들의 고백을 공적으로 증언하는 사람들도 있었다.

이는 한 미국 감독으로 하여금 "우리는 이 성결 가르침의 이야기가 나오면 부들부들 떤다"라고 외치게 한 경험이었다. 생생한 기억 속에서, 이 교리에 대한 탁월한 해설자는 자기의 부도덕한 것을 드러낸 다음에 농촌으로 급히 달려나가야 했었다. 그리고 주일 저녁에 많은 사람 앞에서, 그는 강단에서 자기는 모든 죄에서 자유를 얻었다고 공적으로 선언하였다.

---

334) cf. *Hampson's Life and Wesley*, iii, 61.
335) H. W. Smith(Mrs. R. Pearsall Smith), *Religious Fanaticism*, 55f.

1870년대에 도덕 생활을 한다고 널리 알려졌던 로버트 피어솔 스미스 씨(Mr. Robert Pearsall Smith)가 매우 나쁜 일도 없이, 돌연히 그의 공적 자리에서 사임하였다. 거기에는 심리학적 이유가 있었던 같다. 지금, 어떤 큰 관심이, … 이 미국 교사가 유럽에 와서 복음적 일을 하게 했는지 잘 모르겠다. 그러나 워필드 박사(Dr. Warfield)는 주저 없이, 이는 놀랄만한 일이 아니라고 말하였다.[336] 한마디로 말해, 그의 메시지는 우리가 여기서 검토하고 있는 가르침과 두드러지게 다른 것이 없었다. 곧 그도 믿음의 행위로 말미암아 '죄에 대하여 죽는 일'이 가능하다고 가르쳤다. 그러나 그가 이 은혜를 받은 자는 모든 죄로부터는 아닐지라도, 모든 죄짓는 일로부터 구원받는다고 강조하는 점에 있어서 웨슬리의 가르침과는 좀 달랐다. 죄의 근절이라는 것은 그가 싫어하는 견해였다. 그가 웨슬리의 가르침을 정확히 이해하였는지 아닌지는 몰라도, 그는 "우리는 죄에 머물러 있으며 또한 죄짓기 쉽다"라고 했다.[337] 1874년 가을에 런던에서 있었던 큰 집회는 개신교의 세계를 흥분시켰다. 그리고 거기서 많은 사람이, 마치 처음 외쳐지는 것인 양, 새롭게 강조되는 웨슬리의 교리를 들었다.

피어솔 스미스 씨(Mr. Pearsall Smith)는 유명해졌다. 그의 사진을 런던의 상점에서 살 수 있었다. 수천 명의 사람이 그의 말에 몹시 흥미를 느꼈다. 벨기에 왕국과 네덜란드에 있는 왕비들이 그의 의견을 들었다. 독일에서는 황제가 그에게 교회를 빌려주었다. 아구스타 황후는 집회에서 그의 설교를 청취하였다. 스미스 씨는 런던에 돌아와서, 브라이튼(Brighton)에 있는 웅장한 돔에서 "온 유럽은 나에게 복종하였다"라고 선언하였다. 워필드 박사는 좀 과장해서 말하기를, "현대 기독교의 역사 가운데서 이 '도덕 생활 운동(Higher Life Movement)'의 역사만큼 더 감

---

336) Warfield, ii, 504.
337) Warfield, ii, 521.

동적인 일은 없다."고 하였다. 338)

갑자기, 이 사람도 공적 자리에서 물러났다. 한 신문은 그의 공적 약속들을 다 취소해야 했다. 그리고 그는 미국으로 돌아갔다고 광고하였다. 들리는 소식에 의하면, 몇 해 전에 말에서 떨어져서 전에 있었던 신체적 어려움이 재발했다는 것이다. 그리고 많은 사람이 이 이야기를 믿지 않자, 그의 친구들은 그는 아주 위험하고 비성서적인 교리들을 "가르쳤고, 그의 행동이 악한 의도로 한 것 같지는 않지만, 그로 하여금 공적 사역을 그만두게 만들었다"는 성명서를 발표했다. 339)

그의 아들은 에드먼드 고세(Edmund Gosse)가 그의 책,『아버지와 아들(Father and Son)』에서 말한 것보다 더 흥미롭게 자기 아버지가 어디에서 잘못했는지를 이야기하였다.

피어솔 스미스 씨(Mr. Pearsall Smith)는 현명하고 경건한 아내의 필사적인 경고를 무시한 듯하다. 또한 그는 아내의 단순한 경제 상태에서, 그녀가 하는 일이 영적이며 애정어린 기쁨이 피차간에 있게 함으로 그들 중의 한 사람이 쉽게 다른 사람을 일으켜 세우게 되었다는 사실340)을 몰랐고, 또 그 사실이 같은 나이에 있는 노처녀들의 모임에 도덕 생활이 어떻게 '거룩한 키스(holy kiss)'의 인사에 의해 전해질 수 있는지를 가르쳤다는 일도 몰랐던 것 같다. 또한, 거룩한 키스를 받은 자들 사이에 질투가 생길 때는 스캔들이 잇따라 일어나고, 고귀한 삶을 추구하는 정직한 사람들이 완전히 좌절될 것이고, 이 큰 기회가 블레셋인들(Philistines)을 기쁘게 하는 일이 되고 말았다는 것도 몰랐던 것 같다.

성결을 선동하는 자들이 일반 사람들에게 보다는 어리석고 정도를 벗어 난 사람, 영적 자만이 있는 사람, 그리고 영적으로 무분별한 사람들에

---

338) Logan Pearsall Smith, *Unforgotten Years*, 51.
339) Ibid., 52, Warfield, ii, 506f.
340) Logan Pearsall Smith, *Unforgotten Years*, 54.

게 가르치고 있는 경향이 다분히 있는 것인가? 아니면 이는 단지 그들이 소수이지만 영향력 있는 사람들이었기 때문에 주목하게 되었던 불행한 사건들의 하나인가?

그에 대한 대답은 이런 것처럼 보인다. 확실히, 특별한 주의가 의식적인 죄에서 해방될 수 있다고 주장하는 사람의 패배 쪽으로 쏠리고 있었다. 그리고 또한, 지혜롭지 못하게 공적으로 한 증언들을 시정하는 쪽으로 집중되어 있었다. 그러나 어느 하나 의심받을 수 없다. 곧 적어도 한 경우에는 잉그램(Mr. Ingram)과 스탠리 존스 박사(Dr. Stanly Jones)가 했던 방법으로 이 믿음을 주장한 사람은 모두 특별한 위험에 노출되었다. 우리는 이런 위험을 대충 훑어보았다. 이는 기적이 일어났다고 주장하면서 자리에서 일어나는 그런 경험을 추구하는 전투적인 믿음에서 일어나는 것이다. 모든 의심은 마귀에서 온다. 믿음을 확인하므로 이 의심을 쳐서 물리쳐야 한다. 믿는다는 것과 믿음을 갖는다는 것은 뜻이 같다. 의심은 모두 죄의식이 있는 불신이다.

그리고 큰 위험이 잠복해 있다고 한 그 지적은 옳다. 내 영혼의 건강 상태에 대하여 확신이 없으므로 내 마음이 괴롭다면, 이것은 일반적으로 마귀에서 오는 것이 아니라 내 양심에서 오는 것이다. 나는 질투했던 일이 생각난다.-나는 바로 그 순간 그것을 의식할 수 있었다.-또는 하찮은 자만이 뿜어남을 느꼈다. 만약 내 안에 있는 죄에 대한 깨우침을 주는 후회와 회개를 마귀라고 부른다면, 나는 친한 친구 중의 한 사람을 중상하는 것이다. 만약 내가 거룩하다고 크게 외치는 소리를 잠잠케 한다면, 나는 내 영혼의 가장 중요한 부분에 손상을 입을 것이고 또한 나의 영적 생활에 있어 가장 신뢰하는 멘토에 상처를 입힐 것이다.

분명코 이것은 이런 불건전한 교사들과 그릇된 지도자들이 행한 일이다. 그들은 자신들이 하는 것이 하나님의 영광을 위한 것이라고 믿으면서, 자신들의 양심을 무디게 하였다. 그들의 영혼 속에서 그것을 틀린 것이라고 부추기면서, 그에 대한 약속을 내던졌다. 그리고 그런 경고를 '불신앙'이라고 불렀다. 그러는 동안, 양심은 정확하게 능력을 가지고 활동하기를 멈췄다. 그리고 세상 사람이 그것은 그릇된 죄악의 행동이라고 하는데, 그들은 죄에서 해방되었다고 주장하고 있다.

이런 슬픈 피해자들의 숫자는 비교적 많지 않았다. 그러나 그들의 실패는 이를 가르치는 과정에서 다시 일어나는 현상이었다. 그리고 이것을 이해하려는 것이 우리 과업의 일부이다. 그러므로 이 문제에 대한 우리의 답으로, 우리는 이 장(chapter)에서 이 경험에 관하여 연구한 것을 가지고, 이것은 참으로 하나님과 만나는 사건이었으며, 또한 죄와의 싸움에서 하나님의 능력을 드러내는 일이었다. 그러나 우리는 또한 때로는 자기 본위의 착각이 잠입하고 있는 것을 보았다고 말할 수 있을 것이다. 믿음의 활력과 요구와 하나님과 순결에 대한 전념, 그리고 분명히 누렸던 의에 대한 갈망 등을 유지하는 일, 또한 동시에, 결코 양심의 소리를 막지 못하게 하고 또한 거짓말로 기만하지 못하도록 하는 일 … 바로 우리가 할 일이다. 곧 우리가 연구에 착수한 성결을 탐구하는 과업이다. 성결은 하나님이 주시는 선물이고 믿음은 그 은혜를 받는 수단이다. 믿음의 능력을 이 위대한 목적에 쏟게 하기 위하여, 또한 그 은혜를 받고 있는 동안 양심의 감동을 높이기를 위하는 일은 … 정상으로 이어지는 오르막 산길을 걷는 일이다. 이 산길의 어느 쪽에도 깊은 구멍이 있다. 이 길을 따라 올라가는 것은 무릎으로만 가능하다. 그러나 우리는 우리가 찾고 있던 길을 발견하였다. 웨슬리가 그 길을 알아냈을 때, 그 길이 바로 기독자 완전으로 가는 길임을 확신하였다.

여기에서 하나의 문제가 아직 남아있다. 이것이 우리를 오래 지체시킬 이유가 없다.

어떤 학자들은 이 경험을 주장하는 사람들은 의심할 것 없이 하나님과 일종의 만남이 있었다는 것은 확신하지만, 이것을 '성결'이라고 말하는 것이 어울리게 묘사한 것이라고 이해하지 않으면서, 말하기를 그들이 사실상 받은 것은 평안이라고 말했다. 워필드 박사(Dr. Warfield)가 이 입장을 취하며 말하기를, "그 그리스도인이 받은 것은 성결이 아니라 평안이다"라고 하였다.341)

나는 이 코멘트가 우리가 중생한 후에 있게 되는 신앙 체험을 고찰하고 있는 일에 초점을 맞춘 것이라고는 생각할 수 없다. 그러면 이 체험을 '두 번째 축복(second blessing)'이라고 묘사하는 것이 잘 된 것인지 아닌지 어떤 이들은 의심할 것이다. 그러나 그들이 표현하는 증언들은 분명히 그들이 처음에 하나님께 서약한 것, 곧 중생과 그 후에 죄에서 온전히 씻음을 받기를 간구한 것은 분명히 구별할 수 있다.

평안은 그들의 회심 때 용서받음과 함께 왔다. 마음의 평안과 죄책감이 없는 기쁨은 그들이 하나님과 처음 만났을 때 온 것이다. 그들 가운데 많은 사람이, 그들 가운데 아직도 죄가 있다는 것을 발견하고는 마음이 불안하다고 말하고 있는 것은 사실이다. 그러나 그들이 평안을 발견하기 위해, 중생 후에 있는 이 경험을 기다려야 했었다고 생각했다면, 이는 그 많은 이들의 증언을 곡해하는 것일 것이다. 그들은 평안을 이미 가지고 있었다고 말할 것이다. 중생 때 있었던 일들을 자세히 살피지 않음으로 학도들이, 마음의 안정 곧 평안이, 그 후에 오는 간헐적인 것일지 몰라도, 일반적으로 동시에 일어나는 것임을 의심하게 한다. 평안이 하나님의 선물인가 아니면 심적 불화가 끝난 것이 기억에 나타난 단순한 내적 조화인가 하는 것을 논하는 것은 신학과 심리학의 어중간한 영역에 속한다.342) 기독교의 신앙뿐 아니라 모든 유신론을 부정하는 어떤 사람들은 평안은, 하나님이 존재에 대한 논쟁이 끝나고, 그들이 영원히 불신이 멈췄을 때 그들에게 왔다고 말하였다. 조셉 맥케이브(Joseph McCabe)는 말

---

341) Warfield, ii, 491.
342) Hughes, *The New Psychology and Religious Experience*, 243f.

한다.

> "나는 30년 동안 영어를 말하는 세계에서 하나님에 대한 신앙을 포기한 많은 남자와 여자들과 편지로 또는 대화를 통하여 교제하였다. 그중에, 어떤 때는 어렵고 고통스러운 일이 있었지만, 나는 그 신앙으로 되돌아가기를 원하거나 그 신앙을 버린 것을 깊이 뉘우치는 사람은 한 사람도 만나지 못했다."343)

그는 몬태규 교수(Professor Montague)가 "무신론은 나쁜 상태로 인도하는 것이 아니라 터무니없는 슬픔으로 인도한다"고 한 말을 인정하지 않는다. 그러나 내가 경험한 바로는 맥케이브의 말은 틀렸다. 나는 믿음을 가질 수 없다는 사람은 많이 만났지만, 그들이 믿고 싶다는 것을 솔직하게 인정하지 않는 사람은 거의 없었다.

그러나 우리로서는 주의를 딴 데로 돌리게 한다. 사람이 그의 정신적 괴로움이 끝났을 때 그에게 오는 한 종류의 평안이 있음을 의심하지 않는다. 그러나 이런 평안이 그리스도인이 '하나님의 평안'이라고 부르는 평안과 비교할만한 것인지 우리는 생각해 봐야 한다. 스미스(Logan Pearsall Smith)는 그가 믿음을 잃어버리고 다르게 빈정거리고 있던 때도 있었지만, 그는 자신의 어렸을 때의 믿음과 또한 자기 자신의 성화에 대한 믿음, 단지 말로만이 아니라 더욱 의미 있게 믿었던 성화에 대한 믿음을 뒤돌아본다. 그리고 그는 말한다. "나는, 내 생애에서 그 거룩한 기쁨(that holy joy)과 비교할 수 있는 어떤 것도 느껴보지 못하였다."344)

---

343) McCabe, *The Existence of God*, 154.
344) *Unforgotten Years*, 65.

제18장

이 교리의 명칭
(The Name of the Doctrine)

이제는 건설적인 작업을 해 보고자 한다. 지금까지 우리는 기독자 완전의 교리를 오늘의 성서적, 신학적 그리고 심리학적 견지에서 고찰해 보았다. 지금은 이 세기를 지나면서 이루어진 변화를 조사해 보아야겠다. 아직도 이 교리를 그대로 설교할 수 있는가? 만약 이 교리가 웨슬리가 설교한 것처럼 정확히 설교할 수 없다면 어떤 변화를 가지고 사람들에게 설교할 수 있고, 또는 설교해야만 하는가? 이 교리가 기독교 복음의 요긴한 부문인가? 그리고 이 교리를 빠뜨리고 설교하는 자는 그럼 무엇인가 부족한 메시지를 전하고 있단 말인가? 18세기에 이 교리는 일부 신학자들에 의해 심한 반대를 받았다. 예로서 칼빈주의자들로부터 반대를 받았다. 오늘날도 이 교리에 대한 같은 반대가 있지 않은가? 또는 숫자에 변화가 있듯이 교리에 대한 논의의 성격이 변하였는가? 그의 가르침에 관하여 무엇인가 반드시 있어야 할 독자적인 것이 있는가? 또는 이 교리의 중심에는 사회적인 것이 있어, 이 교리의 사회적 적용을 말하는 것은 이 교리의 성격을 잘못 이해하는 것인가? 또는 이 교리의 생명과 같은 것을 없애도 되는 하나의 부속물처럼 취급한단 말인가? 아주 쉽게 말해서, 이 세상에 사는 사람으로서, 우리가 죄에서 해방될 수 있고, 또한 그것을 알 수 있는가? 그리고 그렇게 말해야 하는가? 이런 것들이 이제부터 우리가 알아보아야 할 큰 문제들이다.

그러나 우리가 이 문제들에 대한 해답을 얻으려 시도하기 전에, 또한 웨슬리의 교리를 우리 시대의 생각 방식으로 고쳐 말하려고 하기 전에, 우리가 하고자 하는 것 한 가지를 분명히 해야겠다. 커티스 박사(Dr. Curtis)는 웨슬리의 가르침에 관한 간단하지만 동정적인 글에서, 웨슬리에게는 교리를 설명하는 데 불일치한 점이 있다고 하였다.[345] 그리고 다른 학자들도 그의 말을 찬성하는 듯 언급했다.[346] 한편, 그들 중 아무도, 심지어, 커티스까지도 그 불일치한 점을 알아내기를 망설이지 않았다. 그리하여 우리의 주요한 목적은 그것들을 찾아내는 일이다.

웨슬리는 그의 가르침에서 이 교리를 중심에 두면서, 그의 사람들로 하여금 완전으로 나아가라고 권하며, 그리고 완전에 대한 증언을 하라고 다그치면서, 자신에 관한 증언을 하지 않는 것을 보면 모순이 있다고 느끼게 될 것이다. 그러나 웨슬리는 이 은혜를 받을 수 있는 것을 확신하면서 자신이 받지 못하였다고 설명하면 안 된다. 왜냐하면 그것은 하나님은 용감하고 절박한 믿음을 절대 거절하지 않으실 것이라는 그의 설명과 밀접한 관계가 있기 때문이다. 그렇다면 그때 그의 믿음이 부족했기에, 또는 하나님이 자비로우심을 잊으셨기 때문에, 웨슬리가 그 은혜를 받지 못했다는 말인가?

실상은 이런 것이다. 웨슬리는 성결에 관한 하나님의 특별한 선물이 있다는 것을 확실히 믿었다. 그러나 그가 사람들에게 받은 것을 증언하라고 강요하고, "나는 모든 죄에서 해방되었다"고 말하지 않은 것뿐이다. 우리는 그가 그렇게 말한 데서 깊은 감명을 주는 웨슬리의 본보기를 발견한다. 그리고 그것이 그의 충고는 아니었다고 생각한다.

또 웨슬리가 완전을 말함에 있어서, 어떤 때는 한순간에 주어진다고 말하고, 다른 곳에서는 완전은 성장하는 것이라고 말하니, 거기에 모순이

---

345) Curtis, *The Christian Faith*, 582.
346) e.g. Rattenbury, *The Evangelical Doctrine of Charles Wesley's Hymns*, 300.

있다고 느끼게 된다. 그러나 웨슬리는 그 당시에 이런 반론을 받고 그에 대한 답을 했다고 믿고 있다. 그는 출생의 비유를 가지고 설명했다. 사람은 출생하기 전에 오랫동안 어머니의 뱃속에서 성장한다. 그러나 출생 자체는 순간에 일어나는 것이다. 그리고 출생한 시간도 이야기할 수 있다. 성결의 삶에 관하여, 그는 "당신은 성결 안으로 성장하여 가지 않는다. 당신은 성결한 상태로 태어난다. 그리고 성결 안에서 성장하는 것이라"고 말하였을 것이다. 만약 첫째로 출생의 순간적인 것이 있었고, 그리고 거기서 성장이 서서히 이루어지는 일에 대해 쓴 글이 있는데, 그 글에서 분리된 문구들만 취한다면, 대조를 이루는 문구들 안에 있는 대조를 날카롭게 하기는 쉽다. 그래서 거기에 모순이 있는 것처럼 보이게 하는 것이 사실이다. 그러나 그리하는 것은 그의 뜻을 모욕하는 것이다.

찰스 웨슬리의 찬송가 중 하나로, 성결에 관한 구절에 대한 그의 해설에서, 이는 사람이 성취하는 것이 아니라고 했다. 이 점에서 존과 찰스는 동의한다. 성결은 하나님의 선물이다. 그러나 찰스가 이 선물은 항상 점진적인 성장으로 임했다는 것처럼 기록했지만, 존은 "순간적으로 또한 점진적으로" 임한다고 해설을 붙였다. 이 점에는 모순이 있다고 그는 인정하지 않을 것이다. 빈센트 테일러 박사(Dr. Vincent Taylor)가 "성화가 성령께서 우리의 끈덕진 기도에 호응하여 순간적으로 그리고 기적적으로 주시는 선물이라는 견해를 뒷받침하는 것이 신약성서의 가르침에는 없다"고 한 논평[347]에 대하여 웨슬리는 여기에서 사용된 '성화'라는 말의 의미(어감) 때문에 그랬을 것이라고 답하였다. 그는 의식적인 죄로부터의 해방은 순식간에 주어진다고 믿었다. 그러나 그는 거룩함의 완전함을 전수받는 것은 영원도 너무 짧을 것이라고 주장했을 것이다.

끝으로, 웨슬리가 어떤 때는 성화를 상태로(as a state) 말하고, 또 어떤 때는 '순간순간의 삶'으로 말하는데, 모순이 있어 보인다. 그런 질문에

---

347) Taylor, *Forgiveness and Reconciliation*, 184.

대해 자기 생각을 말할 때, 웨슬리는 '상태'라고 하는 견해를 부정하였다. 그러나 이따금 그는 정적인 영역에 속한 표현(말투)도 사용하였다. 그는 마음 안에 두 개의 생각의 줄거리가 있기에 그렇게 말하게 되었을 것이다. 순간적인 출생이라는 견해가, 우리가 본대로, 최소한도 그의 생각의 절반을 차지하고 있었다. 그리고 한순간에 낳는다, 안 낳는다, 라는 것은 은유로 설명할 수 없는 일이다. 참으로, 그는 자신이 사용하는 비유들을 많이 사용할수록 방해를 받았다. 한 단계에서 그의 생각을 도왔던 것이 다음에는 그를 방해하였다.

만약 우리가 이런 모순들에 대한 그의 이 교리에 대한 명칭에 있어, 그가 좋아하는 명칭이 있지만 다른 명칭을 더 많이 사용하는 일이 있었음을 덧붙여 생각하면, 우리가 무엇을 먼저 연구해야 하는지, 또 그 일의 성취에 대해 단서를 얻게 될 것이다.

우리가 희망하는 것은 이것이다. 즉 이 교리를 새로 고쳐 말하고자 (restate) 함은 단지 오늘의 학문 연구 결과들을 고려하려는 것뿐 아니라, 웨슬리의 설명에 있는 모순들(정말 모순이었던, 모순처럼 보이는 것들)을 제거하려는 것이다. 우리는 웨슬리가 신약성서의 핵심에 있지 않는 것들에 대하여 강조함으로, 자신의 작업을 어렵게 만들고, 그렇게 함으로 그가 가장 주고자 하는 것이 받아들여지지 않게 되었다는 생각에 대해 다루어 보겠다. 만약 이렇게 하는 것이 더 그 중심과 일치하게 보이게 할 수 있다면, 어떤 점에서는 웨슬리 자신의 설명과 반대되지만, 이는 우리가 취하는 견해를 확인하는 것일 것이다.

교리에 대한 명칭으로, 그의 가르침에 있어 많은 명칭이 사용되었다. 각 명칭은 그에 따라 각각 특별한 특징을 드러낸다. 대부분 명칭은 그 근원이 성서에 있다. 그리고 그 명칭이 최근에 와서는, 옛 명칭 또는 존경받던 명칭 대신에 새롭게 만들어졌다. 웨슬리 시대에는 그리스도인의 완전, 성화, 성결, 또는 완전한 사랑으로 불렸다. 그런데 최근에는, 도덕 생활

(Higher Life), 승리로운 삶(Victorious Living), 충만한 삶(Fullness of Life), 또는 변함없는 승리(Constant Victory) 등으로 불린다. 이들 명칭과 함께, 성결을 추구한다는 말을 사용했는데, 이는 웨슬리가 사용했던 것보다 더 신비적인 성향을 띠고 있다. 그 외에 다른 명칭들도 있다: 예로, 신비로운 연합, 일치의 길(via unitiva), 더없는 행복(Beatitude) 또는 하나님의 비전(The Vision of God) 등이다.

지금 당장, 이 모든 명칭이 정확히 같은 것을 의미하거나 같은 것을 의미하도록 의도한 것이라고 생각하는 것은 아니다. 각 명칭이 지니고 있는 뉘앙스와 그 안에 있는 특징을 상기시키는 것을 쓰려면 한 장(a chapter)을 차지할 것이다. 그러나 기품의 등급은, 그 명칭들에 대한 어느 정도의 평가는 하지 않을 수 없겠지만, 우리가 연구하려는 것이 아니다. 그 가르침이 그 명칭 때문에 일부 의심스러웠기도 했다. 『로미오와 줄리엣』에서 줄리엣은 자기의 유명한 질문 '이름 안에 무엇이 있어요?'라고 독백할 때, 그 말 속에는 그녀의 사랑에 번민하는 마음이 허락하기를 원하는 것 이상이 있음을 알았어야 했을 것이다. 모든 사람은 이것을 인정한다. 생선 장수는 쓸데없이 돔발 상어(dog-fish)를 돌상어(rock-salmon)라고 부르지 않는다. 또 부동산 소개업자는 갖추어지지 않은 마루를 쓸데없이 습지(flat)라고 부르지 않는다. 또 옷감 장수가 인조의 비단을 쓸데없이 레이온(rayon)이라고 부르지 않는다. 또 편집자는 자신을 쓸데없이 경마장의 업자라고 표현하지 않는다. 명칭 안에는 중요한 것이 있다. 웨슬리가 이 교리를 전도자들에게 전함에 있어서의 어려움은 그가 명칭을 경솔하게 사용함으로 생긴 것이 적지 않았다고 말할 수 있을 것이다.

그러면 우리는 개인 생활의 최고선에 관한 것을 묘사했다고 생각하는 언어들을 조사하고, 또 웨슬리의 명칭이 연결 지어진 가르침을 잘 묘사한 언어를 찾아내려고 하는데, 웨슬리가 신비적인 것을 몹시 혐오하기 때문에, 신비적인 언어들을 제쳐놓고 시작할 것이다. 신비적 저자들에 대한 웨슬리의 비판이 과장해서 언급되었다는 것을 입증하려는 시도가 있었다.[348] 그리고 신비주의라는 언어가 아주 희미해서 그 말의 의미가 넓어 웨슬리까지 포함하는 것으로 쉽게 여겨질 수 있다. 그러나 그런 시도들은 어려움을 뛰어넘는 데 성공하지 못하였다. 그리고 그것들이 그럴듯하여 신비적인 언어를 웨슬리의 교리에 몰래 끼워 넣기는 하지 못하였다.

우리는 반드시 단호하게 승리로운 삶, 무상의 행복, 충만한 삶 같은 명칭들, 또 말의 강조가 신자의 평안, 기쁨, 행복, 승리 등에 있는 명칭들은 버려야만 한다. 그런 명칭에서는 하나님이 거룩하시기 때문이 아니라, 우리가 얻을 수 있는 것을 얻기 위하여 거룩해져야 한다는 추론이 아주 자연스럽게 나왔기 때문이다. 교활한 주관주의는 강조를 하나님에게서부터 그의 역사로, 사람에게로 또는 그의 즐거움으로 옮겨 놓는다. 그리고 그것이 그런 언어의 뜻을 가지고 있는 명칭들이 조용한 가운데 사라지는 이유이다.

완전, 성화, 그리고 성결이라는 명칭 사이에는 뉘앙스 이상의 확실한 차이가 있다. 플랫 박사(Dr. Platt)는 완전이라는 명칭은, 그리스도인이 생각하기를, 성결이란 명칭과는 구별되고, 또 성장의 단계를 말하게 되는 성화와도 구별된다고 하였다. 성결의 가능성을 강력히 주장하는 많은 그리스도인은 완전은 불가능하다고 주장한다.[349]

'완전(perfection)'이라는 말은 몹시 어려운 언어이다. 웨슬리와 플레처(John Fletcher)도 그렇게 생각했다. 그래서 그 시대에, 그들은 천당 같은 것(paradisaical), 중재자 따위의 것(mediatorial), 그리고 그리스도인의 완전 등으로 애써 구분한 것이다.[350] 그래서 그 가르침에 동정적인 후대 학자들이 완전이라는 말을, 상대적 완전과 절대적 완전으로 구분하

---

348) Bett, *The Spirit of Methodism*, 57-63; Rattenbury, *The Conversion of the Wesley*, 231-9.
349) E. R. E. ix, 728.
350) Fletcher's *Works*, vi, 270.

고, 또 단계에서의 완전과 종말에서의 완전으로 구분하였다. 기묘하고 슬프게도, 그리스도인이라는 형용사로서 완전이라는 말에 연결시키는 것이 그(완전이라는) 명사를 빗나게 하는 것이 아니라 오히려 바래게 하였다. 이는 그럴 수밖에 없었다. 광대한 말은 홀로 호화스러운 데서 빛을 내야 한다. 그것을 볼품 있게 하려는 노력이 백합에 금박을 입히는 것보다 더 나빴다. 그래서 그가 바랐던 것과 반대의 결과를 가져왔다. 웨슬리가 숭고한 말인 '그리스도인'이란 말을 '완전'이라는 숭고한 말에 연결시킬 때, 그는 숭고하지 않는 하나의 제목을 만들어 낸 것이 되었다. 그를 열심히 따르던 사람들의 생각에, 그리고 그 자신의 솔직한 생각에도, 기독자의 완전은 완전 자체보다는 덜 완전한 것으로 설명되었다. 그리고 그는, 우리가 이미 지적한 대로, 완전한 사람이 아니면서 완전한 그리스도인이 되는 것이 가능하다고 말해 비난을 받기도 했다.

    웨슬리가 마음에 생각하고 있는 것을 위해서는 '완전'이라는 명칭은 그만 사용했어야 했다. 사실, 그는 그 명칭을 사용하지 않을 것처럼 보였다.[351] 그런데 이상한 것이 그가 좋아하지 않고 또 의심과 오해를 가져오게 했던 그 명칭을 그렇게 자유롭게 사용하였다. 그는 '메소디스트'라는 명칭은 다른 사람들이 사용했기 때문이고, 또한 그 명칭이 가장 빨리 알아보게 하는 것이었기 때문에 그가 '메소디스트'라는 이름을 사용하였던 것과 같은 이유에서 그 명칭을 사용하였음이 틀림없다.

    '그리스도인', '퀘이커' 또는 '메소디스트'라는 명칭도 모두 별명으로 시작한 이름이었으나 지금은 모두 정상적인 이름으로 불리고 있다. 신랄한 비평이 명예의 상징이 되었다. 그러나 '완전'이란 명칭은 그렇게 될 수 없었다. 완전이란 말은 그 자체의 명성을 가지고 있고 또한 아주 오랜 역사를 가지고 있다. 또한 그 명칭은 치명적인 약점도 가지고 있다. 그 명칭은 모호했고 또한 모호하다. 이 모호함이, 트렌취 감독(Archbishop Trench)

---

351) *Letters*, iii, 167.

이 한때 지적했듯이, 이(명칭)는 teleios(목표에 도달한)라는 뜻을 공유하고 있다. 이 두 의미는 현재 상대적인 의미에서 또는 절대적인 의미에서 쓰이고 있다. 그리스도인은 완전해질 것이다, 라고 말한다. 그러나 이는 어떤 종파에서 완전의 교리를 설교할 때 말하는 의미와 같은 것이 아니다. 그들의 말은 둘 중의 어느 하나를 의미한다. 즉 그것을 쉽게 오해된 말로 설명했다는 것을 의미하든가, 아니면 아무도 이 세상에서 완전에 도달할 수 없으므로, 완전에 도달했다고 말하는 사람은 자신을 또는 다른 사람을 속이고 있다는 것을 의미하든지, 둘 중의 하나이다. 352)

웨슬리는 비난을 받게 되었다. 애석한 일은, 그는 보다 좋은 명칭을 갖고 있었고, 때때로 주저하지 않고 공적으로 그 명칭을 좋아한다고 했지만, 그가 그 말을 거짓말처럼 흘려버리고 그와 다른 명칭을 더 자주 사용한 것이다. 그의 추종자들 사이에서도 이 명칭을 등한히 한 일에 대한 이야기가 적지 않다. 그가 무덤으로 들어가기 전에,353) '완전'이라는 말이 그가 없는 데서 하나의 재담이 되었다. 그리고 그가 강력히 주장하던 귀중한 것을 이성이 웃음거리로 만들어지는 가운데 잃어버렸다.

웨슬리가 보다 좋아했던 명칭은 "완전한 사랑"이다. 처음에는 완전이라는 말이 그 안에 있기에, 거기에도 여전히 위험스러운 점이 있을 것으로 생각되기에, 더 좋은 것이 없어 보인다. 그러나 이상하게도 완전이라는 말이 명사로가 아니라 형용사로 쓰였기에 덜 공격적이다. 그리고 영어의 '사랑'이라는 말은 고립해 있을 수는 없다.

사랑이라는 말이 그렇게 넓게, 희미하게, 뚜렷하지 않다면 이는 불행한 일이다. 우리는 봄철에 청년의 감정의 떨림을, 그리고 하나님의 마음에서 움직이는 큰 열성을 포함할 수 있는 같은 말을 사용해야만 한다. 여기에 사랑을 의미하는 많은 말들, 아가페, 필리아, 스톨게, 심지어 에피추미아

---

352) Trench, *Synonyms of the New Testament*, 76.
353) *Hampson's Life of Wesley*, iii, 197.

(욕망) 가운데서 하나를 택해야 하는 일에 매우 혼란이 있게 된다. 무엇을 택해도 어려움이 있다. 우리가 완전이라는 말을 형용사로 쓰고 있어도 여전히 그 숨어 있는 모호함이 나타난다. 만약 우리가 사랑이라는 말을 그냥 방치하면, 빈민가가 항상 끌어 내릴 것이다. 그리고 탕자는 그들의 승리는 사랑이었다고 말할 것이다.

웨슬리는 "그리스도인의 완전"이라는 말보다 "완전한 사랑"이라는 명칭을 더 좋아했다는 것을 의심하는 사람은 거의 없을 것이다. 우선, 완전한 사랑이라는 말은 긍정적이다. 일반적으로 생각하는 '완전'에 대한 견해는 죄가 없는 것으로, 부정적인 면을 말함에 있어서는 이상적인 것처럼 보인다. 그러나 이 말은 무서운 태만의 죄를 해결하려고 고심하지 않는다. 이 점에서는 '성화되었다' 또는 '거룩하다'는 용어도 좋지 못하다. 이 말은 분명히 불결함에서 깨끗해졌다는 견해를 주지만, 현재 양호한 상태에서 건전하다는 힌트는 주지 못한다. 그러나 "완전한 사랑"이라는 말은 그것을 완전히 바꾼다. 이 말은 생기를 받은 원리로서 마치 향수가 병에서 뿜어 나올 수는 있지만, 그 병에 다시 들어갈 수 없는 것과 같이 개인의 좁은 한계 안에 제한되어 있을 수는 없는 것이다.

따라서, 이 말은 또한 사회적이다. 완전한 사랑으로 이해된 성결은 결코 자기 본위의 신앙이 될 수 없다. 또한 탐욕스럽게 그들 자신의 기쁨, 평안, 능력, 태도에 또는 죄의 정복에만 열중한 신자들이 될 수 없다.

이런 식으로 완전을 말하는 많은 사람이 비사회적 행동에 빠져있다. 그들의 탐구를 설명해온 그 사람들이 우리에게 그런 위험의 암시를 준다. 그들이 바라는 것이 하나님의 평안, 또는 죄에서의 승리, 충만한 삶이기 때문에, 이는 그들에게는 완전히 의심할 바 없는 일처럼 보일 것이다. 그러나 이기적인 요구의 만족이 이기적인 것을 비이기적인 것으로 만들지는 않을 것이다. 왜냐하면 그의 목적이 자기 체면치레기 때문이다. 동기가 여전히 자신만을 위한 것이었다면, 그가 개인의 성결을 철저하게 추구한다 해도 여전히 이기적일 것이다.

　후에 우리가 좀 더 자세히 완전한 사랑의 사회적 성격을 고찰하게 될 때, 거기에서 우리가 찾고자 하는 답이 나올 것이다. 어떤 이유에서인지, 우리가 충분히 해명하지 않았지만, 초기 메소디스트들은 이 가르침의 공동사회 간의 밀접한 관계를 잘 해결하지 못하였다.[354] 여전히 정열적이었지만 개인들이 추구하는 것으로 머물렀다. 이 일은 하나의 운동이 되기보다는 하나의 예배 형식(cult)에 머무는 경향이 있었다. 세상으로부터 구별되라는 성서적 충고와 그 가르침이 있게 한 웃음과 오해 모두가 그의 개인적인 성격을 만들어 내고, 그의 설교들을 대회에서 하는 일에 지나지 않게 만들었다. 그리고 작은 그룹의 특별한 관심사가 되었다.

　아주 좁혀진 범위에서도, 그것은 사회적 관계를 가지고 있다는 것은 말할 나위도 없다. 남자와 여자는 자기들의 영혼에서 죄를 극복하려고 열중한다. 그리고 하나님의 평화와 축복을 얻으려고 노력하는 것은, 그들이 원하든 원하지 않든, 그들에서 뚜렷이 드러난다. 그리고 그들의 동료에게 큰 영향을 끼친다. 그러나 일반적으로 행해지는 이 가르침은 명백하고 단호한 사회에 대한 관심이 있지 않다. 개인의 성결이 목적이었고, 사회적 혜택은 그것에 따라온 부산물이었다. 그들이 사회적 사역에서도 한 일은 구조 사업, 곧 술고래와 음란한 여자들을 개혁하는 일이었다. 그들이 그런 일을 하였을 때, 그런 사역은 아름다웠고 예수처럼 보이는 것이었다. 그러나 그 일은 일반적으로 어떤 큰 공동 사회적 사고에서가 아니었고, 사회를 구원하고자 하는 굳센 희망도 포함하고 있지 않았다. 이는 불타는 건물에서 한 개인을 한 개인이 빼내오는 것이었다, 여기에 큰 문제는 그래서 화재가 통제되었느냐 하는 점이다. 그렇게 되지 못했던 것 같다. 개인적 성결의 부산물을 가지고 사회를 구원한다는 것은 그들에게는 완전히 어리석은 것 같았다. 그들은 불완전한 세상에서 완전한 삶을

---

354) Dale, *The Evangelical Revival and Other Sermons*, 33-9.

산다는 것이 불가능하다는 생각을 분명히 거절했을 것이다.

자아와 세상과의 복잡한 관계에 대한 모든 해답을 가지고 있다고 말하려는 것이 우리의 당면한 목적이 아니다. 여기에서 우리의 관심은 명칭들에 관해서, 이 정도 분명해졌다고 느낀다. 그 명칭의 적극적인 면에서 또한 그것이 본질적으로 사회적인 성격으로 봐서, "완전한 사랑"이라는 명칭이 "그리스도인의 완전"이라는 명칭보다 바람직하다는 것이다. 우리가 지적한 이유들로 해서, 완전한 사랑이라는 명칭이 우리가 언급한 여러 다른 명칭들보다 낫다고 생각한다. 웨슬리 자신이 "완전한 사랑"이라는 명칭을 좋게 여겼다는 것이 우리의 입장을 뒷받침해 주는 것 같다. 그러면 이제, 그리스도인의 이상을 가장 잘 묘사한 "완전한 사랑"이라는 명칭을 고찰해 보고자 한다.[355]

---

[355] 이 여러 명칭에 대한 다른 설명, 그리고 다른 결론들을 보기 위해서는, K. E. Kirk, *The Vision of God*, 466ff을 보라. 또 Taylor, *Forgiveness and Reconciliation*, 198-214를 참고하라.

제19장

사랑-사랑의 신적인 특성
(Love-In Love's Divinest Feature)

"완전한 사랑"이라는 명칭에 대한 우리들의 평가를 정리하여 보고자 함에 있어, 우선 완전이라는 말에는 결함이 있다고 생각하지 않을 수 없는 것들을 살펴보고자 한다. 우리는 이미 그것들을 대충 훑어보았다. 우리가 완전이라는 말이 명사로 사용될 때보다는 형용사로 사용되기에 결함이 적다고 생각했지만, '완전'이라는 말의 모호함이 항상 먼저 떠오른다.

완전이라는 말이 의미하는 바는, 헬라어 신약성서를 공부하는 사람은 알고 있듯이, 너무 넓을 뿐 아니라 또한 너무 얕다. 그것은 그 말이 의미하는 바가 너무 넓기 때문에 너무 얕은 것이다.

'사랑'이라는 말은 일반적으로 쓰일 때는 단순한 감정을 뜻한다. 동네 사람들의 연설이나 그들의 생각은 사랑을 느낌에 제한한다. 사색가나 언어학자는 이 위대한 말을 쓸데없이 절하시키는 일에 항의한다. 일반 사람들은 사랑을 단지 감정인 것처럼 사용하는 것을 고집한다. 어떤 일이나 사람을 위하여 그의 사랑에 의심이 생기면, 그는 느낌을 시험하는 것 이외 다른 것을 모른다. 복잡해진 이 문제에 직면하여, 존 뉴턴(John Newton)은 오래전에 다음과 같이 말했다.

"이것을 내가 알고자 한다.
조종 이것이 걱정스러운 생각을 일으킨다.

내가 주님을 사랑하는가, 아닌가?

내가 주님의 것인가, 아닌가?"

그는 손가락으로 느낌의 맥박을 짚어 보며, 괴롭히는 의심을 해결하려고 하는 그 방법 외에 더 좋은 해결 방법을 찾을 수 없었다. 그러나 그렇게 말하는 사람에게, 이런 시험(test)은 아주 부적절하다는 것을 알려주기는 어렵지 않다. 느낌은 동요한다. 느낌이 변덕스럽지 않을지 모르나, 이는 분명히 동요하는 것이다. 심지어 인간관계에서도, 우리는 우리의 사랑을 항상 느끼지 않는다. 만약 우리가 느끼는 감정이 우리가 알만큼 강할 때에만 사랑이 있다고 하면, 인간의 애정(감정)의 모든 형태는 초라하고 또한 일시적으로 중지될 것이다. 사랑하는 남편이 늘 그의 사랑을 느끼지 않는다. 아주 헌신적인 어머니도 항상 자신의 애정을 알아채고 있지 않다. 여러 날, 여러 주, 그리고 여러 달들이 그녀의 마음을 채운 감정이 홍수가 밀리듯이 지나갈 것이다. 그런데 그런 기간에라도 그녀가 그의 아이를 사랑하기를 그쳤다고 생각하면, 그녀는 그런 생각을 비웃으며 던져 버릴 것이다.

더욱이 느낌이라는 것은 건강, 상황, 또한 육체적 위안 등에 의하여 영향을 받는다. 신경통 또는 뱃멀미는 사람의 모든 사랑의 감각을, 심지어는 신혼여행에서의 사랑까지도 빼앗을 수 있을 것이다. 어떤 사람이 성인의 신분에 있는지 모르나, 그의 채권자를 달래기 위하여 그의 기업이 팔려 나간 그 날에는 그는 허탈한 기분 이외에는 아무것도 느끼지 않을 것이다. 또 모든 면에서 정숙한 부인이지만, 그녀 남편의 무덤 옆에서 울고 있을 때는, 그녀는 무엇인가 심히 빼앗긴 느낌 이외는 다른 느낌을 모를 것이다. 이처럼 느낌은 조수처럼 변한다. 느낌이 왜 그런지, 거기에는 깊은 심리학적 이유가 있다. 그러므로 불안한 느낌의 조수가 깊고 변치 않는 사랑의 표시일 수 없다.

이유인즉 이런 것이다. 느낌이 항상 뜨거운 상태에 있다 하더라도, 이는 불가능한 것이지만, 여전히 우리가 '인격'이라고 부르는 복합체의 단지 세 번째의 것일 뿐이다. 그 외에도 생각이 있지 않은가? 또 의지가 있지 않은가? 사랑이 인격 전체에 침투하여 우리의 본성을 전체에 결합시키기 전까지는 사랑은 완전한 사랑일 수 없다. 분명히 감정(느낌)에서만 갖는 사랑은 충분하지 않다. 이 강력한 언어를 이해하는 일에 있어서 먼저, 우리는 사랑을 생각과 의지에서도 깊이 보아야 한다.

더욱이, 사랑이 감정(느낌)에서만이라고 하면 이는 엄격할 수도 없고 남에게 고통을 줄 수도 없다. 만약 우리가 사랑을 감상적으로 생각한다면, 우리는 사랑이 그저 죄인들이 책방의 굴레에서 벗어나게 하고 하나님의 계획은 그들을 쉽게 용서하는 것으로 생각하는 정도일 것이다.

삶에 대하여 정직하게 관찰해보면, 이는 그렇지 않다는 것을 알 수 있다. 모든 일에 있어서나 하나님이 사람을 다루는 일에는 결과들이 있는 것이다. 하나님께서 죄를 용서하실 때, 하나님은 그 죄의 벌을 반드시 면제하지 않으신다. 탕자는 집에 돌아와 그의 형에게 속해 있는 모든 자산에 거하게 되었다. 그는 자기의 자산은 방종한 생활로 낭비해 버렸다. 그렇다고 그가 집에 돌아왔다는 이유로 유산이 다시 그에게 분배되지 않는다. 회개한 탕자에게 관대한 것이 맏아들에게 불공평한 것은 아니다. 그러나 아버지는 종으로서가 아니라 아들로서 아직도 돼지의 오물이 묻어 있는 그를 환영하였다. 그리고 말하기를 "아들아, 우리는 그 부끄러움을 다 내려놓고 살 것이다."고 하였다.

하나님의 사랑은 단순한 감정이 아니라 태도이기 때문에, 하나님의 사랑은 엄격할 수 있다. 하나님의 사랑은 고통을 주는 것일 수 있다. 그러나 그의 처벌은 항상 치료하기 위한 것이지 결코 보복적인 것이 아니다.

이 사랑의 개념이 일반적으로 감정(느낌)의 영역에서 사용되는 것은 제한되어 있기에, 그에 대해 비꼬는 말도 많이 있고 또한 사람들이 웃으면서 "사랑이 화학적 반응이네"라고 말한다. 그러나 그런 재담은 갈릴리의 작은 동네에서 성육신하신 사랑을 따르며, 겟세마네에서의 피땀과 증언하는 소리와 십자가에서의 목마름과 고통을 보는 사람의 말에 의하여 신성모독으로 여겨져 사라졌다. 여기에 이 사랑은 독창적이며, 전략적이며, 자원이 풍부한 불멸의 사랑이다. 이 사랑은 구하며, 봉사하며, 기도하며, 피를 흘리는 사랑이다. 이 사랑에는 느낌도 있고, 생각도 있고, 의지도 있다.

우리가 완전한 사랑에 대해서 무엇을 생각하든지 간에, 우리는 이 세상에서 그의 삶에서 사랑의 충분함을 볼 수 있었던 그 삶에 비추어 우리의 생각을 정리하여야 한다.

지금 우리는 그 명칭의 가치를 신중히 고려하고자 한다. 이 명칭을 사용함에 있어 결점들이 있다. 물론, 그것이 제거되지는 않았지만, 우리는 그것을 인정한다. 그런 장애물을 제거하는 것이 말을 새롭게 만들어 내기보다 쉽다. 그러나 우리가 살펴본 다른 명칭에 대한 반대는 더 심한 것을 보았다. 그리고 사랑보다 더 잘 성경에 근거했다고 주장할 수 있는 명칭은 없다.

> "서기관 중 한 사람이 그들이 변론하는 것을 듣고 예수께서 잘 대답하신 줄을 알고 나아와 묻되 모든 계명 중에 첫째가 무엇이니이까 예수께서 대답하시되 첫째는 이것이니 이스라엘아 들으라 주 곧 우리 하나님은 유일한 주시라. 네 마음을 다하고 목숨을 다하고 뜻을 다하고 힘을 다하여 주 너의 하나님을 사랑하라 하신 것이요. 둘째는 이것이니 네 이웃을 네 자신과 같이 사랑하라 하신 것이라 이보다 더 큰 계명이 없느니라."[356]

---

356) 막 12:28-31.

의심할 바 없이, 이 두 큰 계명이 사랑에 맞추어져 있다. 요한복음에서 말하는 새 계명도 같은 뜻으로 말하고 있다.

> "새 계명을 너희에게 주노니 서로 사랑하라 내가 너희를 사랑한 것 같이 너희도 서로 사랑하라."[357]

우리가 생각하는 사랑의 숭고한 목적이 하나님을 향한 사랑인가 아니면 사람을 향한 사랑인가 하는 질문에, 우리는 끼어들지 않을 것이다. 왜냐하면 우리는 거기에는 정반대(대조)를 이루는 것이 없다고 생각하기 때문이다. 우리는 사람을 향한 사랑을 나타내지 않는 하나님 사람을 믿지 않는다. 그리고 하나님을 향한 사랑으로부터 분리된 사람에 대한 사랑은, 우리가 관찰한 바에 의하면, 아주 무기력한 것이다.

그러나 되돌아가, 전 장에서 우리는 이 명칭(완전한 사랑)은 적극적인 성격이 강조되고 있는 이유를 보았다. 그러면 이제는 그 명칭의 내적 본성을 자세히 알아내야 하겠다.

그리스도인의 완전이라는 명칭의 단점 중의 하나는 그것이 정적인 상태를 의미하는 것이다. 그러나 그 문구가 드러내는 적극적인 면은 참으로 소극적인 면의 요약으로서, 마음에 일종의 마귀를 쫓아낸 승리감을 준다. 그의 요지는 죄 없음이다. 마귀는 추방되었다.

(그리스도인의 완전에서는) 의무가 사람이 걸어가야 할 길이다. 이는 율법을 정확하게 두려움으로 준수하는 의무이다. 그 규정이 스토익의 법전이었든지, 아니면 바리새인의 것이었든지, 수도사나 청교도의 것이었든지 간에 그것을 지켜야 한다. 윤리의 요지로서 의무가 많이 요구된다, 이는 우울하며, 긴장시키며, 또한 긴장시킨다. 이는 영혼의 잔잔한 흐름을

---

357) 요 13:34.

얼어붙게 한다. 이는 모든 기쁨이 참으로 재 창조적이며 그리고 영혼의 건강에 유익하도록 되는 것이 분명하도록 가르친다. 이것은 웃음도 제한한다. 그리고 여가를 의심쩍은 마음으로 본다.

엄격한 의무는 상황에 주의하지 않는다. 이 말을 달리 말하면, 이는 일반 생활에도 유의하지 않는다. 거짓말은 거짓말이다. 심지어 대학살을 막게 할 수 있을 때도 거짓말은 안 된다. 이는 예외를 싫어한다. 사건의 실제를 보살피기를 싫어하며, 그저 법을 끝까지 지킨다.

바로 그 중심에는 하나의 거룩한 이기심이 있다. 이는 자신의 정직 또는 자신의 존엄성이 변치 않는 목표요, 하나님이나 이웃 사랑을 동경하는 것이 아니기 때문에, 자신을 높은 자리에 있게 하는 것이다. 자기가 자연 그대로의 자아가 아니요, 자기가 자주 옷과 흰색 옷을 입고, 자신을 희생하고 부드럽게 한다 해도, 여전히 자기 본위이다. 이기주의는 지배자, 감독 또는 파티의 우두머리가 되기 위하여 자신을 조용하게 그러나 불안하고 교활한 가운데 자신을 표현하는 것처럼 그것이 성자가 되기 위한 이 냉혹한 의무의 길을 시도할 수 있을 것이다. 그를 위하여 또한 친척의 행복을 위하여 삶의 전체를 기쁨으로 희생하려 한다. 그리고 이기적인 것은 후광이 따르기 때문에, 거기서 벗어나기가 참으로 힘들다. 우리 영혼의 상태를, 우리는 어느 정도만 알 수 있으나, 하나님은 다 아신다. 하나님은 우리에게 알려주시기를 원하신다. 찰스 웨슬리는 다음과 같이 기도했다.

"내 영혼이 감당한 만큼만,

나의 타고난 죄의 깊이를,

나에게 가르쳐 주소서,"

가장 견디기 어려운 것 중의 하나는, 성결에 도달하는 수단으로 의무에 우리가 정열적으로 헌신하는 것이 자기과시의 속임수가 될 수 있고, 또한 의무가, 어떤 경우에도, 하나님의 목적을 이루는데 유력하거나 활기 있는 것도 아니요, 또 넉넉한 것도 아니라는 발견이다.

야코비(Jacobi)가 주장한 칸트(Kant)의 도덕적 엄격주의에 대한 항의는 잘 알려졌다. 그는 말한다.

> "나는 무신론자다. 신을 믿지 않는 자다. 나는, 아무것도 원치 않음에도 불구하고, 죽어가는 신을 모독하는 자로서 거짓말을 할 수 있다: 그가 오레스테스(Orestes)인 체 했을 때의 피라데스(Pylades)처럼 거짓말하며 속인다. 티몰레온(Timoleon)과 같은 살인자에게, 에파미논다스(Epaminondas)와 존 드 위트(John de Witt)가 했듯이 법과 서약을 어긴다. 오토(Otho)와 함께 자살하며, 다윗과 함께 신을 모독한다. 예를 들어 안식일에 옥수수의 이삭을 문지른 것은. 내가 단지 배급하여 그리 한 것이며, 또한 법을 위하여 사람이 있는 것이 아니라, 사람을 위하여 법이 만들어졌기 때문에 그리 한 것이다."[358]

의무, 그것이 스토익이 말하는 의무였든지, 바리새인의 것이었든지, 금욕주의 수도사의 것 또는 청교도의 것이었든지, 그 의무를 헌신적으로 철저하게 지키는 사람은 대부분 굳건하고 쓸쓸한 사람이다. 그것은 우연한 일이 아니다. 그들은 그냥 태어난 것이 아니라, 채석장에서 떼어낸 사람 같다. 그들의 모양은 고귀하고 근엄하게 화려하다. 그러나 그들은 진정한 거룩함의 주요한 테스트의 하나에서는 낙제한다. 그리고 그것이 우리를 위하여 틀린 길이라는 것을 입증한다. 그들은 행복하지 않다. 그리고 그 결함은 치명적이다. 그들은 조지 맥도날드와 함께 "주여, 내 영혼

---

358) Mackenzie, *A Manual of Ethics* (5th Edn), 200f에서 인용.

을 좋고 즐겁게 하여 주소서"라고 기도할 수 없다. 그들은 성자들에게 있는 표적인 기쁨을 알지 못한다. 그리고 그들의 전 생활을 그저 진지하게 만들지 않고 (그럴 필요가 없는) 엄숙한 것으로 만든다.359)

우리가 초자연적인 사랑의 세계에 들어갈 때 우리는 아주 다른 세상에 들어간다. 그러나 이것이 소극적 역사의 절정은 아니다. 죄가 폭발적인 새로운 사랑의 힘에 의하여 추방된 것은 사실이다. 그러나 사람이 거룩한 공간에 남겨진 것은 아니다. 기독교의 도덕성은 어떤 것을 하지 않았느냐를 따지는 것이 아니다. 그 도덕성은 능동적이요 활기 있는 것이요, 적극적인 것으로 열렬한 삶으로 진동하는 것이다. 이는 모든 면에서 다른 삶에 영향을 준다. 이는 여러 관계에 개입하며 형제간의 기쁨으로 빛난다.

만약 우리가 집에서 모두가 자기의 의무를 하려고 몹시 분주했던 것을, 그리고 그것을 일상적인 기독교 가정의 사랑으로 기뻐한 것과의 대조를 생각해 본다면, 우리는 의무라는 차가운 세상으로부터의 변화가 얼마나 큰 것이었는가를 판단할 수 있다. 자녀와 부모가 모든 상황에서 도덕적 의무의 요청에 대해서만 계속 심사숙고하면서, 천박한 애정의 순진한 충격들에는 전혀 개의치 않고 있다면, 그 집은 악몽 같은 장소가 될 것이다.

여기에 웨슬리는 사랑이 거룩한 삶의 원동력이라는 것을 꾸준히 주장하였다. 그리고 전 세계를 자기의 교구로 삼으면서, 그는 하나님의 가족에서 제외될 수 있는 사람은 없다는 것을 알았다. 우리는 쉽게 알아챌 수 있는데, 웨슬리가 아마도 보지 못한 것은 완전한 사랑이라는 명칭을 주장하고 아무것도 그 강조를 빛나게 하지 못하도록 하였더라면, 그의 교리에 어떤 심각한 결함도 생기지 않았으리라는 것이다.

예를 들어서, 우리가 9장에서 알아보았듯이 그의 죄에 대한 정의가 불완전했다는 것을 많이 느꼈다. 웨슬리는 죄가 의지적으로 알고 있는 법을 범하는 것이라고 주장했다. 그러나 이는 성결의 원동력으로서의 완전한

---

359) Hugel, *Essays on the Philosophy of Religion* (second Series), 241을 보라.

사랑이라는 개념과 어울리지 않는다. 죄는 더욱더 적절하고 광범위하게 완전한 사랑에서의 부족으로 정의되고, 만일 죄가 그와 같이 정의되었더라면, 그 정의는 아주 엄중한 감시를 통과할 것이다. 정말 죄의 정의에서 문제가 있다면, 그것은 지나치게 강조함으로 잘못된 것이지, 잘못이 있어서 그렇게 된 것이 아니다. 이에 대한 진실이 무엇이든지 간에, 웨슬리는 죄가 근절될 수 있느냐 없느냐에 관한 무익한 토론에 말려들지 않았을 것이다. 이 교리의 주요한 한 점은 다른 데 있을 것이다. 그리고 '죄 없음'에 이른다는 생각은, 하나님이 그렇게 주셨다면, 무엇인가 명백하고 보다 중요한 것이 있었음의 긍정의 결과라는 단순한 생각으로부터 밀어붙인 생각일 것이다.

웨슬리의 죄에 대한 불완전한 정의는 태만의 죄를 다루는 데 있어 결함이 있다. 이것보다 더 큰 결함은 아무 데도 없다는 것을 잊어서는 안 된다. 어떻게 그렇게 될 수 있는가? 만약 죄가 알고 있는 법을 의식적으로 범하는 것이라면, 그 죄는 적극적인 것이다. 그러나 성결은 효과 없는 것이고, 소리 없는 것이 되기 때문이다. 이런 간사하고, 때로는 상습적인 그리고 심각한 태만의 죄는 그물을 빠져나가곤 한다. 아는 법을 범하지 않았는지는 몰라도 아직 영혼의 질병은 남아 있어 인류를 따라잡는 무서운 죄의 열매는 남아 있는 것이다.[360]

그러나 성결을 완전한 사랑으로 생각하면 이런 결점에서 완전히 자유롭다. 사랑은 의무보다 더 예민한 통찰력을 지니고 있다. 사랑은 일에 주의한다. 사랑은 일 년 내내 사랑하는 사람들을 돌보지 않은 것을 너그럽게 봐줄 수 없다. 그들은 성실한 자가 자기 계시의 어떤 순간에 발견했고, 또한 깊은 자기중심의 열매임을 인식하는 한편 알게 된 사람들이다. 만약에 어떤 사람이 테니슨(Tennyson)이 상냥한 아내에게 바친 시에서 네 줄은 그녀에 대하여 썼고, 나머지 아홉 줄은 자신에 대하여 썼다는 사

---

[360] 히 2:3.

실을 알았더라면, 그는 아마도 놀랐을 것이다. 거만한 생각은 근시안적이다. 근시안은 더해질수록 자신을 보지 못하게 한다. 의무에 대한 심사숙고가 그 비전을 명확하게 할 수 없다. 죄는 너무나도 교활하다. 그리고 알아보기가 힘들다.

그러나 초자연적인 사랑은 죄를 계시할 수 있다. 그 사랑은 비전을 가지고 있다. 그 사랑은 추론에 의하여 앞으로 나가지 않는다. 사랑은 예언한다.

만약에 웨슬리가 그를 완전한 사랑이라고 부르고 그것에 중점을 두었더라면, 그의 교리에서 이런 결점들을 피할 수 있었을 것이고, 또한 그의 종합에서의 약점이 그렇게 뚜렷이 생기지는 않았을 것이다. 우리에게 칭의를 위한 믿음이 있기 때문에, 우리는 또한 우리의 성화(이어서 순간적으로 얻는 온전한 성화)를 위한 믿음도 가져야 한다는 논법을 받아들일 수 없게 된 것은, 오로지 죄 없음의 정적인 것을 목표로 세우고 있고, 성화의 소극적인 면의 극치에만 집중하고 있기 때문에 그랬던 것이다. 그러나 만약 생각이 완전한 사랑에 집중되어 있었더라면, 그의 종합은 항의도 받지 않았을 것이다. 또한 통합은 아주 빨리, 그리고 결합은 아주 밀집하게 되고, 그리고 힘찬 사랑은 은혜의 윤리와 성결의 윤리를 하나로 밀착시켰을 것이다.

사랑의 적극성이 이런 약점들에 대한 해결책이다. 왜냐하면 미덕의 열매가 삶의 나무의 건전한 가지들을 솎아내고 또 금욕주의를 하늘까지 높임으로 드러나지 않기 때문이다. 자기를 미워하는 것이 마치 다른 사람들을 미워하는 것처럼 들릴 수 있다. 이는 정화 곧 죄를 없애는 것이 아니다. 이는 사랑하고 더 사랑하는 것이다. 앞으로 전진하는 길은 정화로 하여금 부산물이 되게 하고, 사랑이 죄를 밀어내게 하는 일이다. "우리는 우리가 아는 것에 의하여 구원받는 것이 아니라, 우리가 사랑하는 것에 의하여 구원받는다."361)

---

361) Cell, 349.

완전한 사랑에 중점을 둠으로써 있게 되는 많은 이득에 추가해서, 성결에 대한 이런 이해가 웨슬리가 가끔 설명했던 것보다 더 잘 이해되었을 것이다. 성결이 죄를 근절한 것으로 생각 될 때, 한순간에 성결해진다는 것에는 종교보다는 마술의 냄새가 더 있어 보인다. 그래서 일반 사람들을 혼란하게 만들어, 다음과 같이 질문하게 한다. "성결이 어떻게 주어질 수 있는가? 분명히 성결에 도달될 수 있는가?"

그러나 만약 우리가 그 중심을 사랑에 둔다면 이런 모순이 나타나지 않을 것이다. 보통 사람도 사랑, 인간의 사랑에도 주어짐이 있는 것을 안다. 사람이 그의 마음에서 사랑이 어떻게 일어난 것을 설명할 수는 없지만, 그는 사랑이 거기에 있고, 그리고 그것이 동기의 영역에서 최종의 목적이라는 것은 부인하지 않을 것이다. 만약 아주 희생적인 일을 한 이유를 물었는데, 그가 "그녀가 사랑했어."라는 단순한 답을 한다면, 더 묻지 않을 것이다. 그를 위한 조사는 끝난 것이다. 그의 입에서는 다른 질문이 나오지 않는다.

사람의 사랑을 받는 것으로부터 하나님의 사랑을 받는 것으로 생각해 보는 것 또한 어려운 것은 아니다. 믿음은 그 사랑을 받을 수 있다. 이는 어둠 속에 있는 디딤대 같을 것이나, 거기에는 인간의 유추들이 있을 뿐 아니라, 또한 많은 그리스도인의 증언도 있다. 이 경험에 대한 증언들은 그들의 가슴을 채우고, 그들의 온몸을 통하여 새어 나오며, 모두를 위한 사랑으로 넘쳐흐르는 하나님의 사랑에 대하여 말하고 있는 것이다. 이는 초자연적인 사랑이었다. 이 사랑은 우리가 전에 제시한 방법에 의해 입증된 것이다. 이 사랑은 서로 좋아하는 사람들에게 제한되지 않는다. 그들의 주님과 같이, 그의 사랑을 받은 사람은 그들이 좋아하지 않는 곳에서도 사랑한다. 그리스도께서 몸이 상한 나병환자들, 세리들, 방탕한 여자들, 또는 귀신들린 사람들을 사랑하셨다는 것은 상상할 수 없다. 그러나 주님이 그들을 사랑하셨다는 것을 부인할 수 없다.

주님은 믿음으로 응답한 사람들에게는, 이런 초자연적인 사랑을 주신다. 그리고 그렇게 사랑하신다. 이는 그들이 전에 가졌던 그런 사랑이 아니다. 이는 새로운 특성을 지닌 사랑이다. 메이스필드(Masefield)의 '영원한 자비(The Everlasting Mercy)'에 나오는 사울 케인(Saul Kane)과 같이, 그들은 다음과 같이 느낀다.

"그리스도께서 그들에게 명문(birth)을 주셨다. 지구에 있는 모든 영혼, 형제에게,"

대개 이 사랑은 회심과 함께 오는 것이지만, 이 사랑은 영적인 경험을 통하여 어느 정도 부요한 군중에게 임했다. 이것이 이 학술 논문이 알아보고자 하는 목적이었다. 구세군의 사령관 브렝글(Brengle)의 증언이 좋은 예가 될 것이다. 그는 이에 대한 그의 작은 책의 첫 머리에 "1885년 1월 9일, 아침 9시쯤에, 하나님이 나의 영혼을 성결케 하셨다"는 깜짝 놀랄 말을 기록했다. 그리고 이어서 다음과 같이 말했다.

"나의 가슴에 임한 것은 사랑의 천국이었다. 나는 기뻐서 울며 또한 하나님을 찬양하며, 아침 식사 전에 보스턴 광장에서 걸어 나왔다. 오호, 얼마나 내가 사랑했는가! 그 시간에 나는 예수를 만났다. 그리고 나는 예수님을 사랑하였다. 그래서 내 가슴이 사랑으로 터질 것 같이 되었다. 나는 새들도 사랑했다. 나는 개들도 사랑했다. 나는 말들도 사랑했다. 나는 길거리에 있는 장난꾸러기 소년들도 사랑했다. 나는 옛날의 나를 가르치던 타향 사람들도 사랑했다. 나는 이교도들도 사랑했다. 아! 나는 온 세상을 사랑했다."[362]

---

362) Brengle, *Helps to Holiness*, iii, f.

경험한 것의 핵심은 사랑이다. 그리고 사랑은 하나의 선물이다. 도덕주의자가 윤리적 원리를 내세우면서, 성결은 주어질 수 없다고 주장할 때, 그에 대한 답은, 그렇게 생각한 성결의 핵심은 초자연적인 사랑이다. 그리고 사랑은 하나의 선물이라는 것이었다. 우리는 모즐리(J. B. Mozley)와 함께 다음과 같이 말할 수 있다.

"복음서에서 의미하는 사랑은 동기를 다루는 일반적인 미덕이다. 우리가 이해하기 힘든 어떤 실체와 같이 사랑은 그저 있는 것이 아니라 우리 안에 있는 모든 것 그 외의 선량함이다. 이는 하나의 미덕이 아니라 모든 미덕의 기초이다. 이는 미덕의 미덕이요, 선량함의 선량함이다. [363]

사랑이 성결의 요지이다.

우리가 다음 문제로 넘어가기 전에, 이 견해에 대한 하나의 심각한 도전을 살펴보아야 하겠다. 포사이스 박사(Dr. P. T. Forsyth)가 『그리스도인의 완전(Christian Perfection)』이라는 소책자에서, 날카롭고 경구적인 솜씨로 성결에 대한 진센돌프의 전통[364]을 새로 말하였다. 그는 죄 없는 완전을 반대하여, 죄 있는 완전을 옹호하였다. 그는 완전한 것은 거룩함이 아니라 믿음이다[365]라고 주장하였다. 속량 받은 심령에 남아 있는 죄는 영적 생활과 믿는 일에 방해물이다. "자기의 결함을 느끼지 않게 된다는 것은 곧 하나님을 신뢰하는 것을 멈춘다는 것이다."[366]

이에 대하여 웨슬리가 어떤 답변을 했을까 상상해 보기란 어렵지 않다. 그는 아마, 어떤 점에 관하여는 개별적으로 답변을 하였을 것이다. 그리

---

363) J. B. Mozley, *University Sermons*, 32(edit. 1876).
364) ( ) 125쪽을 보라.
365) Forsyth, *Christan Perfection*, 84.
366) Ibid., 12.

고 그는 자기는 절대적 완전을 말하지 않았다고 주장했을 것이다. 즉 그는 모든 미완성 한 것이 제거되는 절대적이요 다시 타락할 수 없는 그런 완전을 말한 것이 아니고, 또 분명히 그의 추종자들의 신뢰를 빼앗지 않았다는 것을 주장했을 것이다. 그는 또한 포사이스(Forsyth)가 "죄 없다는 생각에서 기뻐하는 것보다 회개하는 가운데 하나님을 신뢰하는 것이 보다 좋다"367)고 한 그의 받아들일 수 없는 표현에 대하여 답변하기를, 그의 사람들은 죄 없음을 인하여 기뻐하라고 한 충고를 받지 못했지만, 또한 나의 충고의 글이나 플레처의 '완전한 신자에게 드리는 글'을 읽은 사람은 아무도 그의 말을 의심할 수 없었을 것이다, 라고 말했을 것이다. 그리고 그가 작은 죄가 사람을 겸손하게 한다고 한 말에 대하여는 웨슬리는 플레처와 함께, 그 말은 율법무용론(antinomianism)에 문을 열어 놓았다.368) 그리고 아마도 그는, "왜 많은 죄를 짓고 완전히 겸손해 지지 않나?"369)라고 말하면서 작은 숨은 죄를 변호한 것에 대한 그의 가르침을 논의하는 자의 반박을 시인했을 것이라고 대답했을 것이다. 그러나 포사이스(Forsyth)에 의하여 제시된 문제에 대한 웨슬리의 강한 반대는 그가 18세기에 있었던 비슷한 가르침과 우리가 지적했듯이 어떤 점에서 그가 루터에 동의하기를 주저했던 것들에 대해 반대했던 것과 같은 부류일 것이다. 그 논쟁은 죄에 대하여 신중히 다루지 않은 것이었다. 하나님은 악을 몹시 싫어하신다. 그래서 거기에서 우리를 구하시기를 원하신다. 하나님과 죄 사이에는 타협이 있을 수 없다. 그래서 악의 체류를 말하는 모든 이야기는 심각하게 악의 성질과 또한 악은 그냥 체류하고 있는 것이 아니라는 사실, 즉 죄는 더럽히며 남아있는 것이라는 사실을 무시하는 것이다.

---

367) Ibid., 134.
368) *Fletcher's Works*, vi, 280 ff.
369) Cook, *New Testament Holiness*, 49.

그러나 이것이, 지금 우리가 깊은 관심을 가지고 있는, 포사이스 박사의 사랑에 대한 입장이다. 완전한 사랑은, 웨슬리가 생각하고 있는 것처럼, 그 결과로 죄 없음이란 뜻을 가지고 있다. 포사이스가 생각하고 있는, 사랑은 대단하고 완전한 상태의 '믿음'을 의미한다. 이는 믿음의 나타남을 감동적으로 표현한 것이지[370], 죄 없음을 의미한 것이 아니다. 이것이 우리가 다시 말하는 것이고, 그리고 다른 각도에서, 우리가 앞에서 지적한 그와 의견의 큰 차이이다. 그러나 차이뿐이 아니다. 유사한 점도 있다는 것이 더 인상적이다. 웨슬리는, 그의 죄 없음의 이상을 열렬히 추구하면서, 그 이상을 위한 명칭이나 개념으로는 완전한 사랑이라는 명칭보다 더 좋은 것을 발견할 수 없었다. 포사이스(Forsyth)는 믿음으로 말미암는 구원을 강조하며, 죄 없음을 말함은 절반의 망상이며 함정이라고 생각하면서, 믿음의 원숙이 사랑이라고 확신하고 있다. 두 사람 다 사랑에 집중하였다.

  그 차이의 중요성이나 깊이를 무시하면 어리석은 일일 것이다. 그러나 이 생각의 합류에서, 새로운 종합의 약속을 보기를 희망하며, 그리고 개신교의 은총 윤리와 가톨릭의 성결 윤리의 결합뿐 아니라 또한 개신교의 성화에 대한 견해에 있어서 중요한 두 학파의 화해를 기대하는 것은 결코 터무니없는 생각은 아닐 것이다.

  로마의 클레멘트(Clement)는 고린도 교인들에게 쓴 편지에서, 말하기를, "사랑에 의하여 하나님의 선택받은 자들은 모두 완전해졌다.[371] 그리고 또한 사랑에 의하여 우리가 진리라고 일컫는 것의 여러 면을 많이 볼 것이다."라고 하였다.

---

370) Forsyth, *Christian Perfection*, 5.
371) *The First Epistle of Clement to the Corinthians*, XLIX (Lowther Clarke translation, p. 76).

제20장
사람은 자기 안에 무엇이 있는지 모른다
(No Man knows what is in Him)

우리는 지금 웨슬리의 확신의 교리를 다루어 보고자 한다. 이 교리는 웨슬리의 교리 가운데서, 어렵고 옹호하기 쉽지 않은 부분이다.

확신은 그의 감동적인 설교에서 처음부터 주요한 역할을 했다. 웨슬리는 사람이 구원을 받을 수 있을 뿐 아니라 또한 그가 구원받은 것을 알 수 있다고 주장했다. 그는 말하기를 "하나님께서는 슬퍼하며 마음이 상한 죄인을 용서하실 때, 하나님의 자비는 그가 다른 일, 즉 하나님이 그를 용서하셨다는 것을 그의 영에게 증거하게 하신다."372)고 하였다. 하나님의 자비가 그렇게 하게 하는 것이라고 웨슬리는 믿었다. 그리고 그렇게 가르쳤다.

이 점에서 웨슬리는 그의 멘토인 제레미 테일러(Jeremy Taylor)와 헤어졌다. 테일러는 주장하기를, "진정한 참회자는 그의 생의 모든 날을 용서를 받기 위해 기도하여야 하고, 그리고 그 일이 그가 죽기 전에 완결될 것이라고 생각하지 말아야 한다. 하나님이 우리를 용서하셨는지 아닌지는 우리는 모른다. 그러므로 지은 죄로 인하여 여전히 슬퍼하게 될 것이다."373)라고 하였다. 웨슬리는 그것을 부인하였다. 전에 확신에 대해 그와 비슷한 비판을 한 존 헨리 뉴먼(John Henry Newman)의 견해도 부

---

372) *Letters*, iii, 138.
373) Ibid., I, 10.

인하였다. 뉴먼은 우리 모두가 할 수 있는 것은 진지한 신뢰밖에 없다고 주장하였다. [374] 웨슬리는 말하기를 "하나님의 자비는 하나님이 용서 이상의 일을 하게 한다." 하나님의 자비는 하나님이 참회자의 마음에 모든 것이 사하여졌다고 하는 신뢰를 주시게 한다고 하였다.

만약에 느낌을 감정이 부풀러 올라온 무엇처럼 생각한다면, 확신을 '느낌'으로 묘사하는 것은 좋지 않다. 웨슬리는 감정적인 사람이 아니었다. 그의 일기나 편지를 보면 그의 감정에 대한 언급이, 부흥이 시작된 후로는 없다. 사실 그는 가끔 더 느끼기를 바란 일은 있으나, 자신의 감정을 실제로 표현하지는 않았다. [375] 그리고 그는 느껴야 하기 때문에 느낀다는 것은 믿을 수 없었다. 이것이 아마 로저스 부인(Mrs. Rogers)이 "나는 느껴야만 해, 그렇지 않으면 나는 행복하지 않아."[376]라고 말할 때, 그녀가 생각했던 것일 것이다. 그러나 이는 웨슬리의 찬성을 얻지 못하였다. 그는 한번 신앙심이 깊은 자기 어머니에 대하여서 한마디 하기를, 다른 사람들에 대한 어머니의 느낌은 결코 시적 감성이 풍부한 아버지의 느낌보다 강하지 않았다-그러나 그녀는 열 번이나 더 느꼈다고 하였다. [377] 웨슬리가 단순히 느낌을 확신이라고 말하는 줄 알고 그의 가르침을 멀리하고자 하는 사람은 이것을 마음에 간직하되, 특히 모즐리 박사(Dr. J. B. Mozley)가 웨슬리의 기독자 완전의 교리에서 느낌이 전적으로 주관적인 것으로 보이는 경우에는 문제가 있다고 비판한 내용을 바로 평가하도록 해야 한다. [378]

웨슬리가 성령의 증거라고 부르는 영적 직감에 대한 심리학적 고찰은 지금 우리에게 중요한 것이 아니다. 이는 우리가 죄에서 용서받은 것을

---

374) *Apologia*, 6 (1890 Edn.)
375) *Letters*, vii, 319.
376) Rogers, 72.
377) *Letters*, vi, 18.
378) J. B. Mozley, *Lectures and Other Theological Papers*, 178.

확신할 수 있다는 것과 또한 우리가 우리의 성화에 대하여 확신할 수 있다는 것을 확인하는 것이 중요하다. 이 일은 그가 어려움 없이 계속 주장해 왔다. 정신적으로 예민한 웨슬리가 이런 확신들의 다른 성격을 모르고 있었다고 믿을 수 없다. 또한 이런 확신의 하나가 다른 사람을 위해서는 불가능했던 방법에서 인정될 수 있다는 것을 중요하지 않게 생각하였을 것이라고 믿는 것은 불가능하다.

그러나 그가 그 다른 점들에 대하여 글로 논의한 것을 발견할 수 없다. 웨슬리는 사람이 의식적인 죄에서 해방될 수 있으며, 그에 대한 하나님의 확신을 즐길 수 있다고 믿었다. 그는 그의 사람들에게 권고하기를, "이 행복한 일에 대하여, 세상 사람들에게 (자만이나 스스로 속이는 일을 주의하라고 하면서) 하나님께서 그들을 위하여 행하신 일을 소리 높여 말하라. 그런 놀라운 축복에 대하여 침묵을 지키는 것을 하나님의 체면을 잃게 하는 것이요, 또한 이웃을 허약하게 만들고 있는 것이라"고 말하였다.

얼마나 많은 사람이 그의 권고를 받아들였는가?

웨슬리 자신은 그가 권고한 대로 하지 않았다. 그렇게 하는 것이 모든 신자의 특권이라는 것이 웨슬리의 생각이었다. 그가 다른 사람들에게 강권한 이 축복을 자신은 강하게 표현하지 않았다는 것은 후에 그 생각에 작은 의심이 있어서 그렇게 한 것 같다. 과연 그랬다.

웨슬리의 가르침을 신봉하는 자들도 그가 이 용감한 주장을 자신을 위하여서 한 것을 발견할 수 없었다. 다른 사람에게는 그 증언을 부지런히 강권했고, 그들이 그렇게 하는 것을 보고 기뻐했던 그가 자신은 증언하지 않았다. 새무얼 브래드번(Samuel Bradburn)이 한 번은 그에게 그 자신의 경험에 대해 말하여 달라고 요구했다고 한다. 그에 대해 웨슬리는 다음과 같이 말하였다.

"예수님은, 내가 주님을 위하여 일하고, 말하고, 생각하기를
원하는 나의 마음의 요구를 확인하시다.
계속 내가 거룩한 불을 조심하게 하시옵소서!
그리고 계속 주님의 선물이 내 안에서 솟아오르게 하소서.

당신의 완전한 뜻을 이루기 위해,
나의 믿음과 사랑의 행동을 반복합니다.
죽을 때까지 당신의 자비가 있어,
나의 제사가 온전히 이루어지게 하소서."

이것은 자신의 요구에 대한 답이 아니었다. 그것은 단지 강렬한 소원이었다. 그리고 소원에는 문제가 생기지 않는다. 놀라게 한 것은, 이것이 그 은혜를 받았다는 주장이었다.

그의 동생 찰스도 그 은혜를 받았다는 주장을 하지 않았다. 진실로, 찰스는 자신은 천사처럼 거룩하다고 주장하는 사람들의 무책임한 일에 [379] 대하여 아주 두려워하게 되어, 우리가 본대로, 성결에 대하여 공개적으로 엄한 경고를 썼다.

"이 땅에 사는 아주 거룩한 성자는,
자신의 거룩함을 주장하지 않는다.
가장 현명한 자는 내가 알지 못하는 것을 가지고 있다.
가장 거룩한 자는, 나는 아무것도 아니라고 말한다.
그리고
당신이 주실 때는 언제나,
내가 그 축복을 자랑스럽게 드러내지 않을까 걱정하여,

---

379) *Letters*, iv, 192.

은혜를 주신다.

두 번째 은혜를 주신다.

헛된 기쁨으로 이를 아무에게 말하지 말라.

아무에게도 말하지 말고, 불쌍히 여겨,

나의 상한 마음에 기록하라."380)

그런데 이상하게도, "나는 모든 죄로부터 해방되었다"라는 말을 신약성서에서 발견할 수 없듯이, 초기 메소디스트의 문헌에서도 발견하기 힘들다. 토마스 월시(Thomas Walsh)는 그와 동시대 사람으로서 그 경험을 분명히 한 사람으로 보이는데, 그는 그 경험을 공개적으로 증언하기를 거절하였다. 그리고 그는 자기의 증언을 사적으로 들은 친구에게 진지하게 부탁하기를, 이것을 더는 선전하지 말라고 하였다.381) 모든 초기 메소디스트 설교자들의 생애에서 이 확신에 대한 논의가 어떻게 그렇게 적은지 참으로 이상하다. 어떤 설교자는 확신에 대한 언급을 전혀 하지 않았다. 어떤 이는, 웨슬리가 상기시키매,382) 그저 그에 대한 그들의 증언을 논문의 후기(postscript)에 추가할 정도였다. 그의 설교자들 가운데는 아무도 확신의 문제를 글에서 오래 논의한 자가 없다.

"나는 죄에서 해방 되었다"라는 분명하고 명확한 증언은 성자답고 많은 사람이 존경하는 매들리의 교구장 대리, 존 윌리엄 플레처(John William Fletcher, Vicar of Madeley)의 말이다. 우리가 말한 대로, 그는 1781년 8월 24일 리즈(Leeds)에서383) 그가 죽기 4년 전에 공개적으로 주장했다. 그리고 그는 이 축복을 이전에, 네 번 또는 다섯 번 받았었

---

380) *Short Hymns on Selected Passages of Holy Scripture*, ii, 151, cf. Rattenbury, *The Evangelical Doctrines of Charles Wesley's Hymns*, 304.
381) *Lives of E. M. P.* iii, 225.
382) *Arminian Magazine*, 1779, 594, 1780, 202.
383) Rogers, 224-9.

다. 그러나 이 축복을 고백하지 않으므로 잃어버렸다고 말하였다. 우리는 이 이야기를 그때 그 자리에 있었던 로저스 부인(Mrs. Hester Ann Rogers)으로부터 들었다. 그녀의 증언은 의심할 만한 근거가 없다. 그러나 나는 플레처의 글에서 그가 그런 식으로 말한 것을 찾을 수 없었다.

분명히 그는 그 입장에서 글을 쓴다. 그래서 아무도 그 말이 그의 "완전한 그리스도인에게 드리는 말씀"[384]에서 복사했다고 상상하기는 어렵다. 그래서 로저스 부인이 플레처가 그 말을 했다는 것은 의심스럽다. 웨슬리도 인정하기를 주저했다. 웨슬리의 '완전한 성도에게 주는 충고(Advices)'도 플레처의 완전한 그리스도인에게 주는 말씀 못지않게 '내면'의 일 곧 증언 위주로 쓰이지 않았다. 그러나 웨슬리가 "나는 죄로부터 해방되었다"고 하는 말에 몹시 초조하여 벌벌 떨기만 했다면 "…무언가가 그 전도자의 입술에 단단히 닿은 것이다."

여기에, 분명히 중요한 점이 있다. 정상적인 성도는 이 '두 번째 축복'을 증언할 때는 그들은 사랑에 기초를 두고 증언한다. 강조가 사랑에 있다. 그들은 "사랑으로 충만하다. 사랑 외에 다른 생각을 하지 않는다. 그들이 아는 모든 사람을 사랑한다." 그들은 "모든 죄에서 해방되었다"는 일에 대해서는 보통은 말하지 않았다. 그들의 영적 아버지의 가르침이 그런 말 사용을 허용하고 또는 격려하였어도, 그런 말은 아직 그들의 찬양하는 마음에서 나오는 자연스러운 표현은 아니었다.

그들은 초자연적인 사랑에 대하여 말하였다. 무엇인가 그들이 느꼈고, 그들에게 주어진 것, 즉 이 세상이 줄 수 없는 그것, 심지어 자기들을 박해한 자들을 위해서도 사랑하게 만드는 사랑에 대하여 말하였다. 그들은 이 새로운 경험의 긍정적인 면과 활동 중인 면을 생각하고 강조하였다. 이 새로운 경험의 소극적인 면 즉 죄를 용서받은 면도 중요하겠지만,

---

384) Fletcher's *Works*, vi, 400 ff.

그들은 이런 면보다는 긍정적이요 활동 중의 일을 강조하였다.

여기에서 우리는 이미 여러 통로로 도달한 결론들과 일치하는 것을 발견한다. 웨슬리의 타고난 성향과 그를 따르는 많은 사람의 본능도 웨슬리의 논리보다는 더 건전했다. 그 중점 곧 강조가 근절된 죄에 있지 않고 초자연적인 사랑에 있다. 아무도 왜 성자 같은 플레처를 존경하며, "나는 모든 죄로부터 해방되었다"라고 말할 수 없는 이유, 곧 깊은 이유가 있는 것이다. 참으로 이는 말하지 않아야 한다. 그런 소감들을 입 밖에 내는 것은 대단히 위험하다, 만약에 이것이 이 가르침을 따른 추종자들을 이 점에 있어서 웨슬리와 헤어지게 한다면, 그들이 만약 그의 권고를 거절했다면, 그들은 그가 보여준 모범을 따른 것이라는 것을 기억하도록 권고해 주어야 한다.

왜 심지어 초자연적인 사랑밖에 모르는 착실한 성도에게도, "나는 모든 죄로부터 해방되었다"고 말하는 것이 위험하다는 것인가?

첫째로, 그들이 사용하는 말들이 한정된 의미를 지니고 있기 때문에, 증언을 듣는 사람에게 한정된 의미가 분명하지 않을 수 있다는 것이다. 사실 그들이 말하는 것은, "나는 죄를 짓는 것을 자각하고 있지 않다"는 것인데, 이런 내용의 증언이 듣는 사람의 양심에는 민감하게 들린다. 그래서 이 말이 상당한 양을 의미하는 것으로 들릴 수도 있고, 또한 아주 적은 것을 의미하는 것으로 들릴 수도 있다.

둘째로, 이런 불성실한 주장은 성결을 순간순간의 삶으로 보는 견해와 조화시키기가 어렵다. 그 증언이 단지 말하는 그 순간의 상태를 말하려고 했는지는 모르나, 일상 대화에 익숙한 사람은 그 증언을 그런 식으로 듣지 않을 것이다. 참으로 그 증언이, 여기서 사용되고 있는 죄에 대한 정의로 말한 것인지 또한 그 증언이 그렇게 말한 그 순간에 대한 언급이었다면, 과연 그렇게 들렸는지가 의심스럽다.

셋째로, 그 말들이 (그들이 현재 있는) 그 순간 너머에 대한 언급이라고 이해되었다면, 문제는 더 심각하다. 이는 무지에서 나온 증언이다. 왜냐하면 아무도 자기 안에 무엇이 있는지 모르기 때문이다. 우리는, 사람은 어떤 죄나, 심지어 그 찰나에 있는 유혹까지도 전혀 모를 수 있다. 이는 사람의 본성이 아직 성숙하지 않기 때문이 아니라 그가 처해 있는 상황이 그렇게 할 수 있게 하기 때문이다.[385] 사람에게는 이런 경향이 늘 있을 수 있다.

다윗이 경건한 시를 지으면서, 어떻게 해서 밧세바를 유혹하는 자가 될 수 있으며, 그의 남편을 죽이는 자가 될 수 있다고 생각하였겠는가? 또 베드로가 주님을 절대 부인하지 않을 것이라고 확언하면서, 그가 닭 울기 전에 세 번이나 주님을 부인할 줄이야 어떻게 상상이나 했겠는가? 앤드류스 감독(Bishop Andrewes)이 그의 '개인 기도문'의 원고 위에 엎드려 울면서, 하나님께 성결을 위하여 간구하면서, 어떻게 비천한 파벌 행동을 하며 자기 이름을 오염시킨 악명을 쓰게 될 것이라고 상상하였겠는가? 또는 러더퍼드(Samuel Rutherford)가 전능자의 가호 아래 살겠다고 하면서, 다툼이 있을 때는 자기 영혼을 흔들 만큼 난폭한 감정이 생길 줄을 짐작이나 했겠는가?

우리는 이것을 생각할 수 없다. 우리는 깊이 참회하는 가운데서 무서움의 크기를 분명히 읽을 수 있다. 그들은 그들 안에 무엇이 있는지를 몰랐다. 아무도 모른다. 지난날에 받은 자비를 기억하며, 영적 승리들을 생각하면서 행복에 넘치는 자신과 평안을 가지고 나아갈 것이다. 그리고 그는 특별히 초자연적인 사랑의 영광스러운 선물로 인하여 기뻐 날뛸 것이다. 그러나 그는 "나는 모든 죄에서 해방되었다"고 말하지 않을 것이다. 하나님은 아직도 육체 안에 있는 죄에서 영혼을 해방시킬 수 있을 것이다. 누가 감히 하나님의 은혜에 한계점을 그을 수 있겠는가? 그 영광스러운 가능성이 갈망하는 영혼을 부추긴다. 그러나 하나님은 그에게 그것이

---

[385] (영어 본서의) 135쪽을 보라.

이루어졌다고 말씀하시지 않을 것이다. 천사들은 서로에게 속삭일지 모른다. 다른 사람들은 그 가운데는 성자가 있다고 느낄지 모른다. 그러나 그 자신은, "나는 모든 죄에서 해방되었다"라고 말하지 않을 것이다. 오히려 그는 바울과 같이 "나도 나를 판단하지 아니하노니 … 다만 나를 심판하실 이는 주시니라"[386]고 말할 것이다.

넷째로, 이 무서운 추정과 자만, 그리고 이런 주장에서 회상되는 현상인 영적 무분별에 빠진 이들은 모든 죄가 없어졌다고 공적으로 말하는 것을 중지해야 한다.

이것이 이 가르침(특히 그의 과격한 형태로)에서 거듭 나타나는 현상이라는 것은 부정할 수 없다. 만약에 이 교리에 대한 비판자들이 그 위험을 과장해서 말하고, 또 이 교리를 좋게 생각하는 사람들의 아름다운 생애와 책망할 것이 없는 면보다는 슬프고 드문 참사에 관심을 집중하였다고 하더라도, 여전히 위험이 있고 또 완전을 주장하는 사람들 안에 있는 죄는 무서운 것이 사실이다. 그러므로 이는 사람에게 있는 단순한 약점이라고 생각할 수는 없다. 특별한 현상에는 특별한 이유가 있는 것이다.

만약 사람이 자기는 모든 죄에서 해방되었다고 확신한다면, 아니 더욱이, 그가 어떤 믿음의 변덕으로 인해 죄에서 자유를 얻은 것을 의심하는 것은 하나님을 모욕하는 것이며, 이는 성경을 믿지 않는 것과 같은 것이라고 확신한다면, 그는 필연적으로 그의 영혼에 죄가 생길 때에도 죄의 존재를 인식할 가능성이 없을 것이다. 그는 자기 손으로 자기 자신과 자기 인식 사이에 벽을 쌓은 것이다. 그는 밖으로 다른 사람을 볼 때는 그의 눈에 감겼던 붕대를 풀뿐 아니라 날카로운 의식을 가지고 종종 나타나지만, 그가 자기 안을 들여다볼 때는 언제나 자기 눈에 붕대를 감는다. 그는 일반적으로 두 개의 기준을 가지고 있는 것이다. 아니, 그가 단 하나의 기준만 있다면, 그것은 다른 사람들에 대한 기준이다. 이런 완전

---

386) 고전 4:3f.

한 사람은 모든 표준치수를 뛰어넘고 있는 것이다. 나는 성결에 열중해 있는 경건한 신자를 알고 있는데, 그는 안식일에 기차를 이용하는 사람을 경멸한다. 그런데 그는 다른 날에는 그 기차를 이용한다. 그리고 14살이 넘은 자기 딸을 위해서는, "그녀는 아주 작아"라고 하면서 반값 기차표를 산다.

이런 이중적 도덕성이 완전을 주장하는 사람들 가운데 흔히 있다고 넌지시 말하는 것은 결코 내 생각이 아니다. 그러나 아무도 이(이중적 도덕성)를 봄 없이, 이런 신자들의 문헌이나 생활의 친숙한 학자가 된다는 것은 불가능하다. 그들 지도자들의 선생은 그 위험을 알 것이다.

이 확신이 생길 때 그렇게 신속히 따라오는 비판적인 것들은 하나님이 스탠턴 신부(Father Stanton)를 사용하여 회심하게 하신 술고래의 불행한 경우에서 알아볼 수 있을 것이다. 스탠턴은 다른 사람에 대한 그의 가혹한 비판을, "가서 그리고 술에 취해라", "나는 그래 너를 더 좋아했다."라고 말하면서, 중도에서 그만두었다.

이런 도덕적 무분별의 위험은 단지 이상한 사람들에게만 있던 것이 아니다. 강당에서 노예제도에 대한 마지막 변호도 가끔 있었다. 히브리 족장들의 종을 가지고 있던 관습과, 바울이 도망한 종(노예)을 주인에게 돌려보낸 일로 시작해서, 노예제도를 계속할 수 있다는 적절한 경우를 상상하기는 어렵지 않다.

미국에서 노예를 부릴 시절에 있었던 때, 거기 한 판매 계산서가 있었다. 그 중 최근에 죽은 교회 집사의 소지품이 최고의 값으로 팔렸다. 거기에 적힌 품목들은 아래와 같다.

주로 신학적인 장서,
노예 아홉 명, 이것이 가장 중요한 품목이다.

이에 질문이 생겼다. 주로 신학적인 그 책들이 (가장 중요한) 아홉 명의 노예를 구해낼 수 있었는가?

복음의 보급을 위한 단체는 노예를 가지고 있을 뿐 아니라 의회가 노예제도를 불법으로 선고한 후에도 여러 해 동안 그들에게 회초리를 사용하는 것을 부정하지 않았다.387)

그러나 우리의 주된 관심은 그런 경우들에 있지 않고, 또한 교회의 단체들이 이중적 도덕관을 서서히 드러내는 데도 있지 않다. 우리가 관심 두는 것은 선한 사람들의 도덕적 무분별이다. 그리스도는 그들을 비난하시며 다음과 같이 말씀하셨다.

"화 있을진저 외식하는 서기관들과 바리새인들이여 너희가 박하와 회향과 근채의 십일조는 드리되 율법의 더 중한 바 정의와 긍휼과 믿음은 버렸도다. 그러나 이것도 행하고 저것도 버리지 말아야 할지니라."388)

어떻게 이런 도덕적 권위자들에게 잘못 행하는 일이 생길 수 있는가? 아마도 그들은 우리가 생각했던 대로 그랬다. 그들은 사랑에 중점을 두지 않고, 죄 없음을 생각했다. 그리고 그것을 가장 중요한 믿음의 항목으로 만들고, 이미 죄 없음이 그들의 마음에서 이루어졌다고 믿었다. 사람이 이미 거기에 도달했다는 생각이, 그러므로 영적 성장에 걸림돌이 된 것이다. 사모하는 영혼, 하나님이 주신 사랑밖에 모르나, 여전히 더 많은 것을 위해 헐떡이는 영혼이, 교묘하게 만족하는 영혼에 의하여 눈에 잘 띄게 되었다. 그리고 그 마음으로부터 실제 죄를 그 높고 부푼 사랑에 의하여 몰아냈던 그 마음이 지금은 악의 사자가 들어올 수 있는 방이 있게 되

---

387) Mathieson, *British Slavery and its Abolition: 1823-1838*, 216(footnote).
388) 마 23:23.

었다. 그렇게 '거룩'과 죄가 그 마음에서 함께 살고 있다. 어떤 의미에서는 많은 사람의 마음에서 그들이(곧 거룩과 죄가) 그렇게 살고 있다, 그러나 그들이 함께 사는 차이는 있다. 하나님의 필요를 느끼고 있는 사람의 마음에서는 여전히 일하실 수 있다. 그러나 필요를 느끼지 않는 그들은 자신들이 하나님의 손에서도 진보를 이룰 수 없도록 만든다.

아마도 이를 믿는 대부분 사람이 웨슬리를 따라서 또한 죄가 온전히 성결한 마음에 다시 들어올 수 있고, 그래서 그들이 확고히 믿는 확신을 빼앗는다는 것을 믿는다고 생각하면, 온전히 씻음을 받았다는 확신이 얼마나 일시적인 것인지를 지적하는 것은 별 가치가 없다. 이는, 아마도 "마음이 온전히 깨끗해졌으면, 다시 온전히 깨끗하게 해야 할 그 죄는 어디서 왔단 말인가, 그리고 이 슬픈 기억이 새로운 확신이 올 때, 그 확신을 의심하게 할 것이 아닌가?"라는 질문을 하게 하는 단순한 논쟁을 지나치게 음미하게 될 것이다. 죄를 하나의 '물건'으로 보는 잘못된 견해로부터, 이 모든 혼란이 흘러나오는 것이다.

여기에, 하나님께서 그에게 간구하는 자에게 주시는 그 큰 사랑을 증거하는 정직하고 숭배하는 영혼을 위한 단 하나의 길이 있다. 곧 그들은 그렇게 살아서 다른 사람이 그들의 그리스도 안에서의 사랑스런 생활의 진상을 발견할 수 있게끔 하는 것이다. 필연적인 질문들이 일어날 때는, 그들은 말로 표현할 수 없는 그 비밀이지만. 자기가 알고 있는 것을 속삭이면서 말하기를, 이것은 그리스도를 믿음으로 말미암아 하나님이 값없이 주시는 초자연적인 사랑의 선물이라고 말할 것이다. 그들은 자신들에 대하여는 한 마디 한다면 하나님에 대해서는 일곱 마디를 하려고 조심할 것이다. 그리고 그들의 온 힘을 다했을 때는, 그들은 불쌍한 리어 왕의 딸 코딜리아와 함께 다음과 같이 느낄 것이다.

"나는 내 마음을 내 입에 다 담을 수 없다.

나는 내 사랑이 내 말보다 더 소중한 것을 확신한다."

　설득력이 있는 증언은 그들의 말이 아니라 삶이라는 것을 기억하는 것이 그들을 위로할 것이다. 그들이 결코 말하지 않을 한 가지는, "나는 모든 죄에서 해방되었다"는 말이다.

제21장

불완전한 세상에서 완전한 삶인가?
(A Perfect Life in an Imperfect World?)

1879년 7월 27일 저녁에, 버밍엄에 있는 카스 레인 채플(Cars Lane Chapel, Birmingham)에서 저명한 신학자요, 교육 개혁자인 데일 박사(Dr. R. W. Dale)가 복음적 부흥에 관한 강연을 하였다. 그 강연이 비국교파 교회 측(Free Church circle)에서 유명해졌다. 데일 박사는 웨슬리와 그의 조력자들의 사역에 대하여 공평한 평가를 시도했다. 그리고 그런 가운데서, 다음과 같이 말했다.

"존 웨슬리의 교리 가운데, 완전한 성화라는 교리 하나가 있다. 이 교리가 본래의 윤리적 발전을 가져오게 돼야 했었다. 그러나 이 교리는 성장하지를 못하였다. 그 교리는 존 웨슬리가 가르쳤던 그 상태에 그저 머물러 있는 것 같다. 이 교리가 제안하는 거대한 실제 문제들을 해결해보려는 슬기와 용기가 부족했다. 그 문제들을 다루지도 않았고, 또 많이 해결하지도 못하였다. 그것들을 효과적으로 다루었더라면 생각과 생활에 아주 깊은 영향을 줄 수 있는 윤리적 혁명을 일으킬 수 있었을 것이다. 이 윤리적 혁명은 첫째는 영국에, 그리고 다음은 나머지 기독교 세계에, 16세기 종교개혁이 일으킨 것보다 더 큰 혁명이었을 것이다."[389]

---

389) *The Evangelical Revival and Other Sermons*, 39.

데일 박사는 그의 주장을 그보다 더 전개하지는 않았다. 그러나 그가 이 교리의 "위대한 본래의 윤리적 발전"을 말했는데, 그가 그것을 정확하게 어떤 방향으로 예상했는지는 확실하게 말할 수 없다. 또한 그가 '슬기와 용기'가 부족했다고 말하였는데, 그가 슬기와 용기가 정확하게 어디에서 부족했다고 생각하는지는 잘 모르겠다. 그러나 기독교 진리에 대한 그의 접근방법은 충분히 알려졌고, 또한 데일 박사가 실망하고 있는 웨슬리의 교리의 결함에 대한 솔직한 관심은 충분히 나타났다. 이 교리가, 사회적 중요성은 가지고 있지만, 사회에 관계되는 일을 적절하게 관계하지 않았다. 아주 개인주의적인 가르침이, 우리가 본대로, 사회적 중요성을 가지고 있다. 그 가르침은 사회적인 면을 가져야 한다. 왜냐하면 이 세상에 사는 사람은 사회를 완전히 떠나서 살 수 없기 때문이다. 사람의 삶은, 설사 도사와 같은 사람이라도, 다른 사람의 삶과 뒤얽혀 있다. 그리고 심한 유죄 판결을 받고 있든지 또는 많은 은혜를 받았든지 자기의 이웃과 원하든 아니든 간에 접촉을 가지게 될 것이다.

데일 박사는 복음은, 단지 복음과 연관되는 일에서가 아니라 그 성격 자체가 사회적이라고 주장하였다. 그리고 그는 복음의 하나인 성화도 또한 그 성격이 사회적이라고 믿었다. 그는, 자기가 웨슬리와 그의 초기 메소디스트들에서 관찰한 그들의 완전을 위한 열렬한 열심으로 사회적 완전의 교리 또는 사회적 중생을 유포시키지 않은 것이 중요한 불행이라고 여긴 것 같다. 데일 박사가 판단할 수 있었던 것은, 그들은 그렇게 전적으로 개인적인 것에 우선함으로써, 사회의 결함도 인식하지 않았고 그에 대한 문제도 제시하지를 못하였다. 심각하고 피할 수 없는 질문, "불완전한 세상에서 완전한 삶을 살 수 있는가?"라는 질문은 오늘 완전의 길을 갈망하는 모든 예민한 신자들에게 강요하는 질문인데, 그들은 그에 대해 아무렇게도 힘을 쓰지 않는 것 같다. 그들은, 하나님이 그들을 하나의 개인으로 취급하셨다고 느끼고 있었다.

영혼의 아주 깊은 곳에서 모든 사람은 혼자 사는 사람이다. 우리에게는 모두 홀로 있게 되는 심각한 순간이 온다. 우리는 그렇게 태어나서, 또 그렇게 죽는다. 그렇게 또한 거듭난다. 존 헨리 뉴맨(John Henry Newan)이 자신에 대하여 말한 것은 진실이다. 정도의 차이는 있지만, 모든 사람도 그렇다. 죄를 자각하고 있는 그 죄인이 전능하신 하나님과의 만남을 갖는 그 엄숙한 순간에, 그는 "둘이 마주치고 있는 것 외에는 아무것도 깨닫지 못한다. 즉 대면하고 있는 절대자와 총명하게 자각하고 있는 존재들, 그리고 나와 나의 창조주 외에는 아무것도 깨닫지 못한다."[390]

만약 데일 박사의 선배들이, 우리가 그들의 증언을 들은 바 있는 그 사람들이 성결에서 개인적인 것을 강조하는데, 그에 대하여 말해보라고 하면, 그들은 아마도 주저하면서 상냥하고 소박한 심정에서, 그들이 생각해 낼 수 있었던 사회적 성결은 단지 성결을 받는 개인들의 단체 행동이었다는 식으로 대답했을 것이다. 그 당시의 사람들에게 있어, 개인은 전적으로 한 개인을 의미했다, 그리고 군중(집단)심리 같은 표현은 그들에게는 억지로 만든 말에 지나지 않은 것처럼 보였을 것이다. 그들에게 있어서는 성결은 본질적으로 개인적이다. 그리고 그들은 개인들과 사람들을 교묘하게 구분하는 것은 박식한 체하기 위하여 만든 것이라고 여겼을 것이다. 떨어져 혼자 있는 사람과 다른 사람과 함께 있는 사람의 사회적 계층이 다른 것은 사람의 생각 때문에 그런 것이지, 결코 삶 자체에서 그런 것은 아니라고 생각했다. 그리고 그들은 그것을 중요하게 생각할 필요도 느끼지 않았다,

이 교리를 소홀히 취급한 일들에 대하여, 특히 생각에 있어서 부주의한 일에 대하여 우리가 깊이 생각해 봐야 하겠다. 만약 성결이 동료들의 업

---

[390] J. H. Newman, *Apologia*, 4(1890 Edn.).

무가 되고 또한 단지 종교집회의 심각한 관심사가 되었다면, 만약 성결을 아주 꾸준히 추구하는 사람이 세상에서 거의 분리되어 사는 것으로 (또는 그들이 세상일에 무관심인 것을 즐기는 것으로) 이웃 사람들에게 보인다면, 만약 더 많은 삶의 풍요함에 (즉 시, 예술, 음악, 노름, 운동. 연극 등에) 빠져, 감각적인 것과 육감적인 것의 분간도 언제나 못한다면, 만약 이 육체적인 세상 안에서 영적 세계에서 사는 것을 미덕으로 여기고, 이런 일 저런 일을 하는 데 있어 타협하고 해결해야 할 많은 일과 맞붙지도 않는다면. 만약 성결을 하나의 '도락(hobby)'으로 삼은 사람들이 그렇다면, 이는 어느 정도는 개인들과 사람들의 구분을 하지 못했거나, 아니면 단지 이는 '이론적인' 구분이었다고 경멸하였기 때문에 그런 것이다.

이는 윌리엄 로우(William Law)에서 아주 분명하다. 로우는, 우리가 이미 지적한 대로, 처음으로 기독자의 완전에 흥미를 갖고 웨슬리를 고무한 사람들 가운데 한 사람이다. 로우는 그의 책, 『기독자의 완전에 관한 실제적 논문(*A Practical Treatise upon Christian Perfection*)』의 끝부분에서, 다음과 같이 말하였다.

"지금 한 가지 남은 것은, 내가 독자들에게 기독자 완전의 은혜를 받도록 노력하라고 권하는 일이다. 내가 사람들에게 시나 웅변을 공부하라고, 그리고 부자가 되고 위대하게 되도록 노력하라고 권하였다면, 또는 수학이나 또 다른 공부에 시간을 쓰라고 권하였다면, 나는, 재판장 앞에 서게 되는 사람에게 허영심을 잘못 갖게 하기에 적절한 근거들을 줄 수 있는 것이다. 만약 그 같은 사람이 나에게 묻기를, 시인이 되고, 웅변가가 되는 것이 왜 중요하냐? 위대한 수학자 또는 정치가가 되는 것이 그에게 어떤 유익이 있느냐고 묻는다면, 나는 지금 그것들이 그 시인, 웅변가, 수학자, 정치가들에게 중요한 만큼 당신에게 중요하다고 말할 수밖에 없을 것이다.

또한 그들의 몸은 오랫동안 흙에 파묻혀 있었다. … 왜냐하면 우리가 성취한 모든 것의 정상에 있을 때도, 우리는 여전히 모든 인간의 고통의 밑바탕에 있고, 우리가 본대로 이런 모든 우월함에서도 부족을 느끼는 사람들 이상의 진정한 행복을 위하여 전진하지 못한다고 대답할 수밖에 없기 때문이다. 사람이 시를 쓰고, 역사를 편찬하고, 또한 재산을 늘리기 전에 죽건 아니건, 그가 백 년 전에 또는 수천 년 전에, 죽었던 것보다 더 중요할 것은 없다."[391]

더 이상 분명할 것은 없다. 시, 웅변, 정치가의 능력, 학문, 수학, 기업; 아무것도 중요하지 않다. 중요한 것은 성결이다! 그러나 성결은 빈약하고 금욕적이며, 엄숙하며 비참하게 매력이 없다. 이를 아주 미숙한 방법으로 표현하면, 하나님은 우리가 기도를 할 때만, 우리에게 관심을 가지신다는 것을 의미하는 것이다.

메소디스트가 사회 형편에 끼친 영향에 대하여 많이 논의되었다. 해먼드(J. L. and B. Hammond)는 복음적 부흥을 통하여 사회공동체에 도움이 되었지만, 이는 제한적이었고 불충분한 도움이었다. 그리고 모든 것을 고려해 보면 결국 그들의 도움은 사회 발전에 도움을 주었다기보다는 오히려 방해를 주었다고 보려는 견해를 취하였다. "메소디스트의 가르침은 노동계급의 운동에는 호의적인 것이 아니었다." 예로써, 메소디스트의 정신과 노동조합들(trade unions)의 정신과는 대조를 이루게 되었다. 메소디스트는 인내를 가르쳤고, 노동조합들은 성급함을 주장했다. 메소디스트는 악한 조건에서도 복종하라고 가르쳤고, 노동조합들은 격렬하게 반항하였다. 메소디스트는 영적 개인주의를 강조하였고, 노동조합들은 계급단결을 하나의 미덕으로 삼았다. 메소디스트가 주장하는 이웃사랑

---

[391] *Law's Works*, iii, 232 f.

은, 그 사람을 거듭나게 하는 하나의 방법으로만 이해되었다. 392)

이런 많은 논평이 빈틈없고 올바르지만, 그것들이 조화를 이루고 있지 않다. 그 논평들이, 많은 초기의 노동조합 운동의 지도자들이 메소디스트들이었고, 그들의 사회발전에 대한 열정이 그들의 종교(신앙)와 차이가 있지 않고 오히려 관계되어 있었다는 명백한 사실에 대하여 (말했다고는 하지만) 깊이 신중하게 다루고 있지 않다. 만약 해먼드(Hammond)가 전적으로 옳았다면, 톨푸들 순교자들(Tolpuddle Martyrs)을 이해할 수 없을 것이다. 래튼베리 박사(Dr. Rattenbury)는, 『마을 노동자(*The Town Labourer*)』의 저자가 웨슬리안 교회의 전체 성직자 회의가 모든 메소디스트 생각의 분명한 대변자였다고 가정함으로 판단을 잘못한 것이라고 넌지시 말했다. 393)

그것은 사실과는 너무나 달랐다. 거기에는 메소디스트파의 다른 분파들이 있었다. 심지어 웨슬리안 교회 안에도, 종종 회의의 결의들을 작성한 사람들의 강한 반대자들도 있었다. 회의에서 결의문들을 제출하고 결의한 보수파가 전적으로 독선적인 반동주의자들로 형성되었다고 너무 쉽게 짐작하면 안 된다. 만약 메소디스트파가 영국을, 프랑스를 괴롭혔던 그런 공포로부터 철저하게 구원하였다면-저명한 역사가들은 그랬다고 생각한다-그에 대해 우리는 그 당시에 해협 건너 있는 프랑스처럼 속히 피를 흘리는 혁명으로 가려던 당시의 극단주의자들의 운동에 메소디스트 지도자들은 동참하지 않은 것으로 설명할 수 있다.

엘리 할레비(Elie Halevy)가 그 당시의 보다 공정한 상황을 말하고 있다. 그는 냉정하게 사실들을 개관하고 있다. 아마도 그의 관심은, 노동자들의 상황을 분리해서 연구하는 것보다는 영국에서 어떻게 사회변화가 "그렇게 현저하게 그리고 점진적으로 계속해서 이루어졌는가를 설명하

---

392) J. L. and B. Hammond, *The Town Labourer: 1760-1832*, 277-87.
393) Rattenbury, *Wesley's Legacy to the World*, 226.

는데 있었다."394) 그의 메소디스트파에 대한 찬사는. 무비판적인 것이 결코 아니지만, 충실한 것이었다. 395) 복음적 회심을 경험하지 못한 사람들에게는, 왜 복음전도자들이 현명한 사회개혁자들이 아니었는가가 늘 하나의 미스터리일 것이다. 분명히 존 웨슬리는 예수 그리스도께서 열심당원 시몬에게 하셨듯이, 윌리엄 코베트(William Cobbet)에게 대하기가 난처했다. 그러나 열심당원 시몬은 이해하게 되었다. 그에 대한 전설이 사실이라면, 십자가 사건 이후에 그는 혁명에 참여하거나 선교사로 나가는 기회를 가졌었다.

좀 더 자세히 그 사실들을 알아보자. 이 완전주의자들의 사회 상황에 대한 '관심'에 관하여 논의하는 것으로 충분하지 않다. 우리는 그들의 '관심'에 대한 분석들을 살펴봐야 한다.

우리가 사회 구조에 대해 생각한다면, 그들은 많은 하나님의 사람들이 아주 선두에 서 있었다. 삶의 슬픈 상황에서 어려움을 겪고 있는 불쌍한 사람들은 그들이 항상 불쌍하게 생각하며 돕는 대상이었다. 그들은 백 개 이상의 자선 업체들을 키웠다. 환자, 과부, 고아, 무직자, 술고래들, 매춘부들, 밀수업자들, 노예들, 이런 모든 기관과 사람이 그들의 돌봄을 받아들였다. 만약 그들이, 많은 사람이 술에 취하고, 여자들이 길거리에 나가고, 또 해변에 사는 사람들이 파산하게 되는 원인인 경제적인 사려를 충분하게 생각하지 않았다면, 그 불쌍하고 버려진 영혼들을 형제와 자매로 부르며 그들에게 최선을 다하는 일로 인도하지 못했을 것이다. 찰스 웨슬리는 그가 거듭나기 전에는 약간 도도한 사람이었다. 그러나 회심 경험을 한 이틀 후에 다음과 같을 글을 쓰게 되었다.

"버림받은 사람들아, 당신들을 나는 부른다.

---

394) Halevy, *A History of the English People in 1815*, i, 335.
395) Ibid., 371f., 389f., 393, 399f.

매춘부들, 선술집의 주인 그리고 도둑놈들이라고!
그러나 하나님은 그의 손을 펴서 당신 모두를 껴안으신다.
죄인들만이 그의 은혜를 받는다…
하나님은 지금 당신을 부르시고, 당신을 집으로 초대하신다.
오라, 오호, 죄인인 나의 형제여, 오라!"

이 구조 사업은 잘못된 경제 체계의 부분을 지적하는데 한정되지 않았다. 거기에는 또한 건설적인 사회봉사도 포함되어 있었다. 웨슬리의 일기 여기저기에 한결같은 말이 있는 것도 사실이다. 전체적으로 볼 때, 이 저자는 영혼에 대한 관심 외에는 아무것도 없는 것처럼 보일 것이다. 그러나 좀 더 주의 깊게 읽어보고 또한 다른 글들과 연관시켜 보면, 강렬한 생각과 예민한 판단이 사람의 육체적 필요뿐 아니라 이런 필요의 기원에 관해 깊은 문제들을 다루고 있고, 그리고 어떻게 이 사회적 적응을 못한 것이 극복될 수 있을까를 고려하고 있었다. 부의 취득과 사용,[396] 사치에서 오는 경제적 결과,[397] 인구를 시골에서 도시로 옮기는 문제,[398] 실직 문제,[399] 합법적 투기에 대한 제한[400] 등, 이런 모든 것에 대하여 그는 일종의 코멘트를 하고 있다. 지금 생각해 보면, 그 코멘트의 많은 것은 순진해 보인다. 그러나 그것들은 전 시대에 제한된 견해들이었음을 참작하여, 판단해야 할 것이다. 문제에 대한 그런 접근방법을 기대하는 것은, 한 예로 가비 박사(Dr. Garvie)가 『인간 사회에 대한 기독교의 이상(*The Christin Ideal for Human Society*)』에서 말했듯이, 불합리하다. 웨슬리가 말한 대로, "기독교는 본질적으로 사회적 종교다. 따라서 종교가 '혼

---

396) *Sermons*, ii, 309.
397) *Works*, iii, 271, vii, 250, viii, 162f, xi, 56, 157.
398) Ibid., iv, 71, xi, 142f.
399) Ibid., xi, 54f.
400) Ibid., viii, 164.

자의 종교(solitary one)'로 전환하는 것은 곧 종교를 죽이는 것이다."[401] 라고 알고 있지만, 그가 모든 것이 그 원리 아래서 행하여진 것을 보았다고 기대되지는 않는다.

그린(T. H. Green)이 분명하게 말한다.

"인간의 정신만이 인격 안에 있는 자신을 인식할 수 있고, 또한 그의 의도를 충족시킬 수 있다. 그리고 사회가 인격을 개발하는 조건이기에, 이는 사회를 통하여서만 그렇게 할 수 있다는 것도 균일하게 진실이다."[402]

그린은 또한 지적하기를, 사람을 재래의 도덕 이상으로 부추기는 최고의 선의 기준은 반드시 있다. 그러나 그것은 개인주의적인 것일 수는 없다고 하였다.

"그 기준(standard)은 자신과 다른 사람들을 위한 완전한 삶의 이상이다. 이는 다른 사람들을 통하여서만 자신을 위하여 얻을 수 있는 것과 같이, 다른 사람들을 위하여서는 오로지 자신을 통하여서만 얻을 수 있는 것이다. 그들과 자기 안의 인간 정신이 실현할 수 있게 되었다는 의미에서 완전해질 생명은 생성(becoming)의 가능성과 임무를 가지고 있다. 그리고 그 생명은 (그런 실현 가능성에서 암시되었듯이) 완전해지겠다는 의지에 달려 있다."[403]

셀 박사(Dr. Cell)는 웨슬리의 순박한 경제에 관한 견해와 그가 제안한

---

401) *Sermons*, i, 381f.
402) Green, *Prolegomena to Ethics*, 201.
403) Ibid., 419.

개선 방법들을 코멘트하면서 말하기를, 그들이 18세기에 어떤 공헌을 하였든지 간에, 아마도 그들은 그것을 지금 알고 있지 않다고 하였다.[404] 돈의 획득과 사용에 연관된 많은 문제는, 그의 설교에서, "될 수 있는 대로 많이 획득하라, 그리고 당신이 할 수 있는 대로 모두를 주라"라고 말한 것으로는 해결이 안 되었다. 참으로, 그가 얼마나 많이 경제적 불행에 대해 단순한 구제책을 설교했어도, 그것으로 완벽한 개선책을 명령하고 있었다고 정신적으로 명석한 웨슬리가 진정 믿었다고 생각하기는 참으로 힘들다.

 복음적 회심과 또는 완전한 사랑의 열매로써, 인류의 훌륭한 정치 경제학자, 또한 기독인 사회학자가 생겼다고 심각하게 주장할 수 없었다. 이렇게 주장했다. 그리고 중대한 증거들이 그런 주장을 확증한다. 곧 성령께서 사람의 삶에 들어오심이 그 사람의 죄 문제를 철저히 다룰 것이고, 그리고 즉각적으로, 그의 생각을, 하나님께서 의도하신 인간의 보편적인 가정과 관련해서 결정하기 시작할 것이다.

 그리스도인들이 그들의 가정에 대한 의무 이행을 더디 실현하였다는 것은 부정할 수 없다. 냉소가들은(그리고 냉소가들이 아니었던 몇 사람들도) 얼마나 경건한 사람들이 정직하게 개인 생활을 할 수 있으면서도 사회적으로 귀찮은 존재가 될 수 있었는지를 애써 지적하고 있다. 칸막이 방들에서 오랫동안 산 19세기의 사람들에게서도 적지 않은 그런 경우가 있었다. 그들은 보호받았고 아무 간섭 받지 않으면서 장사하였다고 단숨에 말하였다. 그 뒤의 말은 종종 교활한 교역에서의 어떤 수상한 고안을 포함하였다. 그들의 대부분은 위선자는 아니었다. 그들은 두 세계에서 살았다. 그럼에도 불구하고, 그들은 그 세계들을 따로 떼어 놓고 있기 때문에 죄인이었다.

---

[404] Cell, 373ff; cf. 392, 394, 또한 Lee, 275, 289을 보라.

많은 경우를 언급할 수 있지만, 그 가운데서 아마 상원의원 오버툰(Lord Overtoun)의 경우만 다뤄도 충분할 것이다. "그는 상인, 마을의 대사업가, 성직자, 전도자, 자선가 등 여러 가지 임무를 수행하였다. 그리고 후에는 상원 입법자의 역할도 하였다.[405] 그는 특별히 안식일을 잘 지켰으며, 주일학교 교사, 성경공부, 절제 교육, 그리고 국내외의 복음 선교 등에 충실하였다. 그의 재정은 쇼필드(shawfield)의 한 화학제품 공장에서 나왔다. 군주의 높은 자리에 있었던 하디 씨(Mr. Keir Hardie)는 사회 전체가 다음 사항에 주목하도록 하였다.

1. 오버툰 각하의 고용인들은 시간당 3파운드 또는 4파운드의 노임을 받았다는 사실.
2. 그들은 하루에 12시간을, 식사를 위해 쉬는 시간도 없이 일하였다는 사실.
3. 그들 대부분은 또한 일주일에 7일 일하였다는 사실.
4. 크롬의 제작품은 건강에 대단히 해로워서, 노동자들이 일반적으로 '크롬 구덩이'라고 알려진 종양들을 앓았다는 사실.
5. 일터에서의 위생상 조건들이 아주 불량했다. 또한 공장의 조례가 지켜졌는지 의심스러웠다는 사실.[406]

그런 비난들에 대해 그는 잠잠했다. 그리고 공적인 자선사업을 하느라고 너무 바빠서 다른 사람들을 실제로 관리하는 일을 못 하였노라고 하면서 자기를 변호하였다. 그런 변호는 어떤 사람들에게는 그의 잘못을 단지 악화시키는 것이 될 것이다. 그리고 그것이 우리가 지적하는 점이다. 만약 그가 말한 대로 자기를 부하게 만든 사람들의 형편들을 몰랐다

---

405) D. Carswell, *Brother Scott*, 192.
406) Carswell, *Brother Scott*, 207f.

면, 부끄러운 것이고 죄를 지은 것이다. 이것이 어떻게 이런 당혹하게 하는 반대주장이 생기게 한 것인지 말해준다.

그런 사람들이, 그들은 경쟁자들처럼 똑같은 규칙들을 지키지 않는 경제적 시스템에서 살면서 부를 차지했다; 그들은 게임을 사랑하면서, 그들이 원한다면 어떻게 그들 스스로 그것은 바꿀 수 있을까 신경도 쓰지도 않으면서, 하루의 다른 시간에, 또는 한 주의 다른 날에, 삶의 영역을 한 곳에서 다른 영역으로 옮겨가면서, 그러나 진정으로 겸비한 삶을 시도해보지도 않으면서, 구분된 생활을 살았다. 그들의 삶의 상업적 면은, 선한 일에 풍성한 자선들을 행함으로써 영적인 면에 존경을 표시하였다. 그러나 그들은 그들의 생활에서 그런 구분된 삶을 함께 종합해 보려고 노력하지 않았다.

시간이 지나가면서 관점도 넓어지고, 경제 시스템도 완화되었다. 이익 분배도 시행되었다. 노동자들의 복지 문제가 기독 실업가들의 깊은 관심사가 되었다; 그러나 그 시스템의 골격은 그대로 있었다. 그것은 같은 시스템이다. 오히려 보관되었다. 그 시스템이 변경되리라는 희망이 양심을 자극하였고, 기독교 보수파의 아버지들은 기독교 사회주의자들의 아들들의 마음을 괴롭혔다. 그리고 전도자들이 산업에 들어갈 때, 두 가지 질문을 하였다. 즉 고용주들에게는 왜 임금을 지불했는가라고 묻고, 그들의 종업원들에게는 왜 가서 전혀 일하지 않았느냐(아니면 여하튼 일하였느냐)고 물었다. 이 질문들이 처음에는 어리석은 이야기 같았으나, 그 질문들이 적절함으로 괴로워하기 시작했다. 그리고 노동을 저주로 보지 않고 하나님이 주신 소명이요, 하나님을 영광스럽게 하는 일이라고 보는 사람들의 눈앞에 새로운 전망들이 펼쳐졌다.

하나의 끊임없는 긴장관계가 우리 세대 사람들의 부담이 되고 있다. 여기에 대한 새로운 해답을 모른다. 그렇다고 옛것이 버려지지도 않을 것이다. 새로운 생각에 앞서 있는 불만이 그 일부다. 그리고 성결을 추구하도록 영향을 미치는 것에 있어서는 이렇게 작용한다. 사람은 성결을, 단지 한 개인의 직업에 관하여서가 아니라 삶의 모든 관계에 연결된다. 어려운 상황에서 정직한 제자의 양심은 경쟁적으로 산업화의 삶에서 오는 비천한 거짓으로 인하여 긴장될 수 있다. 그러나 그에 반하여 살기를 위한다면, 반대하기가 아주 위험하다는 것이 평범한 사람들의 신뢰를 받고 있는 모든 사람에게 알려졌다. 상업하면서 그리스도인의 생을 산다는 것은 불가능하다고 말하는 것은 과장된 말이다. 그리고 때로는 그것은 짓밟히고 고집 센 양심의 고발에 대한 하나의 방위 반응이다.

그러나 아무도, 얼마나 심각하게 완전으로의 길에 방해가 되었는지 느끼지도 않는, 비양심적인 고용인들에 의하여, 아랫사람들에게 지워진 일들에 대한 이야기는 꾸준히 들을 수 없다. 이 이야기는 가끔 "나는 그럴 수밖에 없었다. 나는 살아야만 했다"라는 말들로 끝난다. 그 마지막 말에 대해서, 우리는 물론, 부스 대장(General Booth)과 같이, "당신은 필요하지 않아"라고 말함으로써, 답할 수 있을 것이다; 또한 이는 매춘굴을 지키는 자, 초심자 또는 전문적인 낙태시술자들에 대한 대답일 수 있을 것이다. 그러나 문제는 그것이 도덕적으로 분명해졌다고 말할 수는 없다. 그리고 이는 종종 완전에 대해 관심을 가지고 있는 사람이 생각하는 도덕관념을 일으키는 사람들에 해당되는 것 같다. 그러나 일의 성격을 봐서, 거기에는 긴장이 생기고, 일종의 타협이 불가피해 보인다. 그리고 사람이 그저 불완전한 세상에서 완전한 삶을 살 수 없다는 그의 확신을 주장하므로 이야기를 끝내려 한다면, 그는 그리스도께서는 그렇게 사셨다는 것을 상기시켜도 분개하지 말아야 한다.

여기서, 우리가 말하는 것을 분명하게 하기 위해 조심하여야 한다. 그리스도는 항상 완전한 동기를 가지고 행하셨다는 의미에서 완전한 삶을 사신 것이다. 주님은 완전한 세상에서 완전한 사람이 행할 것을 항상 행하지 않으셨다. 예로, 주님은 그의 생의 후반에, 성전에서 장사하는 자들에게 채찍을 들지 않을 수도 있었을 것이다. 또 바리새인에게 "화 있을진저"라고 말하지 않으며, 또 로마 지배자에게 세금을 바치지 않을 수도 있었을 것이며, 십자가를 지지 않을 수도 있었을 것이다.

그러나 우리는 문제를 더욱더 날카롭게, 그리고 냉혹한 특성을 단호하게 다루어 보자. 상업에서 예를 들어 말하지 말고, 국제관계에서 나온 이야기를 가지고 다루어 보자.

전쟁에 대하여 논의해 보자,

그의 나라가 전쟁을 하고 있을 때는, 개인의 위험 또한 자기 생명을 잃음도 아주 적은 관심거리로 삼고 있는 완전의 순례자들에게는 특별히 무서운 기간이다. 그는 증거를 조심스럽게 조사한 후에, 그의 국가는 올바르게 평화를 위해 정직하게 노력해 왔는데, 평화는 항복에 의해서만 가능하다고 굳게 믿는 반대자에 의하여 거부되었다고 믿고 있다고 가정해 보자. 세 가지 또는 네 가지 방책 가운데 하나가 그의 생각에 떠오를 것이다.

(1) 그는 완전히 화해적인 입장을 취할 수 있을 것이다. 아니면 최소한, 화해정책에서의 하나를 취할 수 있을 것이다. 왜냐하면 완전한 화해주의에도 여러 그룹이 있어, 한 그룹이 가끔 다른 그룹을 제명하기를 원하기 때문이다. 그러나 한 가지 그가 하면 안 되는 일이 있다: 곧 그는 사람을 죽이지 않는 것이다: 그는 십자가를 보면서, 그리스도인의 길은 고통을 참는 것이지 결코 남을 죽이는 일이 아니라고 주장할 것이다. 그러므로 그는 어떤 개인적 손해가 있어도 살인하는 일은 하지 않는다.

그러나 그의 복잡한 양심은, 그렇게 결심한 뒤에도 완전히 평안하지 않다. 어떻게 그가 완전하고 죄를 짓지 않는 사람처럼 행할 수 있는가? 그가 육군 의무대에 입대하여, 무기는 남을 구조하고 구원하기 위하는 일 이외에는 사용하지 않는다고 서약하였지만, 다른 이들을 보고 다시 잘

싸우라고 말할 수 있는가? 그가 군용품을 만들 수 없다면, 군 당국을 위하여 의약품은 만들 수 있는가? 전쟁터에서 일하여야 하는가? 또는 총을 가지고 싸워야 하는가?

폭탄을 처리하는 이 위험한 일이 분명히 구제하는 사업이며, 또한 아주 용감한 것이어서 이것이 특별히 그에게 주어진 일인가? 아니면 그가 전쟁과 간접적으로 연관된 일들을 다 하라는 모든 요구에 단호하게 섬으로, 마침내 감옥에 들어가게 되는 것을 당하여야 할 것인가?

그리고 그는 감옥에 있으면서도 여전히 복잡한 순간들을 가질 것이다. 그는 자기가 순교자라는 허영심과 싸울 것이다. 그는 기도한다. 그리고 한편 기도하는 자들이 사회에 아주 값비싼 봉사를 한다는 굳은 확신을 가지고 있다. 그러나 그는 또한 먹어야만 한다. 그리고 만약 국가가 그의 식량 공급을 국제 무역에 의존하고 있다면, 그가 매일 먹고 있는 음식이 용감한 사람들이 지뢰가 놓인 바다를 배로 건너 가져온 것들의 일부라는 것을 쉽게 알 것이다. 그러므로 그는 감옥에서도 다른 사람이 획득한 것으로 사는 것이다. 이는 기생충에 가까운 생활을 하는 것처럼 들린다. 그는 전적으로 말할 대답이 없다. 그저… 그저… 이것이 완전인가? 라고 할 뿐이다.

(2) 다르게 행동할 수 있는 것은 이것일 것이다. 상당한 수의 제자들이 서로 병립할 수 없어 보이는 상반된 의무로 인해 괴로워했다. 즉 한편으로는 세상에 갇혀 있으면서 교육을 통하여 자라나는 세대의 어린이들의 마음을 조직적으로 더럽히는 악한 사람들에 대한 증오를 <u>느끼면서</u>, 동시에 못지않게 십자가 위에 있는 그 낯선 사람, 예수를 험담하는 것에 대해 날카롭게 증오를 <u>느끼면서 괴로워했다. 그 예수는</u> 경건한 저자들이 (그들의 선입견에 따라) 그를 가이사 황제(Imperial Caesar), 또는 종말론적 설교자, 또는 자유의 개혁자라고 바꾸어 불렀고, 그의 손을 향해서는

그들이 총을 쏘거나 창으로 찌르거나를 할 수 없던 주님인데 말이다. 일부 제자들은, 그들이 살인하는 일에 관여되고 있는 동안에는 그리스도에게 등을 돌릴 수밖에 없고, 또한 그들이 피를 흘리는 일에 참여하고 있는 동안에는 그(예수)와의 사귐은 있을 수 없다는 생각을 가지게 된다고 느꼈다.

전쟁 후에 잇따라 나오는 회고가 이해하기를 진정으로 원하는 사람의 상상력을 깨우쳐 줄 것이지만,[407] 어두운 길을 걸은 자들만이 별 없는 밤의 깜깜함을 상상할 수 있을 것이다. 그러나 이 길을 걸은 자들에 대해서 완전이란 말은 없었다.

(3) 세 번째 (광야에 천막을 칠 수 있는 자들에게 열려있는) 가능성은 순례자에게 도덕생활의 성격을 강조하며, 긴장 상태의 필요성을 강조하는 것이다. 이는 삶의 긴장을 우리에게 강요하기 때문이 아니라, 두 세계에 연결되어 있으면서, 하늘나라의 이상(ideal)을 이 땅의 현실에 옮겨놓는 일에 관계된 상태에서, 우리는 현재에서의 성취나 완성에 대한 모든 소망을 부인했기 때문에 생기는 긴장이다. 순례자가 얼마 동안 쉬는 것은 허락되지만, 그들이 아주 휴식할 수는 없다.

그러므로 긴장이 계속될 수밖에 없다고 말할 것이다. 제자가 심한 전투에 말려들었다. 그리고 심하게 싸운다. 그러나 언제든지 그것에서 일하는 것은 싫어한다. 그리고 매일 같이 주님과 주님의 완전한 뜻을 쳐다보도록 스스로 훈련한다. 그리고 싸움의 최고점에서 또한 살인하고자 하는 긴장이 오래 끌지 않도록 하기 위하여, 그는 자기가 순례자이며, 기다리고 있는 그의 진정한 과업은 새로운 예루살렘을 건설하는 것이라는 것을 생각하지 않는다.

그러나 이것은 고의의 절충안이다. 이것은 그것 때문에 쉽사리 무시해

---

[407] e.g. Montague, *Disenchantment*, 71.

버릴 수 없다. 이것이 바로 절충의 이론이다: 그 이론은 우리가 살고 있는 삶, 그리고 하나님이 우리가 살라고 하신 그 세상이 그런 절충을 강요한다는 명석한 확신이다. 이는 날조된 철학적 언어로 '편의의 원리'에 의해 변장시킬 수도 없다. 이는 공공연하고 명백한 절충이다. 그러나 누가 이를 완전이라고 부를 것인가?

(4) 마지막으로, 사람이 어떤 상황에 있든지 그가 할 수 있는 최선을 완전과 대등하게 본다는 제자의 입장이 있다. 어떤 때는, 그는 "상대적 완전" 또는 "모든 실제의 동기에서의 완전"을 말한다. 이렇게 한계를 정한 문구들은 많은 이에게는, 그 말에서 요점을 따온 것처럼 보일 것이다. … 이 문제는 잠깐 뒤로 미루어야 하겠다. 이는 우리가 이 일을 시작한 때부터 지금까지 우리에게 미루어져 있는 것이다. 이는 문구의 문제, 그 이상이다. 이 상대적 완전이라는 문구의 중심에는 깊고 위험스러운 부조리가 깔린 것이 아닌가? 만약 그렇다면, 사람이 일반적으로 이런 도덕적 성취보다 높은 그 윤리적 높이를 어떻게 묘사할 수 있으며, 그리고 진실로 사람이 할 수 있는 그런 윤리적 높이가 있는가?

그의 국가의 복지의 정당성을 확신하고, 또한 그 복지사업이 아주 커서 그의 국가의 특별한 이득은, 비교해 보면, 아주 시시하다고 확신한 제자를 상상해 보라. 그는 귀한 일들이 온 인류의 진정한 복지에 영향을 미치는 일에 걸려있다고 확신하고 있다고 가정해 보라. 그는 싸워야 하는 것이 분명한 의무라고 생각한다. 그리고 그릇된 교육을 통하여 그리고 뉴스를 부정함으로 지도를 잘못하여, 자신들을 그의 원수들로 만든 사람들을 본다. 그는 그들이 믿는 것을 행하는 것이 최선이라고 인식한다. 그러나 그들이 반은 의식하면서 마귀의 무서운 앞잡이들이 되었다는 것을 그는 확실히 믿고 있다.

그는 능력과 힘을 가지고 그들과 싸운다. 그는, 이는 그들이 속았고 또한 "너의 원수를 사랑하라"고 말씀하신 이를 따르는 자이기 때문에, 그들을 미워할 수 없다. 그러나 그는 그들의 악한 뜻을 반대한다. 그리고 그는 그것을 대항하되 피 흘리기까지 한다. 그가 비행기에서 폭탄을 투하하는 일을 맡은 자로서, 그 밤에 계획했던 군사적 목표만을 마치려고 세밀한 주의를 하고 있다. 그러나 모두가 다 안다. 즉 그 폭탄은 정밀한 무기가 아니다. 그래서 그가 할 수 있는 모든 조심을 하지만, 엉뚱하게 어린이 장애인들의 집, 또는 산파병원을 타격할 수도 있다. 그는 이런 딜레마 가운데 밤낮을 사는 것이다. 그가 마음에 평안함이 있다면, 이는 부분적으로는 자기 생각에서 이 대립하는 논리를 굳게 밀어붙이기 때문이요, 또한 어려운 일이지만, 이는 그 상황에서는 가능한 최선이라고 깊이 믿기 때문이다. 그가 이것을 완전이라고 부를 수 있을까? 그는 그의 생명은 불안한 양심에 비교하면 적은 것이라고 생각한다. 그를 심부름으로 보낸 자들이 그의 난문제들을 경멸할 수 있으며, 또한 공동사회적인 책임에 대한 그들의 말다툼을 부정할 수 있는가?

만일 그가 말하기를 자신은 원수를 미워하지 않으며, 그들이 한 것들을 미워하지만 그들을 (사람으로서) 사랑할 수 있다고 한다면, 우리는 그를 조소하며 스페인의 수사, 토르케마다(Torquemada)의 눈물에 대해 말할 것인가? 아니면 우리는 모든 문제를 제쳐놓고, 단순히 "불완전한 세상에서는 완전한 삶을 산다는 것은 불가능하다"고 다시 말할 것인가?

초기 히브리 족장들은 사회 격리에 의해 평안하게 살았다. 그러나 세월이 지나면서, 불어나는 후손들 때문에 사회와 격리되는 것은 불가능하게 되었다. 그래서 평화는 다른 어려운 방법을 통하여 찾아야만 했다.[408] 완전을 추구하는 것도 비슷한 어려움에 처하게 되었다. 한때, 이는 사회 격리를 통하여 가능한 것처럼 보였다. 은둔자의 오두막, 또는 수도원의 독방에서, 18세기 영국의 농촌 생활에서, 인간관계에서 일어나는 많은 어

---

408) Ryder Smith, *The Bible Doctrines of Society*, 2f, 88f.

려운 문제들이 묵살될 수 있었다. 그러나 오그라들게 하는 세상이 몹시 싫은데도 국제적 교류를 하게 됨에 따라, 완전에 대한 새로운 문제에 봉착하게 되었다. 세상을 도피함으로 인해 죄 없이 산다는 것이 실생활에서 불가능하고, 이는 논리적으로도 모호하다는 것을 더욱더 느끼게 되었다. 이 난제들은 회피할 것이 아니라, 해결되어야 했었다. 그러나 이는 완전이 쑥 들어가 버리고, 그 의심은 오아시스를 폐기하는 것이 신기루인지 아닌지 필연적으로 그들에게 물어보게 된다.

잠깐, 18세기의 성도들이 전쟁에 대하여 어떤 태도를 취하였는지 알아보는 것이 흥미롭지 않은 일은 아니다. 그들은 모두 전쟁을 비난했다. 어떤 사람은 심한 욕설을 하면서 비난했다. 웨슬리는 이렇게 말했다.

"들을지어다! 대포의 굉음을! 새까만 구름이 하늘을 덮고 있다. 소음, 혼돈, 공포가 모두를 지배하고 있다. 모든 지역에서 죽어가는 앓는 소리가 들린다. 사람들의 육체는 찢기고, 쥐어뜯기고, 여러 갈래로 난도질당하고 있다: 그들의 피는 물과 같이 땅에 쏟아지고 있다. 그들의 영혼은 영원한 나라로 날아간다. 아마도 영원한 고통으로. 은혜의 교역자들은 이 무시무시한 현장에서 떠나버리고, 복수의 교역자들이 승리…"

"그러면, 이 불쌍한 희생자들을 피의 장면으로 끌어넣는 것이 무엇인가? 이것이 그들에게 몰래 다가가는 환상이요, 그들이 자유라고 부르라고 배운 것이다."

그것이 바로 "사람의 마음에 무서운 전쟁에 대한 사랑과 또한 복수하고자 하는 마음과 죽음의 치욕을 불어넣는 것이다."

"진정한 자유가, 한동안, 발아래 짓밟혀 있었고 무법과 혼란 상태에서 갈피를 못 잡고 있었다."409)

"인간의 이성의 힘에 대한 우리의 모든 열변과 우리의 미덕의 명성도, 세상에 전쟁 같은 것이 있는 한, 자만의 빈말과 허튼소리에 지나지 않는다. 일반 사람은, 그들이 그 이상 전쟁은 없다는 것을 알기까지는, 이성적인 존재라고 인정될 수 없다.

"이 괴물이 통제되고 있지 않는 한, 이성, 미덕, 인간애가 어디 있는가? 그런 것들은 전적으로 용납되지 않는다. 그것들이 있을 자리가 없다. 그것들의 이름만 있을 뿐, 아무것도 없다."410)

웨슬리가 이와 같은 점에 대하여 많은 말을 하였지만, 그는 과격한 평화주의자의 입장을 취하지는 않았다.

웨슬리의 추종자들 가운데 일부는 과격한 평화주의자의 입장을 취하였다. 특히 석공으로, 믿음직하고 씩씩한 메소디스트 설교자가 된 존 넬슨(John Nelson)이 그랬다. 성직자들과 맥줏집 주인들의 부추김을 받아 군인으로 강제로 징집된 그는 자신은 평화주의자라고 선언하며 소총을 들고 다니는 것도 거절하였다. 그의 진실함과 그의 인격의 훌륭함에 감동한 그의 동료들이 그를 위해 소총을 들고 다녔다.411) 그는 감옥에 투옥되었고 군법 재판에 회부되었을 때도 그의 확신은 흔들리지 않았다. 그는 군법 재판장에게 말하였다.

---

409) *Works*, vii, 404f.
410) *Works*, ix, 223.
411) *Lives of E. M. P.*, i, 127.

"나는 싸우지 않을 것이다. … 내가 주님 앞에 무릎을 꿇고 사람을 위하여 기도하고, 그리고 일어나서 그를 죽일 수는 없기 때문이다. 나는, 하나님께선 내가 말하는 것을 들으시고 또한 내가 행하는 것도 보시는 줄 안다; 만약 나의 행동들이 나의 기도들과 일치하지 않는다면, 나는 엄청난 위선자가 될 수밖에 없다."[412]

결국, 그는 군대에서 제대 당했다.

그러므로 이 세기 전, 전쟁 때에 완전을 열망하는 여러 영혼, 국가에 대한 그들의 의무에 대해 몹시 당황했다는 것이 분명하다. 존 넬슨(John Nelson)과 존 하임(John Haime)의 입장은 아주 다르다. 분명히 그들은 메소디스트의 연회에서 자주 만났다. 넬슨은 전쟁에 대한 양심적 가책으로 인해 투옥되었다. 그리고 하임은 데팅겐(Dettingen)과 폰테노이(Fontenoy)에서 용감하게 싸웠다. 그리고 그는 "사랑과 기쁨 그리고 평안한 마음을 가지고 전투 한복판에 있었다"고 말하기도 하였다.[413] 그들은 이런 것을 서로 의논하지 않았는가? 하나님의 완전한 뜻만을 열망하는 이 동료 순례자들이, 집요하게 입장 차이가 있는 점에 대해 서로 도와주려고 노력하지 않았다는 것이 가능한가?

그러나 만약 그들이, 그와 같은 시간에 거룩한 자가 무엇을 해야 하는가에 동의할 수 있었을지라도, 그들 중 아무도 기록에 남기지 않았다. 그들은 결국 음침한 골짜기로 내려갔다. 그러나 두 완전의 순례자는 이 문제에 관해서는 깊은 차이를 가지고 갔다. 그래서 그 본질에 있어서, 문제는 지금까지 미해결로 남아 있다.

그러나 우리의 견해에 새로운 전망이 떠오른다. 지난날의 성결에 대한

---

412) Ibid., I, 109, cf. 132, 136,
413) Ibid., i, 280.

개인주의적인 해석이 충분하지 못하다는 생각이 점점 일어나고 있다. 이 연구의 모든 것을 통하여 그는 제한된 해석인 것을 인식하게 되었다. 종교는, 사회의 경제적 그리고 정치적 체제와 아무 관계가 없고, 순수한 개인 관심사라는 생각은 우리의 판단과 점점 더해지는 종교 사상에 거슬린다. 교회의 사역은 내세를 위한 준비로써 그들 각각의 영적 생활을 진전시키는 일에 한정되어야 한다는 주장은 설득력 있게 그리고 경건스럽게 설명될 수 있겠다. 그러나 이는 그럼에도 불구하고 옳지 않다.

무엇보다도 먼저 그 해석은 말의 어원(etymology)을 무시하고 있다. 그것이 무엇이었든지 간에, 삶의 넓은 영역을 고의로 무시하기 때문에, '성결(holiness)'(또는 'wholeness')[414]이라고 부를 수는 없다. 이는 하늘나라의 목표가 지금의 우리 삶을 형성해야 한다는 것을 잊고 있다. 우리 주님께서 우리를 자연 질서에서 구해내는 정한 목적에서 오셨다고 하고, 따라서 은연중에 구원의 승리, 심지어는 사물의 모든 조직적인 체계를 하나님께 되돌려보내는 소망까지 부인하는 것은 그것을 잘못 생각하는 것이다. 또 그 해석은 지금의 세상 질서는 (곧 죄의 체계로 조직되고, 여기 저기에 형벌의 경감으로 인해 조금씩 누그러졌으나, 하나님을 무시하고 계획하고 진전하는 세상 질서는) 하나님의 존엄과 통치에 일정한 모욕이 아니라, 악의 세계에 무관심하게 버려진 것이라고 가정한다. 그 해석은 영적 생활을 개인의 경건 생활에 한정시키기로 헌신한 사람의 마음의 갈망을 충족시키지를 못한다. 그리고 하나님께서 이 세상을 구원하기 위하여 그의 아들을 보냈어도, 주님을 통하여 이 세상은 구원되지 않을 것이라고 분별없이 가정한다.

현대의 완전의 순례자들의 마음에 있는 이런 사회적 관심을 '세상을 보다 좋은 상태'로 만들겠다는 사람이 만든 계획과 같은 것으로 생각하면

---

414) 여기서 말하는 etymology는 물론 헬라나 히브리어에 대하여서 말하는 것은 아니다.

안 된다. 그리스도를 따르는 자들은 사람이 홀로 '세상을 보다 좋은 상태'로 만들 수 있다는 자신감을 가지고 있지 않다. 또 그들은 널리 퍼진 불평 가운데서 사회구원의 힘든 과업을 시도할 충분한 동기도 발견하지 못하였다. 그들은, 하나님이 원하시기 때문에 그 일에 정열적인 것이다. 이는 하나님의 세상이다. 그리고 그가 다만 그의 방법으로 일하실 것이다. 하나님은 오늘날의 세상(그리고 그것보다 더 나쁜 상황)에서 그의 성도들을 보내고 계셨다. 그리고 오늘과 같은 세상에서는 그리스도인이기는 불가능하다고 과장해서 말하는 취지가 있다. 그러나 이 문제를 해결할 적절한 코멘트들은 없었다. 이 세상이 우리가 얻으려고 애쓰는 목표는 아니다. 또는 우리가 전제하는 전체 목적도 아니다. 그러나 그리스도인이 사회체계를 하나님이 뜻에 적용시키도록 하나님에 의하여 사용된 것과 같이, 기독교 사회적 체제가 사람을 영성에 적용시키는데, 하나님에 의해서 사용될 수 있다. 사람은 그 성격에 있어 개인적이며 사회적인 양면이 있기 때문에, 하나님의 구원은 두 면을 다 계획하고 있다. 그러므로 그 어는 하나를 무시하는 성결은 만족스러운 견해가 아니다.

　따라서 오늘날 완전의 순례자를 위해서는 '죄'라는 말이 보다 넓은 의미를 갖게 된다. 죄는 사회적 행동에서도 발견된다. 예로, 모호한 경제 이론들에 들러붙은 이기적인 것, 그리고 그런 이론들이 양심을 감싸주는 방식으로 역할을 하기에 그들에 대한 비판을 검열하기를 거절하는 일, 존재하는 특권들을 보호하고, 그것들의 적법함에 관계된 권유를 따르지 않으려는 시기심, 그들이 하나님의 배려를 똑같이 받게 되어 있음을 알고 있음에도 불구하고, 다른 사람의 어려운 생활 형편을 고의로 모른 체하는 일, 등과 같은 것이 모두 그런 죄다.

　더구나 이 열망하는 영혼들은 전에는 괴롭히지 않았던 일들로 인해 양심의 괴롭을 당한다. 예로서, 계속되는 무직으로 인하여 함께 지내던 그들의 동료들의 일을 위하여 진정으로 정당한 기회를 갖지 못하는 일; 인류의 최선의 이익에 해로운 일에서 또는 아주 기계적인 것, 변화 시켜보려고 노력도 하지 않은 그 지루한 일에서, 하나님의 소명의 느낌을 발견하기가 불가능한 일; 많은 사람에게 폭정과 유사한 일을 하는 경제적 힘의 중심을 만든 재정에 산업이 존속되는 일; 건강과 교육 그리고 여가에 있어서 아직도 존재하는 기회의 심한 불균형, 등이 열망하는 사람들의 양심을 괴롭힌다.

완전해지기를 원하는 자들은 지금은 죄를 음란한 생각과 술 취함과 주일에 영화를 봄 등으로 소진시킨 것들만으로 정의할 수 없다. 그들은 또한 악한 사회의 시스템과 그들의 그룹이나 영혼에 배치될 수 있는 버팀들에서도 죄를 본다. 그리고 그들이 죄를 고백할 때는, 그들이 오랫동안 알고 있던 죄들뿐 아니라 또한 사회생활의 구원에 있어 주님을 따르지 못한 것을 용서하여 달라고 구하여야 한다.

'죄'가 의미하는 바가 넓어졌을 뿐 아니라 완전도 또한 그 의미하는 바가 넓어졌다. 완전의 의미가 보다 더 함축성이 있게 되었다. 그래서 완전은 오로지 개인의 가치들에만 관계하지 않는다. 구원은 하나의 시스템에 의해서가 아니라 구세주에 의해서 있게 된다. 구세주의 계획은 하나님의 영을 가진 자들과 하나님의 구원이 자신들 안에 이루어졌음을 알고 있는 자들에 의해서만 효과적으로 이루어질 것이다. 이 말은 그리스도인들은 비기독교인과 더불어 일할 수 없다는 뜻이 아니다. 또한 모든 사람은, 기독교의 체제가 이 세상에서 형태를 이루기 전에는 개인적으로 구원받을 수 없다고 생각하는 것도 아니다. 그러나 이것이 말하는 바는 지도자의 높은 역할이 의식적으로 그리스도에게 복종하며, 하루하루의 삶에 대한 하나님의 지도를 매일 받는 자들에게 있다는 것이다.

자동 작용으로 (곧 기계적 행위에 의해) 완전에 이르게 하며, 하나의 악행이 몰락시킬 수 없는 시스템을 사람이 고안해 낸 것은 없다. 이 세상에 하나님의 새로운 체계를 세우는 기회를 확대하고자 모든 사람에게는 깊은 개인 신앙이 요구된다. 또한 오늘 사회생활의 모든 계층에 있는 그리스도인에게도 깊은 개인 신앙이 요구된다. 이 요구는 어떤 이에게는 지나친 특권과 지나친 부요를 포기할 것을 요구할 것이다; 어떤 다른 사람에게는 나태와 욕망에서 스스로 만족해하는 일을 극복할 것을 요구할 것이다; 모든 사람에게는 머리와 손으로 하는 정직한 노동을 강력히 요구할 것이다. 그러나 우리가 어떤 눈부시게 하는 실형성에 유인되고 있는 것인가? 한 특성의 창의적 일은 전에는 공동체 전체에 의하여 이루어지지 않고 지금에 이루어졌다. 그리고 그들이 한 일을 그의 친구들을 통하여 하나님께 희생하듯 하였기에, 그의 소수는 고상할 것이며, 성심성의 그리고 진정 최고일 것이다.

완전의 순례자들이 배워야 할 것이 많이 있을 것이다. 예로, 과거 한때 특전이 없는 상태에서 배우기를 싫어한 사람들의 느린 발전에 대한 인내력; 그들에서는 고상한 알들을 위한 어떤 욕망도 갖기 힘들었던 것처럼 보이는 자들에 대한 인내; 그들의 영혼에 있는 죄에 대한 교활한 책임 회피를 용감하게 맞서며, 성결에 대한 아주 편향된 견해가 덜 힘들고 보다 편안하기에 그 견해로 돌아가고자 하는 유혹을 극복하는 용기 등을 배워야 한다.

이 일들을 시도하는 자들에게는 삶의 아주 높은 재능이 필요할 것이다. 하나님의 영감을 받은 체계를 세우고 그를 효과적으로 시행하는 일은 도덕적 성취에 있어서 평균 이상을 강력히 요청할 것이다. 그러나 하나님의 완전케 하시는 일 가운데 있는 자들은 그와 다른 것이 아닐 것이다. 자신과 사회는 그들 안에서 싸우지 않는다. 초자연적 사랑은 그들의 헌신된 마음을 채우고 그들의 민감한 마음을 직시하시기 때문에, 그들은 새로운 체제의 진정한 선구자들이요 하나님의 승리를 기뻐하는 군중의 선봉에서 전진한다.

또한 그들은 보다 더 개인주의적인 날들에서 그렇게 매우 사랑하는 주제(text)를 지켰다. 아니, 그들은 그 이상의 것, 곧 "하나님이 세상을 이처럼 사랑하사 독생자를 주셨다"는 것을 알았다.

제22장

목표의 비전
(The Vision of Goal)

우리의 과업은 마지막에 이르렀다. 우리는 웨슬리가 그리스도인의 완전에 대해서 무엇을 가르쳤는지 발견하려 하였다. 그리고 그의 글들을 살펴보는 가운데, 그가 오늘의 성결운동들의 아버지인 것을 인식하면서, 그의 교리를 이해하기를 시작할 수 있었다. 그러나 웨슬리 자신이 가르친 것과 다른 사람들이 그의 가르침을 말한 것을 분간하는 일은 어려웠다.

그리고 또한 이 가르침의 전개에 있어서, 자기들이 정당한 영적 후계자라고 주장하는 자들과 웨슬리 자신이 결코 허락하지 않았을 교리들을 가르친 자들을 분간하는 일도 보통 어려운 일이 아니었다. 우리는 이 교리의 성서적 근거, 신학적 선입주견들, 그리고 심리학적 관계 등을 검토하였다.

그 결과 우리는 어느 정도의 분명한 결론을 얻게 되었다. 그가 교리의 근거로 삼은 성경 구절 전부가, 현대 학문의 견지에서 볼 때, 그가 취한 해석을 지지할 수 없는 것도 있다. 그러나 우리가 보기에는 신약성서의 전체 취지는 윤리적이요 영적인 완전이라야 한다는 것을 지적하고 있다고 보는 그의 주장은 명백하다. 다른 사람들이 이 완전은 항상, 신약성서에서는, 죽음 후에, 즉 먼 장래에 마련되는 것이라는 주장은 시인되지 않은 듯하다.

완전에 대한 용어들의 문제는 우리가 웨슬리의 신학적 선입주견들을 정밀하게 조사해 볼 때 심각했다. 웨슬리가 말한 죄란 알고 있는 법을 의식적으로 범하는 것이라고 한 정의는 분명히 변호할 수 있는 것이다, 그러나 동시에 그 정의가 의미하는 범위는 한정적이어서, 웨슬리의 많은 동정적 해석자들을 만족시키지 못하였다. 그의 완전이라는 말의 정의도 많은 사람에게 만족을 주지 못한 것으로 드러났다.

사실, 이 교리에 있어서 명확하지 않는 부분을, 오로지 그 한 용어가 의미하는 바를 분명히 함으로 해결하고자 하는 사람들도 있다. 이런 단순한 해결이 가능하다는 견해를 취한 사람 대부분은 '완전'이라는 말에 어떤 형용사를 사용하는 것을 거절한 것이다. 그들은 그 '완전'이라는 말에는 그런 것이 필요하지 않고 또한 허용하지도 않는다고 생각한다. 완전이라는 그 말은 하나의 최종적인 것이다. 이 말은 홀로 있어야 한다라고 주장할 것이다. 하나의 일이 완전하냐 완전치 않냐, 마치 일이 유일하냐 유일하지 않냐의 문제다. 그러므로 상대적 완전 또는 죄 없는 완전이라고 표현하는 것은 사람의 생각을 흐리게 하는 것이며, 논점을 혼란하게 한다고 생각한다.

우리가 연구하여 오는 가운데 우리 견해에 대한 논쟁에 찬성자들과 반대자들이 한 번 이상 있었다. 우리는, 이 완전이라는 단어가 주로 상대방과 모임에 들어갈 수 없게 해서가 아니라, 불행하게도 완전이라는 개념이, 일반적으로 생각하기는 부정적인 견해 즉 금지하는 일에 승리를 거둔 것이라는 빈약한 생각을 드러내는 것이기 때문에, 완전이라는 단어를 우리 생각의 중심으로 삼지 않는 확고한 이유를 보았다.

'완전한 사랑'이라는 말이 우리에게는 더 마음에 든다. 왜냐하면, 완전한 사랑이라는 용어는 어느 정도 고귀하고 엄숙한 '완전'이라는 말의 철학적 표현을 피할 수 있기 때문이며, 또한 사랑이라는 단어의 성격 자체가 사회적이며 또한 그와 관련된 일에 있어 긍정적이기 때문이다. 또한 웨슬리의 죄에 대한 한정된 정의로 인한 어려움을 피할 수 있기 때문이다.

완전한 사랑이라는 명칭을 웨슬리도 아주 좋아했다. 그리고 이 말은 하나님이 주시는 선물이며, 우리의 참회를 깊게 한다고 주장하는 자들의 입에서 보다 자연스럽게 나올 수 있는 말이다.

우리는 또한 새로운 심리학이 성공의 모든 소망인 성결에 대한 추구를 하지 않게 했다는 것은 발견하지 못하였다. 케네디(G. A. Studdert Kennedy)는 '암문 시(rough rhyme)'에서 현대 심리학자들이 만든 거룩함의 분석을 다음과 같이 설명하였다.

"그가 성자들을 따로 떼어 놓고,
모두에게 물표를 달아 놓은 다음에,
그는 충직하고 사랑하는 마음의
진의들을 표로 만들어 나타냈다.
그는 그들의 이기심이 없는 열정을 조사하신다.
그리고 왜 순교자가 고난당하고 죽는데
노래하며 나가는지를 정확히 보여준다.
그는 그들의 무릎에 가져다준 축복의 환상을
웃으면서 어린이의 환상들로 바꾸어 놓는다.
프로이디안이 말하는 무의식이 슬픔의 화려함과
고통의 허식을 아주 쉽게 설명해 준다.
많은 유혹들,
그것으로 육신이 성자의 영혼을 괴롭힐 수 있는 것이
세디푸스(Cedipus)의 콤플렉스의 실례이다.
그의 날카로운 일견이,
간교한 성적 오용이
그들의 아주 즐거웠던 것을
지옥의 공포로 만든 것을 말해 줄 수 있다.

그의 추리는 완전하고,
그의 증거도 분명하다.
그러나 그는 한 가지 작은 약점이 있어서,
그가 하나의 성자를 만들지를 못한다." 415)

그러나 (심리학자들이 성자를 만들 수 있을 것이라고 기대할 수 있었지만) 그들이 성자를 만들 능력이 없다는 것이 우리를 주저하게 한 것이 아니었다. 우리의 관심사는 18세기에서의 성결 탐구가, 심리학적으로 볼 때 어디에서 오늘의 표준에 의해 무엇이 잘못이라고 판단하는지를 알아보고자 하는 것이었다. 우리의 연구는 성과가 없는 것도 아니었다. 그들이 죄의 근절을 추구했던 것이 잘못이었고, 이는 명백히 그릇된 전제에서 진행되었다는 것이 분명해졌다. 죄는 잘라낼 수 있는 하나의 물건이 아니다. 여기에서, 그들의 심리학은 분명히 잘못되었다. 그들은 전능하신 분이, 어떤 신비로운 방법으로, 그들의 의지를 제압하여, 죄짓는 힘을 없애주시되, 그들의 인격은 상하지 않은 채 그대로 둔다는 소망이 있었던 것이다.

그러나 탐구 자체를 보면, 그 탐구가 잘못된 것이라고 증명되지 않는다. 즉 그들의 집은 오로지 이 답답한 세상에 있다는 것을 인식하지 못하면서, 세상이 모두 새롭게 됐다는 헛된 환상에 몰두하는 사람들에게 보인 신기루(망상)라는 것도 연구에서 새롭게 입증된 것이 없다. 그리고 또한 그들이 하나님으로부터 초자연적인 사랑을 받았다고 주장하는 기쁨에 넘친 영혼들이 잘못되었음이 틀림없다고 우리를 납득시키는 어떤 사례로 드러나지 않았다.

우리는 이 땅에서 완전의 절정에 이르렀다는 주장은, 하나님께서 죽음을 면할 수 없는 인간의 영혼에 하실 수 있는 일에 제한을 두었기 때문이 아니라, 사람은 아무도 그렇게 할 만한 지식을 가질 수 없으므로, 누구에

---

415) Studdert Kennedy, *The Unutterable Beauty*, 120f. (1940, Edn.).

서고 듣고 싶지 않았던 것이다. 그리고 우리가 불완전한 세상에서 완전한 삶을 산다는 것을 생각할 때, 우리에게 직면한 모든 어려움에서, 다시 하나님의 사랑의 은혜로 보호를 받는다. 우리는 이 과정에서 죽을 인간의 삶을 사는 것이다. 그래서 어떤 것들은 끝까지 분명히 알 수 없을 것이다. 그러나 자신의 삶을 충만한 하나님의 은혜에 개방하는 것이 잘못일 수는 없다. 나누어진 충성 그리고 불가피한 타협들이 모든 면에서 완전의 순례자들을 괴롭힐 것이다. 그러나 그것들이 그의 마음에 하나님의 사랑의 유입되는 것과 그의 마음에 그 사랑이 변함없이 흘러나와 하나님과 사람을 사랑하게 하는 것을 억누르지는 못할 것이다.

그러면 우리는 여기서 질문하게 된다. 웨슬리의 교리는 건전한 것인가? 그 교리의 정수를 아직도 설교할 수 있는가? 우리가 '완전'이라는 말을 빼고, 또 '죄의 근절'의 가능성을 부인한다면, 그의 특유의 가르침을 내던진 것이 되는가? 이는 워필드(Warfield)가 이 성결의 가르침에 대하여 말한 것처럼, 이는 단지 우리 안에 있는 빛에 합당한 생활을 하는 것을 의미하는 것 이상의 무엇이 있는가?[416] 이를 (대계명이라면 너무 숙지되어 있어서, 두려움을 느끼는 것이 없어져서) 그저 하나님을 사랑하고 네 이웃을 사랑하라는 것으로 요약한 것인가? 이것은 모든 그리스도인이 완전주의에는 전혀 관심이 없어도, 삶의 표준으로 알고 있는 것인데 말이다.

웨슬리의 교리에 대한 검토가 이렇게 새롭게 되었든지 간에, 그 교리의 본질은 "아무도 자신의 힘으로 또는 받은 은혜에 의하여서도 이 세상에서 하나님의 계명들을 완전하게 지킬 수 없다; 그는 매일, 마음으로, 말에서 그리고 행동에서 계명들을 범한다."[417]라고 말한 웨스트민스터 교리문답서(Westminster Catechism)를 신봉하는 자들과는 동의하며 잘 지낼 수

---

416) Warfield, ii, 526.
417) *Westminster Catechism: The Larger Catechism*, Q. 149.

있는 소망은 전혀 없는 것이 분명하다.

그것이 사실이라면, 우리의 성품이 그렇게 뿌리 깊게 오염되었고, 무엇보다도 은총으로도 깨끗하게 할 수 없는 것이라면, 웨슬리의 교리는 전통적인 면에서는 그릇된 것이라고 생각될 것이다. 그리고 아마도 우리가 과감하게 말하는 그 변화들은 단지 열의 없는 관심사가 될 것이다.

어떤 강조가 요청되는가? 초자연적인 사랑의 은혜를 역설하면서, 이 새로운 힘을 지적할 것인가? 그 힘이 모든 죄를 몰아내는가? 그것이 모든 죄를 몰아낼 수 있는가?

이런 질문에 대한 답변은 어떤 사람이 원하는 만큼 단적인 것이 아닐지 모른다. 우리는 그 힘이 모든 의식적인 죄를 몰아낼 수 있다고 주장한다. 민감한 양심을 가진 사람이 의식적인 죄를 비굴한 말처럼 쉽게 내쳐버릴 수는 없다. 하나님과 친밀하게 사는 사람에 대하여, 죄를 의식하지 않는다고 하고, 그리고 성급하게 도저히 하나님과 가까이 살 수도 없고 죄를 보복으로 의식하지 못할 수는 없다고 말하는 것은 큰일이다.

우리는 다시, 아무도 하나님의 은혜가 이 땅에 사는 영혼에게 역사하는 힘을 제한할 수 없다는 것을 주장해야 한다. 그리고 우리가 몰라서 사람이 하나님의 역사가 이루어졌다고 주장을 못하게 해야 한다고 한다, 이는 될 수 없는 것이라고 딱 잘라 주장하는 것은 (우리가 읽은 대로) 신약성서의 온 정신과 일치하지 않는 것이다. "하나님은 죄를 용서하는 것 외에는 죄에 대하여 아무것도 할 수 없는가?" 이에 대하여 존 웨슬리가 질문하자, 그의 동생 찰스가 의기양양하여 답하였다.

> "하나님은 용서받은 죄의 힘을 꺾으시고,
> 죄수를 자유롭게 하신다."

하나님은 우리를 거룩하라고 부르셨다. "너희는 거룩하라 이는 나 너희 하나님이 거룩함이니라"고 주님은 말씀하셨다. 하나님이 불가능한 것을 명령하시는가?

어거스틴(Augustine)은 하나님의 힘과 은혜로 인하여 완전이 이 땅에서도 가능함을 인정하였다. 그러나 이에는 교리의 본질보다는 명칭 등에 따르는 많은 방해가 있음을 말하며, 모즐리 박사(Dr. Mozley)가 지적했듯이[418]-그에 대한 말끝을 흐렸다. 어거스틴이 왜 그래야만 되는가의 이유를 발견하였다: 그는 죄를 갖고 태어난 인간성을 꼼꼼히 생각했기 때문이다.

이 점에서 많은 사람이 어거스틴을 따랐다. 그들이 겸손을 주장하는 것은 좋다, 겸손의 은혜는 가장 좋은 것이고, 우리의 모든 성숙은 그 안에서의 우리의 성장에 의하여 측량될 수 있으므로 아주 적절하다. 그러나 죄에 대한 위장된 변명을 끼어들어 말하거나, 또는 겸손하게 하기 위하여 죄가 필요하다고 주장하는 것은 분명히 괴상한 일이다. 죄가 얼마나 우리를 겸손하게 하는가? 우리를 자만하게 만들어 회개하지 못하게 하는 것이 죄의 성질이 아닌가? 사람이 아주 겸손해지는 매 순간, 이는 전적으로 하나님의 은혜라고 느끼는 것이 정결함을 받은 영혼의 인식이 아닌가?

웨슬리의 성결에 대한 가르침에 대한 다른 반대가, 이 가르침의 필연적인 귀결은 율법무용론 이라고 말하는 사람들에게서 나온다. 워필드 박사(Dr. Warfield)는 율법무용론적인 경향은 모든 형태의 완전주의의 뒤를 따르는 데서[419] 생기는 결과라고 말하였다. 피에트 박사(Dr. Piette)도 그와 비슷한 견해를 말했다.[420]

그러나 이 저자들은 같은 반대가 이 교리를 반대하는 칼빈주의자들에게서 더 심하게 이루어졌다는 사실을 충분히 인정하지 않았다. 존 넬슨

---

418) J. B. Mozley, *Lectures and Other Theological Papers*, 168.
419) Warfield, ii, 528.
420) Piette, 462.

(John Nelson)은 그들은 벌을 받게끔 다른 사악한 일에 예정되었다고 주장하며,[421] 또 자기들은 '행복한 죄인(happy sinnership)'의 상태에 있게 되었다고 주장하는 사람들과 많은 말싸움을 하였다. 그는 그들은 "성결 없이 행복을 구하고 있다"[422]고 깨우쳐 주었다.

그렇다고 율법무용론을 말하는 칼빈주의자들이 단지 들뜬 양심을 진정시키기 위하고, 열심 있는 전도자를 저항하기 위해 그런 말을 한 자들로 분류될 수는 없다. 그들이 그렇게 말한 데는, 그 배경에 그들 나름대로의 이론과 신학이 있었던 것이다. 그리하여 그들은 그리스도께서 그들을 위하여 의가 되셨기 때문에, 그들을 위하여 의를 구할 필요가 없고, 그들을 위하여 의를 구하려고 하는 것은 신성모독과 같은 것이라고 생각하였다. 그들의 일부는 죄에서 바둥거리고 있다.

만약 18세기의 이 논쟁에서 양쪽 모두에게 지나침이 있었다면 (누가 없었다고 말할 것인가?) 율법무용론은 이 교리에 대한 열렬한 반대자들 가운데서 반복해서 일어나는 현상이었음을 인식하지 못하고, 율법무용론이 성결을 가르침에서 불가피하게 나온 결과라고 주장하는 것은 어리석은 일이다. 이는 비정상적인 일도 아니다. 우리 자신의 의는 모두 무가치하다는 것을 강조하는 것은, 인간의 성격의 철저한 부패를 강조하고, 우리는 은혜에 의하여서도 생각과 말 그리고 행위에서 죄 없이 하루를 사는 것도 소망할 수 없는 것이라고 말하는 것이다. 그리고 믿음과 맡음만이 요를 강조한다. 엉뚱한 생각들이 기어들어 올 것 같기도 하다. 그런 생각이 또한 들어올 수도 있다. 완전주의자들 가운데도 그럴 수 있을 것이다. 성결을 가르침에 나타나는 이런 위험들을 직시하는 일이 우리가 이 책에서 하는 일의 많은 영역을 차지했다. 그러나 만약에 모든 '완전주의'를 이 단처럼 함께 포장하는 자들이 성결의 가르침이 사람들을 율법무용론으

---

421) *Lives of E. M. P.*, i, 25; cf. 34.
422) Ibid., 33.

로 유혹한다고 비난한다면, 그들은 적어도 그 증거의 절반도 모르는 것이고, 또한 그들의 강조에서 오는 무서운 위험을 모르는 것이다. 사도 바울은 이런 위험을 날카롭게 보았다. 그러나 루터에게는 이것이 그렇게 분명하지 않았다.[423)]

사람의 마음이 죄에서 깨끗해질 수 있다고 믿는 것은 용감하고, 크게 믿는 것이다. 그리고 이 가르침에는 무서운 위험이 있고, 자신에 대해 정직하지 않다는 희박한 실망 때문에 그렇게 되었다고 하는 가정을 반대했다. 그러나 그에 반대하는 주장은, 저자가 보기에는, 적지 않게 무서운 것이다. 그것은 다만 그렇게 될 수 없는 것이고, 항상 마음으로 자신의 생애에 있어 죄에 대비하여야만 한다는 확신을 확고하게 주장하는 것은 죄 많은 마음에 대한 합리화를 넌지시 말하는 것이다. 얼마나 쉽게, "정욕을 위하여 육신의 일을 도모하지 말라"는 사도 바울의 명령을 등한히 하는가. 얼마나 열심히 바라는 마음이, 늘 하는 핑계로서, '불가피한 것'이라고 말해 버리고 마는가. 누가 대담하고 확고하게 전적으로 성취할 수 없는 것을 강요할 수 있는가?

이 (성결에 대한) 가르침이 위험한 잘못이라고 생각하는 교역자가 예배를 인도하기 위하여 강대상에 올라가고 있는 것을 상상해 보라.

그는 성경에 있는 말씀 몇 군데를 인용하면서 시작할 것이다.

"오직 너희를 부르신 거룩한 이처럼 너희도 모든 행실에 거룩한 자가 되라"(벧전 1:15)

"이로써 그 보배롭고 지극히 큰 약속을 우리에게 주사 이 약속으로 말미암아 너희가 정욕 때문에 세상에서 썩어질 것을 피하여 신성한

---

423) cf. Lindsay, *History of Reformation*, i, 429ff. Moffet, *Love in the New Testament*, 95, 110. Whale, *Christian Experience of Forgiveness*, 148ff, 243.

성품에 참여하는 자가 되게 하려 하셨느니라"(벧후 1:4)

"이 모든 것 위에 사랑을 더하라 이는 온전하게 매는 띠니라"(골 3:14)

"그러므로 형제들아 내가 하나님의 모든 자비하심으로 너희를 권하노니 너희 몸을 하나님이 기뻐하시는 거룩한 산 제물로 드리라 이는 너희가 드릴 영적 예배니라(롬 12:1)

"만일 우리가 우리 죄를 자백하면 그는 미쁘시고 의로우사 우리 죄를 사하시며 우리를 모든 불의에서 깨끗하게 하실 것이요(요일 1:9)

그리고 첫 번째 찬송가를 부른다.

"오호, 마음으로써 나의 하나님을 찬양하니,
마음이 죄로부터 자유를 얻었네.

기도를 위하여 영국교회의 성찬식 예문에 있는 것을 사용하였다. 그가 다음과 같이 말할 때, 사람들이 따라서 기도하였다.

"성령의 감동에 의하여 우리 마음의 생각을 깨끗케 하시어, 우리가 당신을 완전히 사랑하게 하소서 …"

그리고 두 번째 찬송은 "뛰어난 하나님의 사랑" 가운데서 성직자와 회중이 함께 부른다.

> "그럼 당신의 새 창조를 완료하시어,
> 우리를 순결하고 정결하게 하소서."

그리고 첫 번째 성경 봉독으로, 죄에서 씻음받기를 갈망하는 마음으로 시편 51편을 읽는다.

> "죄악을 지워 주소서… 나의 죄악을 말갛게 씻으시며 나의 죄를 깨끗이 제하소서 … 나를 정결하게 하소서 내가 정하리이다 나의 죄를 씻어 주소서 내가 눈보다 희리이다 … 하나님이여 내 속에 정한 마음을 창조하시고 내 안에 정직한 영을 새롭게 하소서."

시편 기자가 이런 말로 무엇을 말하였든지 간에, 사람들은 그 시편이 무엇을 의미하고 있는지를 안다. 그래서 그들은 노래 부른다.

> "오호 주여, 주시옵소서, 그리하여 우리를 오늘날 죄 없이 살게 하소서."

그리고 두 번째 성경 봉독으로 로마서 6장을 읽는다.

> "죄에 대하여 죽은 우리가 어찌 그 가운데 더 살리요? … 우리가 알거니와 우리의 옛사람이 예수와 함께 십자가에 못 박힌 것은 죄의 몸이 죽어 다시는 우리가 죄에게 종노릇 하지 아니하려 함이니 … 이와 같이 너희도 너희 자신을 죄에 대하여는 죽은 자요 그리스도 예수 안에서 하나님께 대하여는 살아 있는 자로 여길지어다 … 죄가 너희를 주장하지 못하리니 이는 너희가 법 아래에 있지 아니하고 은혜 아래에 있음이라 … 그러나 이제는 너희가 죄로부터 해방

되고 하나님께 종이 되어 거룩함에 이르는 열매를 맺었으니 그 마지막은 영생이라."

예배드리는 자들이 다시 기도하게 될 때, 성직자는 또 기도문 가운데 있는 기도로, 다음과 같이 기도한다.

"오늘 우리가 죄에 빠지지 않도록 하여 주시고, 또 어떤 위험에도 빠지지 않게 하여 주시옵소서."

"모든 권능과 진리, 은혜의 하나님"이라는 찬송에 이어 설교가 있었다. 그 찬송가에는 다음과 같은 가사가 있었다.

"모든 죄의 오점을 제거하여 주소서.
나의 우상들을 물리쳐 주소서."

그리고 예배를 헌신의 찬송을 부르며 끝낸다.

"내 생애를 취하사, 그가
주님, 당신께 바쳐지게 하소서…

나를 취하소서. 그리고 내가 오로지
당신을 위하여 살게 하소서."

예배는 다음과 같은 축도로 완전히 마친다.

"예수 그리스도의 은혜와 하나님의 사랑과 성령의 교통하심이 성직자와 모든 사람에게 영원히 있을지어다."

그럼에도 불구하고 그 후에 그 성직자는, 이 땅에서 받은 은혜에 의해서도 매일 죄짓는 것을 피할 수 없고, 또한 모든 약속과 기도에도 불구하고, 이십사 시간을 생각과 말, 그리고 행위에 오염 없이 살 수 없다는 확고한 확신을 가지고 집으로 돌아간다.

그러나 문제를 다른 각도 곧 이론보다는 실제적인 각도에서, 또한 책에 의존하기보다는 생활에 대한 관찰에 의하여 접근해 보자. 여기에 오늘 교회의 통찰력 있는 평론가를 대항할 세 가지 관점이 있다.

(1) 많은 그리스도인이 기독교의 표준 이하의 생활을 하고 있다. 이는 영적으로 자만한 사람이 내린 판단이 아니다. 그렇다고 평론가가 아닌 사람들의 판단도 아니다. 이 사실은 교회 밖에 사람들에 의해서 보다 교회 안에 있는 민감한 영혼들에 의해 느껴지는 것이다.

교회가 신약 성서가 말하고 약속한 것 이하의 생활을 하고 있다. 교회 안에 있는 사람과 교회 밖에 있는 사람 사이에 별로 다른 것이 없다고 느껴진다. 사람들은 들떠서 기독교 신앙을 무시하고, 공적 예배와 개인기도, 그리고 모든 은혜의 수단들을 부인한다. 그리고 교회에 참석하는 그들의 이웃과 함께 좋은 생을 살고 있다고 믿고 있다. 천 번 이상의 여러 경우에 있어, 그리스도인이라는 사람이, 무의식적으로 그릇된 바리새주의를 책망하고 그런 것을 부끄럽게 느끼기는 하지만, 그에게 마땅히 있어야 할 삶의 특성이 없다.

교회의 열심 있는 신자가 아닐지라도 그들은 교회가 이 세상에서 하나님을 위한 강하고 효율적인 도구라고 주장할 것이다. 교회가 하는 그 많은 자선 사업들을 과소평가함 없이, 또 교회가 많은 흠을 가지고도 이 세상에서 하나님의 뜻의 가장 밀접한 표현이라는 주장을 조금도 감함 없이,

서방 세계에서는 교회가 분열되고 약화되고 그리고 퇴락하고 있다는 것이 사실이다. 지옥의 문이 교회를 압도하고 있다.

교회가 필요로 하는 것이 많은데, 있다면 어느 것이 다른 모든 것보다 첫째 되는 것일까?

첫째로, 성결이 필요하다. 성결은 유력하고 강력하다. 하나님의 말씀과 같이, 성결은 "살아 있고 활력이 있어 좌우에 날선 어떤 검보다도 예리하여 혼과 영과 및 관절과 골수를 찔러 쪼개기까지 한다." 성결은 죄를 질책한다. 성결은 성결에 대한 욕구가 있게 한다. 성결은 의심을 깨뜨리고 믿음을 촉진한다. 사람이 성자를 접촉한 후에는 이미 같은 사람이 아니다. 그는 자기를 피할 수 있을 것이다. 그리고 죄를 짓는 고집에서 죄를 단단히 포옹할 수 있을 것이다. 그러나 그는 항상, 불안한 듯이 기억한다.

그리고 더 나아가 성결을, 우리가 그렇게 생각하려 하였듯이, 완전한 사랑의 강한 실제적 은혜라는 견지에서 생각하면, 성결은 생각을 하게 하며, 새 소망으로 넘치게 한다. 심지어 완전한 사랑으로 새로워진 교회 세계에 감화를 준다. 만약 하나님께서 그의 백성들을 이렇게 다시 찾아 주신다면, 그때는 우리가 보게 될 것이다.

> "건물의 문들이 하나님 앞에서 산산이 흩어지고,
> 쇠로 만든 놋쇠들이 꺾인 것을"

(2) 두 번째로, 교회의 많은 신자가 목표에 대하여 생각하고 있지 않다는 것이 현대 교회의 많은 식별력이 있는 논평자들에게서 지적되었다. 사려 깊은 자가 보면, 그리스도 몸의 회원인 그는 그저 회원이다. 그들의 눈에는 영광의 비전이 안 보인다. 그들은 영광의 비전과 그들의 삶을 위한 하나님의 기적적인 목적에도 놀라지 않는다. 그들은 숨을 죽이고, "하나

님은 내가 거룩해지기를 원하신다."고 말하지 않는다.

그들에 대하여, 그들은 자기들의 목표를 알며, 변하지 않는 열심을 가지고 그들의 코스를 달리고 있으며, 평안에서 단절되지 않은 노력이 자신과 모든 사람이 눈여겨보는 가운데 하늘나라를 위하여 성숙해 가며 순화되어감을 드러내고 있는 단호한 순례자들이라고 보는 사람은 거의 없다. 그런데 그들은 그런 종류의 순례자가 아닌 것처럼 보인다. 참으로 그들의 일반적 모양은 차갑고 그 발걸음은 거들거리며, 그들의 여정은 불확실하여, 이미 나타난 대로, 그들은 순례자보다는 펭귄처럼 보인다.

우리 마음에 확실한 확신이 생겼다. 우리의 확신은 어떤 것인가? 하나님은 기쁨으로 열렬히 우리 안에 있는 죄를 극적으로 다룰 수 있으며, 우리 마음뿐 아니라 육신에 있는 죄, 곧 질투, 비열함, 성급함, 분노, 이기심도 극적으로 다루신다는 것: 진지하게 하나님께 정성을 다함으로 현재 구원을 받을 수 있으며, 또한 경험을 통하여 일을 억지로 스스로 하려는 노력과 하나님 자신이 일을 하셨다는 놀라운 인식 사이에는 깊은 차이가 있다는 것을 아는 것: 그런 확신과 경험은 순례자를 유인하여 그가 그의 목표를 먼저 보고 길을 떠난 사람이란 것을 모든 사람에게 알게 한다는 등의 확실한 확신이다. 참으로, 그는 여행을 하면서 노래를 부른다. 여기에서 중요한 관심은 형제애의 완전한 성취에 있는 것이 아니라 동경하는 목표에 있다. 그러나 그는 하나님의 권능에 한계를 가하지 않는다.

"오, 나는 지금 죄에서 해방되었다.
당신의 말씀이 최대한 입증하실 것이다.
들어가라, 약속하신 안식처로.
당신의 완전한 사랑의 가나안으로."

(3) 현대 교회의 생활과 사상에 대한 날카로운 감시자들이 적지 않게

있다. 그들은 성령의 교리를 많이 등한히 하고 있음을 주목하고, 그 때문에 영적 능력이 없다고 설명하는 논평자들이다.

그 교리가 등한히 되고 있다는 것을 부정하는 자는 적지 않을 것이다. 어떤 학자는 성령의 '인격'을 부인한다. 그리고 '삼위일체'라기 보다 '이위일체(binitarians)'라고 부르기를 선호한다. 교인의 대부분은 '배운 그대로' 성령의 인격과 권능에 대한 교리를 받아들이고 있다. 그러나 그들의 힘없는 생활이 사람에게, 바울로부터 "너희가 믿을 때 성령을 받았느냐?"[424]라고 도전을 받은 에베소에 있는 사람들처럼, 성령이 없는 것으로 생각나게 한 것이다.

지금 우리는 웨슬리는, 어떤 후대의 교사들이 그랬듯이,[425] 완전한 사랑의 은혜를 성령을 받는 것으로 묘사하고자 하지 않았다는 것을 보았다. 이는 그가, 성령은 처음 믿을 때 주어지고, 그리고 온전한 성화는 그 다음에 받는 축복이라는 견해를 가지고 있었기 때문이다. 그러나 초기 메소디스트파의 사람들과 문헌들이 성령의 교리에 관한 것으로 가득 차 있는 것을 아는 사람치고 그것을 인정하기를 주저할 사람은 없을 것이다. 그리고 하나님이신 성령이 특별히 성화와 연결되어 있었다는 것은 아주 분명하다. 웨슬리는 회심과 온전한 성화를 초래케 하는 이는 성령이라고 말했다.

"우리 마음과 생활에 있어서의 회심과 온전한 성화 … 여기서 하나님의 영에게 적용된 '거룩한'이라는 표제는 단지 하나님의 성품이 거룩하다는 것을 뜻할 뿐 아니라, 하나님이 우리를 그렇게(거룩하게) 하신다는 것을 뜻한다. 또한 하나님이 교회의 거룩함의 위대한 원천이라는 것; 성령으로부터 모든 은혜와 능력이 흘러나온다는 것

---

424) 행 19:2.
425) 본서(영문), 83쪽을 보라.

을 뜻한다."426)

이 가르침에 있어서 웨슬리의 초기사역자들은 성화는 성령의 특별한 사역이라고 강하게 강조하였다. 스쿠갈(Scougal)은 이를 지지한다. 427)마샬(Marshall)은 이를 더 분명하게 말한다. 428) 이들 모두는 신약성서가 그들의 입장을 지지하고 있다고 주장한다.

그들은 또한 신자가 그리스도 안에 거하고, 그리스도가 신자 안에 거함에 대한 사도 바울의 교리를 성령과 연결한다. 그들은 하나님 곁에 사는 것과 하나님 안에 사는 것의 차이를 명백히 밝히는 것 같다. 사도 요한이 말하는 가운데 주신 약속, 성령이 "너희와 함께 거하심이요 또 너희 속에 계시겠음이라"429)는 말씀이 그들에게는 아주 귀중하다. 그들은 그 전치사가 다른 것이 중요한 의미를 드러낸다고 보았다.

성령에 대한 교리가 등한시 되고 있는 시대에, 교회는 허약하고 비능률적이고, 그리스도와 같은 생활이 있는 것 같지 않다는 말이 맞는 말인가? 또는 여기에 지혜로운 자가 속히 주의해야 할 힌트가 있는가?

권능이 성령과 함께 약속되었다. 430) 그리고 성령의 첫째 열매는 사랑이다. 431) 오늘의 그리스도인에게는 권능과 완전한 사랑이 필요하다. 그리스도는 약속하시기를, 하나님은 구하는 자에게 성령을 주시기로 결정하셨다고 하셨다. 432) 하나님은 주신다. 성령은 사람이 열심히 애씀으로 얻는 것이 아니다. 성결을 엄격한 노력과 힘으로 얻으려 했던 자들은 실망하고 피곤해질 것이다, 그들은 항상 조심해야 한다. 예를 들어서, 화를

---

426) *Works*, vii, 485f.
427) Scougal, *Life of God in the Soul of Man*, 9.
428) Marshall, *The Gospel-Mystery of Sanctification*, 127.
429) 요 14:17. "He abides with you and will be in you."
430) 행 1:8.
431) 갈 5:22.
432) 눅 11:13.

잘 내는 일, 지나치게 버티는 일, 걱정스러운 일에 경계를 늦추는 것, 제멋대로 살면서 남의 신경을 거슬리는 일 등을 조심해야 한다. 그가 보다 더 허덕이고 실패하니, 더 많은 일이 실패한 것을 알게 된다. 평안, 침착, 내적 안식도 없다. "내가 노력하지 않았을 때가 나는 더 좋았다"라는 생각이 서서히 마음에 생긴다.

그러면 "손을 떼라. 그리고 하나님이 하시게 하라." 그저 성령을 받으라. 그저 믿고 그것이 정당한 것임을 발견하라. 순간순간의 삶을 준수하라. 분명히, 이런 두 가지 경험을 한 자 이외에는 아무도 약속된 안식에 들어간 자에게 주어지는 표현할 수 없는 축복[433]을 알 수 없다. 그들이 간신히 자신의 노력으로 얻으려 했던 날들을 떨림 없이 뒤돌아보면서, 가슴 설레는 열망을 가지고 하나님의 사람에게 주어지는 이 안식의 기쁨을 구한다. 바쁘지만 괴롭지 않다. 하나님의 나라 때문에 긴장하지만, 도중에 지쳐 그만두지 않는다. 이 당당한 일을 하는 순간들을 활용하느라고 바쁘지만, 모두가 내부에서는 아주 평화롭다.

여기서 두 가지 다른 점을 지적하고자 한다.

① 성령이 죄를 이길 수 있는 큰 권능과 함께 임함은 하나의 선물이다. 이는 초자연적인 선물이다. 이 점이 중요하다. 오늘날 많은 하나님의 성직자들은 그들의 무력함이 그들이 어떤 은사들을 가지지 못한 것 때문이라고 변호한다. 그들은 웅변가가 아니다. 또한 대중에게 호소하는 능력도 없다: 그들은 조직하는 힘도 없고, 교회 재정을 다루는 자로서의 재주도 가지고 있지 않다. 이런 모든 것이 은사인 것은 사실이다. 그리고 은사들을 경멸해서는 안 된다. 그러나 우리가 지금 말하고 있는 말들을 분별한다면, 그것들은 자연 은사들이다. 그 은사들은, 그리고 그 은사들을 모두 합친 것이라도, 성령의 초자연적인 은사를 능가할 수 없다. 여기에

---

433) 히 4:9.

권능의 신비가 있다. 여기에 성결의 신비가 있기 때문이다. 달변도 귀에 들리지 않게 되고, 대중을 향한 호소도 연예 쇼에서 사라졌듯이 강당에서도 사라졌다. 조직하는 은사는, 그것이 하나님의 영의 종일 경우에만 교회에서 유용하다. 불행하게도 기관이 가끔 부담되어서 영적 생활의 일을 할 수 없고 그리고 교회에서의 재정적 재능을 지나치게 역설함은 주로 그들의 실패의 근본 원인을 직면하지 않으려는 실패자들의 어리석음이다. 빚을 지게 하는 사람과 그 빚을 청산하는 사람은 대체로 서로 상쇄한다.

만약에 특별한 자연 은사들에 대한 이 모든 이야기가 성령의 초자연적 은사를 이해하고 구하는 방향으로 다시 행하게 된다면, 아주 큰 유익이 있을 것이다. 만약 하나님의 하시는 일이 훌륭한 자연 은사들을 가진 사역자로 가득 찬 교회에서 계속해만 한다면, 하나님의 일은 아주 절망적으로 나타날 것이다.

하나님의 일은 그렇지 않다. 사도들은 평범한 사람들이었다. 그러나 그들은 오순절에 은혜를 받았다. 그리고 사도들은 복음으로 세상을 뒤집어 놓았다.[434]

② 침착한 독자라도 우리가 성결의 실제적 본질을 은사로 강조하는 것은 경건한 생활에서 모든 훈련을 철회하는 것이라고 주장하지는 못할 것이다. 우리가 하나님과 일함에 있어, 우리의 그 작은 부분을 과장해서 말함은 인간 본성의 허영심에 속한다. 어떤 때는 그것을 너무 많이 과장해서 말함으로 인간의 역할을 전적으로 강조하는 것이 되어 하나님이 그 장면에서 밀려나게 된다. 이런 어리석음에 대하여 지불해야 할 대가는 아주 크다. 그렇게 주장하면, 복음의 중심, 곧 성결이 하나의 선물이요, 하나님이 주시겠다는 것이요, 하나님께서 하시는 일이라는 것이 사실상 망각되고 있는 것이다. 그리고 하나님이 우리를 인본주의적인 자기 노력으

---

[434] 행 17:6.

로부터 해방시키기를 원하셨던 바로 그 자리로 다시 돌아간 것이 되는 것이다.

그럼에도 불구하고 우리가 해야 할 부분이 있다.--작은 것이지만, 중요하지는 않다. 만약 백만장자가 가난한 자에게 재산을 주려 한다면, 그 가난한 자는 그것을 취하여야 한다. 만약 왕이 중한 죄인에게 사면을 내린다면, 그 죄인은 그 사면을 받아들여야 한다. 사람이 용서와 성령을 받기 위하여 하나님께 나아갔을 때는, 그는 하나님이 주시는 선물을 받아야 한다. 그리고 그가 현명하다면, 앞으로 오는 새날들을 위하여 매일 그 선물을 받아야 한다.

바로 여기에서 제자는 성결한 생활로 들어가는 것이다: 즉 고달프지 않고, 정신적으로 지치지 않고, 멈추지 않는 노력이 좋다; 그러나 받으려면 성실하게 하나님을 섬겨야 한다. 이 선물을 가진 자들이 그것을 잃어버리는 것은 주로 이런 것을 게을리하므로 잃어버리는 것이다. 우리의 탐구에 있어, 한 높은 믿음이 (언제까지 지속하는) 영원한 성결은 확보할 수 없다는 사실이 분명해진 것이다: 성결은 (신비적인 내재가 있게 하는) 친밀한 관계의 삶이며, 그 성실함은 일관된 섬김에서 나타난다.

웨슬리는 청년 시절부터 엄격한 훈련을 해 온 사람이다. 그가 후에 '야간 법률상담 서비스(legal night)'라고 부르는 기관에서 하는 봉사 기간에도 훈련에 단호하였다. 계몽시대가 왔을 때, 개화된 자기 생각의 종이 되려고 훈련을 계속하였다. 이는 그에게 큰 도움이 되었다. 그 시절에 그는 하나님을 섬겼다. 그리고 그렇게 섬김으로 많은 이익을 얻었다.

신자 대부분은 웨슬리가 취했던 순서를 완전히 바꾼다. 계몽운동이 먼저 오고, 그리고 그 후에 훈련에 정진해야 한다고 한다. 어떤 이들은 그리 하지도 못한다. 그리고 그들이 발견한 그 귀한 것이 그로부터 사라진다. 그들은 자기들이 어떤 비결을 발견했는지조차 의심하게 된다. 그리고 냉정한 비판으로 그를 청춘기의 정열이라고 무시한다. 그들은 하나님 섬기기를 멈췄다. 이는 중대한 일이다. 하나님을 계속해서 섬기지 않는 사람의 영혼에는 거룩한 생활의 진정한 계속이 있을 수 없다. 하나님 은혜를 속삭이며 듣는 자들만이 하나님이 '친밀하게 말하는' 것을 들을 수 있다.

우리는 아무것도 성결(또는 완전한 사랑)을 그에 대한 묵상처럼 생각하게 할 수 없다고 말했다. 그러나 이는 추상적인 묵상이 아니라 그리스도와 성자에 대한 묵상이어야 한다. 우리는 이 책에서 의식적으로 또는 무의식적으로 성결을 풍자적으로 묘사한 사람을 연구하는 일을 꺼리지 않았다.

우리는 성결을 돋보이게 말하는 사람들을 잠시 언급함으로 우리의 조사를 마치려고 한다. 그들의 글과 확실한 증거를 증언함으로 웨슬리의 교리를 연구하는 자와 해석자들이 우리 눈앞에 뚜렷이 나타난다. 그리고 이 누적된 그들의 증거의 결과는 편견 없는 학자로 하여금 이 모든 것을 성급하게 털어버릴 수 없게 한다.

매들리의 플레처(Fletcher of Madeley)가 첫 번째 되는 것이 적절하다. 우리는 이미 그에 대한 평판이 좋은 볼테르(Voltaire)의 찬사를 보았다. 그 저명한 사람이 플레처에 대해서 참으로 감탄하고 있었던 것 같다. 그는 관찰하여 오는 가운데, 플레처의 생애는 예수 그리스도의 생애와 가장 가깝다고 여겼다. [435]

웨슬리는 플레처에 대하여 다음과 같이 말하였다.

> "나는 30년 동안이나 그를 친밀하게 알고 있었다, 나는 그와 아침, 낮, 저녁에 조금도 서슴지 않고 대화하였다. … 그리고 그때마다 그가 부적절한 말을 하는 것을 나는 들어본 적이 없다. 또한 그가 부적절한 행동을 하는 것은 본 적이 없다. 결론적으로 말해 나

---

435) 본서(영문) 32쪽을 보라.

는 80년 동안 마음과 생활에서 거룩한 많은 훌륭한 사람을 보았다. 그러나 그와 같은 사람은 결코 보지 못했다. 그는 그렇게 일관되고 깊이 있게 하나님을 공경하였다. 그렇게 모든 면에서 책망받을 것이 없는 사람을 나는 유럽과 미국에서 발견하지 못하였다. 나는 이 땅에서 그와 같은 사람을 발견할 것이라고 기대하지 않는다."[436]

18세기의 역사가 오버톤(Overton)이 플레처의 생애에 대해 보다 깊은 연구를 하였다. 그리고 말하기를, "그는 그리스도인 이상이었다. 그는 그리스도와 같았다."고 하였다."[437]

자연히 남편의 힘들고, 희생적인 생애를 지켜보며 같이 할 기회를 가졌고, 또 그가 몹시 피곤하고 아플 때 지켜본 플레처의 부인은, 그가 발진티푸스로 오래 앓고 있는 동안에도 밤에 침대에서 자주 내려와서, 그가 지불할 비용을 아주 적게 줄여 더 많이 다른 사람에게 줄 수 있게 한 것을 안다(결국 그는 발진티푸스 때문에 죽었다). 그녀는 말하기를, 그 사람의 삶은 내가 아는 대로는 "거의 천사의 삶 같았다."라고 하였다.[438]

플레처는, 우리가 여러 번 말했듯이, 웨슬리의 완전한 사랑의 교리를 지지했고 또한 변호하였다. 그의 해설의 어떤 부분은 다르다고 우리는 느낄 수밖에 없다. 그러나 그의 생활은 우리로 하여금 그 크신 사랑에 감격하여 존경하게 하였다.

존 브래쉬(John Brash)도 또한 웨슬리의 교리를 변호하고 해설하는 사람이었다. 그는 또한 그 교리의 살아 있는 모범이었다. 그는 1830년에 태어나 1912년까지 살았다. 아직도 그를 잘 알고 또한 그 이름에 대한

---

436) *Works*, xi, 365.
437) Abbey and Overton, *The English Church in the Eighteenth Century*, ii, 113.
438) Tyerman, *Wesley's Designated Successor*, 559.

이야기가 나오면 하나님과 천국에 대해 생각한다는 사람들이 많이 살고 있다. 그의 생애의 절반 이상을 그와 친밀하게 지냈다는 사람의 말이 있다.

> "그에게서 우리는 성결의 투명도를 본다. 그러나 그는 자신의 얼굴이 환하게 빛난 것을 알지 못하였다. 내가 43년 동안 간단없는 밀접한 우정을 즐긴 것을 말해야 한다면, 내가 이렇게 밀접하게 그와 지내는 동안 나는 그에게서 예수의 정신과 일치되지 않는 어떤 생각이나 말 또는 행동을 보지 못하였다는 것을 증언하고자 한다."439)

그의 작은 책 중 하나에 대한 평론가가 그 책이 자기 마음에 감명을 준 것을 오랜 후에 평하면서 다음과 같이 말하였다.

> "그 책을 처음 읽은 때를 잊을 수 없다. 나는 아침 예배 시간에 거듭거듭 그 작은 책을 읽었다. 그때마다 똑같은 강한 격려를 받았다. 그리고 지금도 그 선한 사람의 이야기를 접하는 것이 사람의 삶을 새롭게 하는 것 같다. 만약 우리에게 성결을 말한 모든 사람이 그와 같았더라면, 그 교리의 주장이 얼마나 다르게 들렸겠는가? 그리고 이 교리가 바르게 전해진다면, 얼마나 다른 많은 것도 또한 다르게 들려질 것인가?"440)

월터 호킨스 목사(Rev. Walter Hawkins)도 증언하고 있다. 그는 세평에 의하여 존 브래쉬(John Brash)의 경건한 삶에 대해 오랫동안 알고

---

439) John Brash, 6.
440) Ibid., 145.

있었다. 그런 가운데 그를 가까이 관찰할 기회가 한 번 있었다. 즉 두 달 동안 그들은 함께 지중해 근처를 여행하고 있을 때 그런 기회가 있었다. 그들은 밤낮 배 안에서 또는 육지에서 함께 있었다. 그리고 다음과 같이 말했다.

"많은 일이 있었던 그 주간의 장면들이 가끔 떠오른다. 한 가지 놀랄만한 생각이 하루 내게 떠올랐다. 주님께서 이 땅에 다시 계셨더라면, 당연히 주님께서 요구하실 수 없는 행동이나 말이나 모양을 내가 본 기억이 없다. 이런 찬사는 사람이 딱 부러지게 글로 써서 표현하기를 주저한다. 그러나 이는 나의 의도적인 표현이었다. 그래서 나는 그대로 말하였다. 진실로 하나님의 많은 성도는 이런 명예를 가지지 못한다. 나는 이 성자를 안다. 그래서 나의 증언을 전적으로 지지하는 많은 사람이 있다고 생각한다. 언제든지 내가 이 그리스도인 완전의 교리를 의심하게 될 때는, 나는 나와 여행을 같이 한 옛 친구, 존 브래쉬를 생각한다. 그리고 나는 그 푯대를 향하여 나아간다."[441]

마지막으로 벤자민 헬리어(Benjamin Hellier)의 경우를 보자. 그는 웨슬리의 가르침에 대한 또 하나의 해설자요 이 교리를 찬양한 사람이다. 그는 전 세대 중반에, 서리(Surrey)에 있는 리치몬드 대학(Richmond College)의 고전을 전공한 개인 지도 교수로, 다음은 리즈(Leeds)에 있는 헤딩리 대학(Headingly College)의 학장으로서, 성결의 삶은 제지할 수 없는 즐거움의 경건이라고 하여, 성결을 매력 있는 것으로 만들었다. 몰튼 목사(Rev. W. F. Moulton)가 이를 열심히 증언해 주고 있다.[442]

---

441) John Brash, 269.
442) *Benjamin Hellier by His Children* (Introduction)

그리고 수그덴 박사(Dr. E. H. Sugden),[443] 핀들레이 박사(Dr. G.G. Findlay)도 증언하고 있다. 핀들레이 박사는 말하기를, 자기는 "그보다 더 책망할 것이 없고, 그리고 소박하되, 아주 유쾌하고 마음이 편한 성자를 알지 못하였다."고 하였다.[444] 벤자민 헬리어(Benjamin Hellier)의 자녀들은 다음과 같이 말하였다.

> "그가 온전한 성화를 받았다고 말하였는지는 우리가 모른다. 그러나 그가 그렇게 말하였다면, 그의 가족 이외에는 아무도 그런 말을 쉽게 듣지 못했을 것이다. 그러나 그는 자신이 내적, 외적 죄에서의 승리, 걱정스러운 일에서의 자유, 그리고 하나님에 대한 절대적 신뢰를 항상 즐겼다고 기록하고 있다.
> 그러나 그는 이 경험을 긍정적인 것으로보다는 소극적인 것으로 생각하였다. 즉 그는 '어떤 의미에서는, 나는 거기에 반대되는 일을 나 자신이 하지 않도록 하므로, 나는 하나님의 사랑에서 완전하다: 또 다른 의미에서는, 나는 사랑에서 완전하지 않다. 곧 나는 그것의 원칙에 맞는 열매를 내가 나타내지 못하고 있다고 생각한다.'고 했다."[445]

이것이 이 사람의 특징이요, 참 성결에 대한 그의 깊은 이해로써, 그는 보다 격렬한 기쁨을 가지고 있었어야 한다고 생각했다. 이런 높은 삶의 소양이 그의 가문의 유산으로 남겨진 것 같다. 탐정 소설의 저자인 월리스(Edgar Wallace)는 다음과 같이 말했다.

---

443) Sermons, ii. 150.
444) Benjamin Hellier, 170.
445) Ibid., 57.

"제이 비 헬리어(J. B. Hellier)는 완전한 사람이었다. … 내 안에 좋은 것이 많이 있다면, 이는 내가 그를 알았기 때문이다. 그는 나와 무신론 사이에 영원한 방벽이었다."[446]

성결은 어떤 한 단체가 독차지하는 것이 아니다. 그 교리는 전해지는 곳마다 활기 있게 시작하고 성장하였다. 세상에서 위대한 사람의 대부분은 대단히 작은 사람들이었다. 이들은 만왕의 왕의 궁정에서 하나님의 보좌 옆에 서 있는 성자이다. 우리는 그들 중 어떤 분의 이름을 댈 수 있다. 그러나 우리가 기억하지 못하는 사람들이 더 많을 것이다. 하나님은 그들의 생애의 향기를 사용하여 하나님의 세계를 좋게 하셨다.

하나님의 섭리 가운데 내가 처음으로 이 사람들과 접촉을 하였기에, 나는 그런 많은 사람을 존 웨슬리의 영적 후예들 가운데서 보았다. 그들 가운데 그들의 단체에서 중요한 직책을 가진 이는 거의 없었다. 그들 대부분은 비교적 눈에 띄지 않는 생활을 하였다. 그러나 우리는 그들의 얼굴에서 성결의 흐름이 있고, 참으로 성결한 자처럼 깊고 특유하며 눈에 띄며 마음을 끄는 것들이 있는 것을 분명히 볼 수 있었다. 이 성결의 흐름은 한 때 있었던 것처럼 넘쳐흘렀던 것 같지는 않다. 그러나 저자는 이를 거슬러 그의 근원을 두 세기 동안의 불완전한 도덕생활을 거쳐 존 웨슬리까지 추적하려고 노력하였다. 그리고 또한 웨슬리를 거쳐서 거룩한 공교회에, 그리고 예수 그리스도를 통하여 하나님 보시기에 기뻐할 일을 우리 안에서 역사하시면서, 하나님의 뜻을 행할 모든 선한 일에 있어 우리를 완전하게 만들기로 약속하신 위대한 목자에까지 추적하려고 노력했다. 그에게 영광이 세세토록 있을지어다.

---

[446] Margaret Lane, *Edgar Wallace*, 84. 여기서 그 저자는 두 형제 곧 Benjamin Hellier와 J. B. Hellier를 혼동하고 있다. Benjamin Hellier는 1888년에 죽었다.

존 웨슬리의 성결론

발행일 2021년 2월 10일 초판 1쇄 발행

지 은 이   샌스터
옮 긴 이   조종남
발 행 처   선교횃불
등 록 일   1999년 9월 21일 제54호
등록주소   서울시 송파구 백제고분로27길12 (삼전동)
전   화   (02)2203-2739
팩   스   (02)2203-2738
이 메 일   ccm2you@gmail.com
홈페이지   www.ccm2u.com

Copyright@2020 조종남

- 잘못된 책은 구입하신 곳에서 교환하여 드립니다.
- 이 출판물은 저작권법에 의해 보호를 받는 저작물이므로 무단전재와 무단복제를 금합니다.